蚂蚁金服

从支付宝到新金融生态圈

廉薇 边慧 苏向辉 曹鹏程 编著

中国人民大学出版社
·北 京·

蚂蚁金服发展历程

2003.10.18	第一笔担保交易成功
2004.12.08	支付宝公司成立
2004.12.29	支付宝账户体系上线
2005.02	提出全额赔付“你敢付，我敢赔”
2005.05	支付宝开放担保交易与支付接口，成为独立的第三方支付平台
2007.08.28	支付宝全球化起步
2008.10.25	支付宝公共事业缴费上线
2009.05	支付宝推出第一版手机客户端
2010.03	“骆驼大会”回归初心
2010.05	阿里信用贷款发布
2010.06.08	阿里小贷公司成立
2010.12	支付宝推出快捷支付
2011.05.26	拿到《支付业务许可证》
2011.07	支付宝推出手机App二维码支付业务
2013.03	阿里小微金服集团开始筹备
2013.06.13	余额宝诞生
2014.04.10	推出招财宝
2014.10.16	蚂蚁金融服务集团正式成立
2014.11	金融云正式推出
2014.12	蚂蚁花呗上线
2015.01.08	芝麻信用管理有限公司成立
2015.04	蚂蚁借呗上线
2015.06.25	网商银行开业
2015.07	蚂蚁金服完成A轮融资
2015.08.18	蚂蚁聚宝正式上线
2015.09	成立保险事业部
2016.04	蚂蚁金服完成B轮融资
2016.08	蚂蚁森林上线
2017.04.18	成立无现金联盟，用5年时间推动中国进入无现金社会

蚂蚁金服的底层架构与业务板块

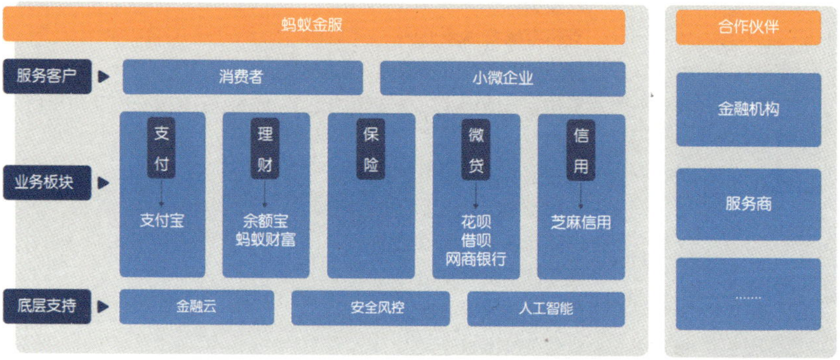

蚂蚁金服股东名单

（截至 2017 年 6 月）

1	杭州君瀚股权投资合伙企业（有限合伙）
2	杭州君澳股权投资合伙企业（有限合伙）
3	全国社会保障基金理事会
4	置付（上海）投资中心（有限合伙）
5	中国人寿保险（集团）公司
6	上海麒鸿投资中心（有限合伙）
7	上海祺展投资中心（有限合伙）
8	上海众付股权投资管理中心（有限合伙）
9	海南建银建信丛林基金合伙企业（有限合伙）
10	北京京管投资中心（有限合伙）
11	上海云锋新呈投资中心（有限合伙）
12	北京中邮投资中心（有限合伙）
13	中国太平洋人寿保险股份有限公司
14	人保资本投资管理有限公司
15	新华人寿保险股份有限公司
16	上海金融发展投资基金二期（壹）（有限合伙）
17	春华景信（天津）投资中心（有限合伙）
18	上海经颐投资中心（有限合伙）
19	北京创新成长企业管理有限责任公司
20	苏州工业园区国开鑫元投资中心（有限合伙）
21	春华景信景福（天津）投资中心（有限合伙）
22	北京中金甲子伍号股权投资合伙企业（有限合伙）
23	上海莳泓投资中心（有限合伙）

说明：根据公开信息整理。

蚂蚁金服投资明细

（截至 2017 年 6 月）

投资时间	蚂蚁金服独立投资金额	蚂蚁金服独立持股比例	投资标的	投资分类
2017年4月	–	–	ofo共享单车	支付入口/场景
2017年3月	–	–	永安行共享单车平台	支付入口/场景
2016年11月	1亿美元	–	大搜车	支付入口/场景
2016年9月	0.7亿美元	100%	EyeVerify	金融基础设施
2016年9月	0.5亿美元	0.5%左右	百盛中国	支付入口/场景
2016年7月	–	–	二维火	餐饮SAAS系统
2016年7月	–	–	贝金塔	综合金融板块
2016年6月	–	20%	Ascend Money	全球化
2016年6月	2.5亿美元	20%	朝阳永续	金融基础设施
2016年5月	–	–	淘宝电影	支付入口/场景
2016年5月	2.5亿美元	–	滴滴出行	支付入口/场景
2016年4月	3.5亿美元	–	饿了么	支付入口/场景
2016年4月	0.3亿美元	0.32%	浙商银行	传统金融
2016年3月	–	–	财新传媒	媒体
2016年1月	0.25亿美元	–	杭州恒生智能系统集成	金融基础设施
2015年12月	28.74亿美元	0.92%	中国邮政储蓄银行	传统金融
2015年10月	1.5亿美元	20%~30%	36Kr	综合金融板块/媒体
2015年9月	12亿人民币	51%	国泰产险	综合金融板块
2015年8月	2亿美元	–	趣店	融资板块
2015年7月	–	–	Bankware	金融基础设施
2015年6月	30亿人民币	49.60%	口碑网	支付入口/场景
2015年6月	–	–	雅座在线	餐饮SAAS系统
2015年6月	–	100%	浙江融信	金融基础设施
2015年4月	0.95亿人民币	60.80%	数米基金网	综合金融板块
2015年2月	–	–	Paytm	全球化
2014年11月	–	19.10%	恒生聚源	金融基础设施
2014年11月	0.12亿美元	–	V-Key	金融基础设施
2014年10月		蚂蚁金服正式成立		
2014年4月	32.99亿人民币	20.62%	恒生电子	金融基础设施
2013年10月	11.8亿人民币	51%	天弘基金	理财板块

说明：根据公开信息整理。

蚂蚁金服高管名单

（2017 年 6 月）

彭蕾
蚂蚁金服集团董事长

井贤栋
蚂蚁金服集团首席执行官

程立
蚂蚁金服集团首席技术官

陈龙
蚂蚁金服集团首席战略官

陈磊明
蚂蚁金服集团首席法务合规官

曾松柏
蚂蚁金服集团资深副总裁

樊治铭
蚂蚁金服集团财富事业群总裁

黄浩
蚂蚁金服微贷及消费者金融事业群总裁、浙江网商银行行长

尹铭
蚂蚁金服集团保险事业群总裁

俞胜法
蚂蚁金服集团首席风险官

胡滔
芝麻信用总经理、蚂蚁金服集团副总裁

道格拉斯 · 费根
蚂蚁金服集团国际事业部总裁

陆杰讯
蚂蚁金服集团副总裁

赵颖
蚂蚁金服集团副总裁—财务及客资、蚂蚁金服国际业务COO

韩歆毅
蚂蚁金服集团副总裁—投融资

徐浩
蚂蚁金服集团副总裁—政府事务

陈亮
蚂蚁金服集团品牌与公众沟通部总经理

倪行军
蚂蚁金服集团行业产品部研究员、支付宝副班长

北京大学数字金融研究中心
新金融书系简介

北京大学数字金融研究中心是由北京大学中国社会科学调查中心、上海新金融研究院和蚂蚁金服集团共同发起的研究机构，目前挂靠北京大学国家发展研究院。

自成立以来，中心研究人员已经独立或联合开发、发布了四个互联网金融方面的指数，并开展了关于数字技术推动普惠金融的实践、个人征信体系的建设、商业银行应对互联网金融转型的策略、个体网络借贷平台的风险、大数据金融等多项课题研究，发表学术论文数十篇。此外，中心支持 *China Economic Journal* 出版了关于互联网金融研究的专刊。

中心创设的"北京大学数字金融研究中心新金融书系"，专注于数字金融、普惠金融和金融改革等领域，力图打造兼具理论、实践、政策价值的权威书系品牌。

"新金融书系"源于中国金融四十人论坛旗下的上海新金融研究院（SFI），论坛旗下的北方新金融研究院（NFI）和北京大学数字金融研究中心也相继创设新金融书系，丰富了"新金融书系"的品牌内涵。

<<< 序言

蚂蚁金服是一部活的金融发展史

北京大学数字金融研究中心主任　黄益平

《蚂蚁金服：从支付宝到新金融生态圈》是北京大学数字金融研究中心组织撰写的第一本关于数字金融企业的书。我们选择蚂蚁金服作为数字金融企业书系的第一个选题，因为它改变了我们的生活。国人可能已经对自己使用的数字金融服务习以为常，见怪不怪了，但每当我向外国朋友介绍可以在手机上完成的交易的种类，往往都会听到令人愉悦的惊呼。我们几乎每天都在使用智能手机发红包、付电费、买机票、订外卖、投资理财产品和申请贷款，甚至有一天，在当代商城附近，当我向一位行乞的人表示身上没有带现金时，对方拿出手机说可以扫他的二维码。蚂蚁金服并非数字金融的原始发明者，但今天它已经是全世界最大的数字金融公司。可以毫不夸张地说，没有蚂蚁金服，数字金融行业肯定不会是今天这个样子。

如果向身边的朋友随机做一个调查，我们会发现一千个人的心目中有一千个蚂蚁金服。创新、贪婪、颠覆、谦卑、霸道、弱势、谨慎、激进……我们经常听到人们用这样一些含义完全相反的词汇来描述他们对蚂蚁金服的印象，这也许是因为蚂蚁金服本身是一家动态、多面的公司，其业务模式尚未发展成熟。未来这家公司会变成什么样子，尚存很大的不确定性，但了解这样一家从无到有并且已经成为我们日常生活一部分的企业，显然是有意义的。现在市面上已有一些关于蚂蚁金服的文章和书籍，帮助我们认识这家充满活力、引领潮流的公司。但客观地说，我们发现，有些文字所记录的可能是作者脑海中想象的逻辑，而不一定是蚂蚁金服真实的故事。

我们给本书的定位是专业畅销书，一要好看，二要准确。可读性是任何好书的必要条件，唯有如此，思想才能得到更好的传播，不然学术研究可能会退化成专家们自娱自乐的游戏。翻看《蚂蚁金服》，确实有不少令人忍俊不禁的情节。支付宝第一笔交易完成的过程就写得相当精彩，先是淘宝财务妹子狂奔到担保交易小组的办公室通报第一笔业务过来了，没过两分钟，财务妹子又狂奔回来说，买家不想买了，要退款。最后，在这个财务妹子动之以情、晓之以理的劝说下，担保交易的第一笔业务才没有流产。字里行间，我们能够充分地感受到现场富有戏剧性的情绪波动。

当然，本书并非文学作品，写作组最核心的任务还是要以独立的立场忠实地记录蚂蚁金服十几年的发展过程，把那些影响蚂蚁金服发展的重要事件，尤其是在那几个关键转折点的考虑、选择和反复，客观、清楚地展示给读者，不能戏说。为此，写作组约谈了蚂蚁金服的许多现任和前任高管以及其他方面的专家，反复地求证一些具体的过程和细节。当然，这本书所讲述的故事是否更接近现实，这个问题只能由亲身经历过那些故事的人来回答。书中也记述了一些比较敏感的事件，比如支付宝控制权的转移和“圈子”引发的不良行为。写作组只尽量客观地记录这些事件，至于价值判断，则留给读者自己来做。

《蚂蚁金服》是一部金融发展史，它完整地记录了蚂蚁金服从2003年10月到2017年4月期间的发展历程，再现了蚂蚁金服所经历的几乎每一个重大的突破和挫折，包括支付宝创立、余额宝上线、金融云正式推出、芝麻信用建立、网商银行开业和无现金联盟成立。更重要的是，读蚂蚁金服的历史，也会给人一种重温金融发展史的感觉，因为蚂蚁金服的发展历程同样经历了从无到有、从小到大和从简单到复杂的过程。

金融史书通常将金融业的起源追溯到公元前2000年巴比伦寺庙和公元前6世纪希腊寺庙的货币保管及放款业务。而根据耶鲁大学席勒教授的讲述，现代银行起源于金匠业，客户将他们富余的黄金存在金匠铺，并获得一定的回报；有需求的客户向金匠铺暂时借用黄金，同时支付一定的费用。金匠铺在这中间承担信用中介的角色并赚取利差，这就是现代银行的前身。但这个过程发生在公元前，今天我们只有到金融教科书中去领会最初金融产生的逻辑。

蚂蚁金服为我们提供了一个在现实生活中重温金融产生、发展过程的机会。阿里巴巴为什么会做支付宝？它的故事其实与巴比伦寺庙的故事是一脉相承的，金融交易最初都是由实体经济的需求所催生的。阿里巴巴做网购平台，需要解决支付问题，但支付问题的前提是信任。无论从技术的角度还是从意愿的角度看，当时的商业银行都无法令人满意地解决淘宝的问题，因为淘宝上的交易数量巨大，但是单笔金额很小，通过人工来完成这样的支付交易，必定是成本高、收益低的买卖。阿里巴巴提供担保，建立支付宝个人账户，并利用数字技术提高交易的时效性和准确性，同时降低成本，正是顺应实体经济的需求而为。

蚂蚁金服的故事很复杂，也很动态，要准确地理解它所走过的每一步，其实并不容易。但套用微观经济学的框架，每一家企业都是在给定的约束条件下追求目标函数的最大化，蚂蚁金服也不例外。我们经常听到阿里巴巴和蚂蚁金服的高管声称要发展普惠金融、为穷人服务、让世界不再有难做的生意。我丝毫不怀疑他们的真诚和情怀，但归根结底，蚂蚁金服的经营目标与其他大多数企业是一样的，就是追求收益最大化，没有这一条，蚂蚁金服也就无从立足。为穷人提供金融服务、扩大市场份额等，都是为了追求上述目标而采取的经营策略。准确地说，它们是手段，不是目标。

蚂蚁金服追求收益的经营活动也受到一系列条件的约束，特别是金融环境、数字技术和监管政策。可以说，这三个约束条件的动态演变决定了蚂蚁金服的生存空间和发展轨迹。

第一，中国的金融体系庞大，但金融服务供给不足，存在一个巨大的空白地带。今天的金融机构和金融资产已经种类繁多、数量巨大，但这个金融体系的服务对象有很大的局限性，主要服务于大型企业、国有企业和高净值人群。应该说，金融机构通常只愿意服务最上层20%的客户，这是一个世界性的现象，但在中国，由于存在诸如产权歧视、利率管制和僵化的对不良资产的考核等因素，对中小企业和低收入群体的金融服务不足的问题尤其突出。比如，我们之前在浙江的调查发现，只有20%的小微企业曾经获得过银行信贷。再比如，央行的征信系统包含8.8亿人的信息，其中只有3.8亿人有过信贷记录。

这个金融环境催生了活跃的民间金融，也为蚂蚁金服和数字金融的成长提供了肥沃的土壤，阿里小贷就是这样一个故事。当年阿里发现淘宝平台上的很多网商有融资需求，就主动寻找商业银行合作，为其提供贷款。但是因为大多数网商不能满足商业银行融资的资质要求，在阿里推介的100家网商中，往往只有两三家能够获得贷款，对于满足网商的融资需求可谓杯水车薪。因此，阿里决定另起炉灶，通过分析网商的交易活动和现金流等数据来判断它们的信用状况。毫无疑问，阿里小贷的诞生其实就是为了满足实体经济的需求，但这种需求的出现，在很大程度上跟传统金融机构对小微企业和低收入人群金融服务不足的问题紧密相关。

余额宝是另一个故事。我国金融体系还有一个问题，就是老百姓缺乏投资渠道，高净值客户可以享受专业的投资理财服务，但数以十亿计的老百姓除了把钱存在银行和买房地产之外，别无选择。小额资金的出路就更少。余额宝的诞生让老百姓不但有机会享受货币基金较高的投资回报，同时又不影响随时支付的需求。余额宝在2013年6月上线之后高速成长，迅速让合作的天弘基金从一个默默无闻的小基金一跃成为国内市场的龙头老大。这个快速发展也跟当时独特的金融环境即钱荒有关系，货币市场的隔夜拆借利率曾一度上升到10%以上。几年以后，随着吸引力的下降，蚂蚁金服推出了拥有更为广泛的投资产品的蚂蚁聚宝（现已更名为蚂蚁财富）。

第二，数字技术快速发展，为蚂蚁金服的金融梦想提供了技术支撑。为什么传统金融机构不愿意为底层80%的客户提供服务？因为这些客户往往风险大、没有硬信息，同时缺乏抵押资产，为这些客户提供金融服务不仅获客成本高，而且信用评估很难做。数字技术的核心一是智能手机，二是大数据分析，智能手机可以将大量的潜在客户黏在终端上，不再需要通过设立实体分行去拉客户，从而降低了获客成本。大数据分析则无须见面便可评估客户的信用状况，而且通过发挥互联网平台的长尾效应，将金融服务的边际成本压到几乎为零。因此说，数字技术最大的优势就在于支持普惠金融的发展。没有高度发达的数字技术，数字金融不可能达到今天的发展水平，蚂蚁金服也无法达到今天的规模。

技术的作用，在支付宝的发展历程中一目了然。支付宝在 2003 年上线，用了大概 5 年的时间让用户突破 1 亿人。2009 年推出第一版无线客户端，支付宝才发展成为几乎人手一个的支付工具。2016 年，支付宝的注册用户超过 8 亿人，实名用户 4.5 亿人。计算技术的进步同样至关重要，据蚂蚁金服提供的数据，每一笔支付交易的成本已经被压到 2 分以下。在 2010 年，支付宝可以支持每秒钟最多几百笔的交易，今天这个数字已经达到了每秒钟 12 万笔，而且还在快速上升。日本超市的老板娘欢迎中国客户用支付宝或者微信支付，因为其手续费只要 0.1%，而银联支付的手续费却高达 3%。

阿里小贷和网商银行实现了贷款的“310 模式”，即 3 分钟申请、1 秒钟到账、0 人工干预，其前提是已经对潜在的客户进行了信用评估。刚开始的时候，阿里小贷只是利用淘宝和天猫平台上的网商和个体用户的信息做分析。大数据分析帮助解决了传统金融机构信用评估困难的问题：一是缺乏分析小微企业和低收入群体信用风险的有效方法，二是人工的尽职调查成本很高。迄今为止，阿里小贷已经为 500 多万客户提供贷款，平均额度在 3 万元以下，平均周期为 7 个月。网商银行立志服务 1 000 万家小微企业，也只能依仗大数据分析才有可能实现，目前他们正在试图说服一些地方政府利用工商注册、税收、工资、电费等方面的数据建立企业公共信息平台。蚂蚁金服还在 2015 年成立了芝麻信用公司，建立个人信用系统。

第三，我国的监管政策既给数字金融创新提供了空间，也带来了一些风险。数字金融行业刚刚开始快速发展的时候，一些专家明言马云的金融成就无法复制，因为其实质仅仅是监管套利。言下之意，一旦中国的监管政策收紧，轰轰烈烈的数字金融行业很可能会灰飞烟灭。现在看来这个判断比较离谱，但我国数字金融的发展，确实得益于监管部门相对宽松的政策环境。如果监管部门从一开始就不允许互联网公司涉足金融业务，就不会有蚂蚁金服。个体网络借贷平台（P2P）的模式最初是在英国和美国萌芽的，但只在中国形成一定的气候。国内第一家 P2P 平台拍拍贷 2007 年上线，但直到 2016 年年中，监管部门才正式宣布暂行管理办法，也就是说，这个行业经历了将近 9 年的野蛮生长。

除了网商银行等个别业务板块，蚂蚁金服的很多业务都是“先生孩子再报户口”的。比如，支付宝在 2003 年上线，但直到 2011 年才正式获得央行颁发的支付牌照。中国监管部门没有一棍子打死数字金融的创新，应该是看到了这些创新业务服务实体经济的价值。二维码支付的尝试和合法化所反映的也是同样的监管逻辑，一开始监管部门对二维码支付的安全性有所担忧，但在看到其在实践中取得的成果以后，便接受并规范了这种支付形式。2015 年 1 月 5 日，中国人民银行发布了允许 8 家机构进行个人征信业务准备工作的通知，蚂蚁金服迅速成立芝麻信用管理有限公司。中国监管部门这种容忍创新的做法和国际上的“监管沙盒计划”的做法有相似之处，就是既关注风险，又允许创新。

监管政策塑造数字金融行业的另一个典型例子是网商银行。建立一家自己的银行一直是阿里巴巴和蚂蚁金服的梦想之一，早年甚至和商业银行制定了具体的合作计划，可惜在谁控股的问题上不能达成共识，因而作罢。蚂蚁金服主导的网商银行也是第一批五家民营银行之一，但其筹建与运营的过程并不顺利。一开始是因为持股比例的限制，让蚂蚁金服感觉投入与回报不对等。成立之后，监管部门又不接受远程开户，这对一家只在网上提供金融服务的银行的制约是显而易见的。开办两年多，网商银行还没有真正的银行客户。如果这些监管政策不改变，未来网商银行也许很难成长为蚂蚁金服的一个重要业务板块。

蚂蚁金服的故事还远未结束，它在过去的发展过程中解决了一些问题，但还有更多的问题尚未解决，而且引申出一些新的问题。这些问题能否有序解决，决定了蚂蚁金服未来的演变路径、最终将成为一家什么样的机构以及对整个金融体系可能产生的影响。

以大数据为例，现在还有很多尚待解决的问题。第一，即便像阿里巴巴和腾讯这样的公司所拥有的数据，也只是企业数据。商业机构如何联合政府一起推动建立真正的大数据，以支持金融决策？第二，在大数据的背景下，如何在保护隐私和支持创新之间取得平衡，国际上还没有成熟的先例可循，蚂蚁金服和中国的其他数字金融企业有没有可能走出一条可行之路来？第三，蚂蚁金服和其他一些公司都在努力扩建自己的数据库，这项工作十分艰难，但同样值得关注的是，一旦一家商业机构掌握了大量关于企业与个人的数据，它又如何保障公众及政府不担心由此产生的经济与社会安全风险?

监管的不确定性则更加突出。除了眼下广受关注的监管当局是否会给芝麻信用发征信牌照和是否会允许网商银行远程开户，还有很多监管者和被监管者尚未认识清楚的问题。比如由余额宝带动的各种“宝宝类”产品，直接导致资金在银行体系外循环，而且资产与货币之间可以瞬息转换，这对货币政策的决策提出了新的挑战。中国目前实行的是分业监管的体制，但数字金融业从诞生的那天开始就具有混业经营的特征，如何监管数字金融是一个新课题。对于蚂蚁金服这样一个具有系统重要性的数字金融公司，监管的问题就更加复杂。另外，大数据分析，包括智能投资顾问，会不会导致金融行为的同质化，从而放大市场波动，对这些问题的研究与应对，都会影响未来蚂蚁金服发展的模式。

最近蚂蚁金服又做了一次重大的战略定位调整，其在未来的目标是做金融业的天猫，也就是说为其他金融机构的金融产品提供一个交易平台，自己不再独立生产金融产品，也不再去申请新的金融牌照。这个战略能在多大程度上落地，尚存许多制约因素，与天猫上交易的商品相比，金融产品具有更大的信息不对称的特征。蚂蚁金服如何在信用文化不够完善的环境中支持金融交易双方的信心?另外，蚂蚁金服已经持有不少金融牌照，怎样让其他金融机构确信蚂蚁金服真的会提供一个公平竞争的产品销售平台?

这样看来，未来蚂蚁金服的演变过程，也是企业战略与经营环境之间持续相互作用的过程。最终蚂蚁金服将成为一家什么样的公司，还存在很大的不确定性。但大概率事件是，不管蚂蚁金服如何演变，都将实实在在地影响我们许多人的生活，改变我国的金融格局。

因此，读《蚂蚁金服》，既是读金融发展史，也是读今天正在实实在在发生的生活，更是读中国与世界金融业的未来。

<<< 前言

短短数年间，互联网、大数据、云计算等技术为中国金融业的发展带来革命性的变化，其迅猛程度令人始料不及。传统金融机构在技术浪潮冲击之下艰难转型、积极拥抱互联网技术，与此同时，一批新兴的金融科技巨头也陆续崛起，蚂蚁金服就是其中最具代表性的一家企业。

蚂蚁金服脱胎于互联网巨头阿里巴巴集团，由支付宝起步，一路发展而来，业务范围涵盖了包括银行、保险、支付、理财、征信等在内的金融各个领域，向全球6亿消费者用户以及数千万小微企业提供金融服务。目前，无论是从估值还是从牌照来看，蚂蚁金服都是国内最大的金融科技公司，甚至已经成长为全球估值最高的金融科技企业。

金融领域在中国被高度垄断，以蚂蚁金服为代表的新兴金融科技公司能够从夹缝中生长并迅速崛起，堪称一个奇迹。

如果我们观察蚂蚁金服快速成长的轨迹，不难发现，其背后既是科技创新驱动的结果，也离不开宏观层面的原因——中国经济从投资拉动转向消费拉动，加之金融市场化改革的快速推进，使得以往得到抑制的小微企业与个人的金融需求得以释放，大众的消费热潮被点燃，也使得普通民众开始有财可理、有金可融。更重要的一个原因，是蚂蚁金服选择了一条理想化的普惠金融之路。蚂蚁金服的价值观，亦是其发展历程中一以贯之的主线，即通过用技术重塑金融，推动金融成本的降低和效率的提高，为世界带来平等普惠的金融服务。

蚂蚁金服在崛起的过程中，曾一度被赋予颠覆者的角色。余额宝一夜爆红、网商银行开业，以及蚂蚁金服在金融领域陆续拿下几乎所有的牌照，这些都令传统金融机构深感不安。

然而，自诞生之初，蚂蚁金服就具有与传统金融机构截然不同的基因。从支付宝到余额宝、网商银行、芝麻信用等，蚂蚁金服一直专注于小微的世界，致力于服务那80%并未获得很好金融服务的广大草根消费者和小微企业，而这正是其选择以“蚂蚁”命名的原因所在。“我们只对小微的世界感兴趣，就像蚂蚁一样，虽然渺小，但它们齐心协力，焕发出惊人的力量，在去往目的地的道路上永不放弃。”蚂蚁金服董事长彭蕾曾不止一次在公开场合这样解释“蚂蚁”的内涵。

这种惊人的力量，作为普通人的我们也能够切身感受到——移动支付近几年来的蓬勃发展，正在重塑国人的生活方式，如今很多普通民众出门只要随身携带手机，就能轻松搞定一切，“无现金社会”成为可以触及的未来；理财曾经被认为是有钱人才能做的事情，然而余额宝的问世让“1元钱就能理财”成为现实，加之其与消费场景直接连通，从而极大地激发了草根理财的热情，掀起了一场轰轰烈烈的理财市场变革；从阿里小贷到网商银行，基于大数据的征信与风控体系以及互联网贷款的模式，为小微企业融资这项世界性难题提供了一个“新解”；以蚂蚁花呗、借呗以及消费保险为代表的消费金融发展火热，助推了公众消费观念的转变与潜在消费需求的释放。此外，芝麻信用通过免押金、先享后付的利器，在诸多行业打开楔口，让人和机构之间的商业关系发生颠覆性的改变，从而使得信用的便利与普惠悄然进入普通人的生活。

什么是好的金融？经济学家罗伯特·希勒曾提出，金融不是为了赚钱。但是我们看到，不论是“金钱永不眠”的美国华尔街，抑或时常脱实向虚、金融空转的中国金融业，之所以时时受到社会的诟病，就是因为它们脱离了生活和商业中的真实金融需求，沦为逐利的工具。然而，金融存在的最重要的意义，是成为理想社会的架构师，更多地为广大的小微企业与个人提供普惠的金融服务，而不仅仅是为金字塔顶端的大型企业和富人服务。

在以往，金融中心和应用场景是分离的，而且由于金融抑制的存在，金融体系所提供的金融服务远远不能满足社会所需。进入新兴的互联网时代，技术与金融逐渐融合，随着触达这些场景能力的改变，金融的渠道能力随之改变，做金融的方式也在改变，越来越多的金融正在从场景中产生，这使得脱实向虚的金融开始回归真实的金融需求。

今天看来，蚂蚁金服正是在不断解决用户痛点、不断填补金融服务盲区、不断满足用户实际金融需求的过程中，逐步壮大起来的。蚂蚁金服的发展史几乎就是在走别人没有走过、可能也不愿意走的路。如今，蚂蚁金服拿下那么多金融业务牌照，其实更像是在开垦一块块试验田，在做“第一个吃螃蟹的人”。但是，蚂蚁金服自身并不想自己冲到前面直接提供金融服务，也不想和金融机构直接竞争，而是希望能与金融机构形成互利共赢的合作关系。

在技术发展对中国金融业的深刻影响下，以蚂蚁金服为代表的新兴金融科技机构与传统金融机构正逐步走向融合共生。阿里巴巴用平台策略成就了淘宝和天猫，脱胎于阿里体系的蚂蚁金服也有着一脉相承的平台思想。如同阿里巴巴在电商领域所搭建的生态系统一样，蚂蚁金服想做的是在金融业搭建一个互联网金融生态开放系统，目标是要用互联网的思想、技术打造一个开放的平台，以云计算、大数据为底层设施，打造一套信用体系与风控体系，来支撑金融机构等合作伙伴在这个开放的平台上“跳舞”。与此同时，蚂蚁金服会不断向合作伙伴输出自己强大的云计算能力和大数据能力，帮助合作金融机构进行基础设施的升级转型，降低成本、提升效率。

利他、共享、开放，是这个网络时代所呈现出的不同于以往时代的新商业特征。此后蚂蚁金服推出的“互联网推进器计划”“春雨计划”“蚂云计划”等，无一不是上述理念的体现。

由此，我们也不难理解为何蚂蚁金服后来会直接表态，说自己是一家 TechFin 公司——姓“技术”，而非姓“金融”，以此区别于已经大热的一个概念——FinTech（金融科技）。“TechFin 就是用技术助力金融机构去升级。以前大家只盯着抢金字塔的顶端客户，但是如今，技术的创新让有支付、信贷、现金管理等金融需求却又无法获得服务的人群也能够被覆盖，技术创新可以把蛋糕做得更大。”蚂蚁金服 CEO 井贤栋说。如今，技术输出已经逐渐成为蚂蚁金服一项重要的业务，同时也是蚂蚁金服“连接”一切的重要“黏合剂”，更是蚂蚁金服未来保持高成长性的重要一环。

事实上，与支付、理财、保险、信贷等浮在水面上的一个个具体业务相比，水面以下的以信用体系和风控体系为核心的共享平台，则更具有社会普惠价值。这一价值体现在，技术赋能金融只是开端，技术让金融更好地服务与推动商业和生活才是真正发展的方向。

怀有普惠金融理想的蚂蚁金服，其用科技重塑金融的成长历程，可以视作中国金融科技发展史的一个缩影。而如今，蚂蚁金服正将普惠金融的中国经验铺向全球。

也正因为如此，在北京大学数字金融研究中心的组织下，中心主任黄益平、副主任王海明等老师遴选了金融科技领域具有案例研究价值的蚂蚁金服集团，成立写作组，由吕晓慧老师指导，并由廉薇、边慧、苏向辉、曹鹏程执笔，在近一年的时间当中，对蚂蚁金服进行了深度访谈和研究，完成了本书。

在科技创新日新月异的今天，裂变中的互联网经济存在着巨大的不确定性。《蚂蚁金服》这本书，仅仅是在当前这个时点上的一个观察与总结，我们既无法给蚂蚁金服这家正在迅速成长变化的公司定性，也无法预测其未来前景。或许，金融科技、互联网金融这些词汇甚至可能在未来消失，因为长远来看，未来所有的金融都将是由科技驱动的金融，这也将会是金融业的未来。我们也期待着金融科技能够为未来带来一个更加美好的金融社会。

目　录

ANT FINANCIAL

第一部分　变局者支付宝

第一章

从诞生到上户口

第二章

支付宝的野心： 推进无现金社会

第二部分 小蚂蚁的普惠金融梦

第三章

余额宝掀起理财变革

第四章

互联网时代的小微企业贷款

第一部分>>>

变局者支付宝

第一章

ANT FINANCIAL

从诞生到上户口

风起于青蘋之末，浪成于微澜之间。14 年前，发端于淘宝网担保交易的支付宝，依靠细微的模式创新，破解了网上交易中的信任难题，进而掀起了日后整个中国电商乃至互联网金融翻天覆地的巨变。因为信任，所以简单——支付宝诞生之初追求的这一梦想，如今已经成真。

在一个个狂热而又严酷的“双 11”大考之下，支付宝不仅锻造出了一支精诚合作、技术过硬的队伍，也让自身不断创下交易峰值纪录，成为强大的流量入口和链接平台，进而成为日后蚂蚁金服筹建、成形并发展壮大的根基。

第一节　诞　　生

◎ 第一笔担保交易

2003 年 10 月 18 日，西安工业学院学生焦振中在淘宝网上拍下了一台标价 700 多元的二手富士相机。这台相机原本的主人名叫崔卫平，当时正在日本横滨留学。

促成这两个素昧平生、地理上相隔 3 000 多公里的年轻人达成交易的，就是淘宝网的“担保交易”——支付宝的前身，但这第一步走得并不顺利。

当时，国内电子商务刚刚起步，2003 年 5 月才上线的淘宝网实际达成的交易量可谓寥寥。C2C 的网上交易无非两种方式：要么同城见面交易，要么远程汇款交易。然而，横亘在两个陌生人之间的障碍除了地理距离，还有信任。

事实的确如此。买家焦振中不愿先付款，相机的主人崔卫平也不愿先发货，买卖双方无法相互信任成为交易达成的最大难题。起初，崔卫平想过先把相机邮寄到西安的朋友那儿，让朋友和焦振中同城交易，但这一计划最终流产。

郁闷的崔卫平误打误撞，看到了淘宝网新推出的“担保交易”功能。崔卫平意识到，这或许是一个能让买卖双方达成信任的好办法，于是他将支付链接发给了焦振中。

“有一个业务过来了，让我们确认!”与此同时，在杭州，一位淘宝财务妹子狂奔进担保交易小组的办公室，通报了这一喜讯，办公室里的人感觉整个世界都亮了。

但喜悦稍纵即逝。没过两分钟，财务妹子又狂奔回来说：“买家又不想买了，说要退款!”

最终，焦振中在这个财务妹子动之以情、晓之以理的劝说下没有退款，担保交易的第一笔业务就这样诞生了。

“如此一波三折，让你知道人与人之间的信任是多么重要，建立信任又何其之难。”十几年后讲起这个故事，支付宝创业元老倪行军①

① 现任支付宝副班长，蚂蚁金服集团行业产品部研究员，阿里巴巴合伙人之一。

依然唏嘘不已。

信任，是远程交易的核心；建立信任，是以担保交易为开端的支付宝的首要使命。

◎ 一切为了信任

2003 年 4 月，马云秘密派出一个九人小团队，入驻阿里巴巴最初的创业基地——杭州湖畔花园小区的一幢小楼。经过一个月没日没夜的奋战，淘宝网在 2003 年 5 月 10 日正式上线，当时网页上挂出的 200 多件“商品”全是几个技术人员从自家拿来的闲置物。20 天后，淘宝迎来了第 1 万名注册用户。2003 年 7 月 7 日，阿里巴巴正式宣布投资 1 亿元开办淘宝网。

那时，淘宝网站很活跃，咨询业务的人也很多，有大量拍下的订单，最终却因为买卖双方缺乏信任而难以达成交易。

为了解决淘宝网远程交易的买卖双方信任问题，淘宝网团队在想出“担保交易”这个点子之前，很是“钻了一阵牛角尖儿”——包括但不限于研究 PayPal 的支付机制，甚至模仿腾讯 Q 币搞淘宝币，但最终发现这些都行不通。

彼时，全球最大最成功的支付公司无疑是美国的 PayPal，但 PayPal 的支付解决方案却并不适用于淘宝，更确切地说，是不适用于中国当时的电商环境。美国的信用体系建设一直相对完善，美国人在进行线上支付时担心的不是买卖双方的诚信问题，而是信用卡高额的线上交易费用以及个人信息或财务细节的泄露问题。

同样，作为中国最早的第三方支付平台，同时也是国内首家提供多种银行卡在线交易的网上支付服务平台，首信易采取的是网关模式，起到连接所接入商家与银行等结算机构的作用，是一种单纯的网络支付工具，也不能解决线上交易中的信任问题。而首信易之后的第三方支付平台，如环迅支付、ChinaPay（银联电子支付服务有限公司）等，在经营模式上与首信易基本相同。

国内外的第三方支付工具都没什么参考价值，淘宝应该怎么做？那时，阿里巴巴已经有了为中小企业量身定制的交易安全保障产品"诚信通"，所有诚信通会员都须先通过第三方认证公司的认证审核，以此核实网商身份，解决网上交易的信任问题，这在本质上就是一个"第三方担保"的功能。淘宝团队认为，这个思路值得借鉴和拓展。

"支付宝是大家一起讨论出来的，不是某个人的灵感。"淘宝网创始元老孙彤宇回忆道。当时，他和同事们天天脑洞大开地讨论、逛淘宝论坛看买家卖家的帖子……在不断的"讨论——尝试——推翻"的过程中，淘宝团队的思路越来越明晰——把交易流程变一变，买家拍下宝贝后先把货款打给淘宝网，淘宝网作为交易双方的中间人暂时保管这笔钱，然后通知卖家发货，等买家收到货确认没问题后，淘宝网再把钱打给卖家。担保交易流程见图 1-1。

图 1-1 担保交易流程

凭借"信用中介"的模式，解决网上交易买卖双方之间资金和实物交割的信任问题，打消用户对网络购物的疑虑——这就是担保交易的逻辑，其实算不上什么复杂的技术创新。但无论是对于淘宝、今天的蚂蚁金服，还是对于整个中国的电商乃至互联网金融来说，这一模式都意义非凡。浪成于微澜之间，翻天覆地的巨变正是源于“担保交易”这一细微的模式创新。

在阿里巴巴官方纪录片《造梦者》（*Dream Maker*）中，马云说：“你从一个素未谋面的人那里买来了东西，你把包裹交给一个陌生人，一个你从不认识的人将会把你的包裹送达，淘宝对中国社会最大的改变就是信任。”

现在，我们可以更准确地说，真正解决了国人信任问题的是起源于担保交易的支付宝。

“担保交易”的思路有了，开发任务就落在2003年9月新入职的倪行军身上。出身传统国企的倪行军，由于兼具技术与财务背景，临危受命，需要一人分饰多角。当时，倪行军经常写代码写到一半就切换去淘宝论坛，有客户的帖子就赶紧回复。电话一响，倪行军“一秒变客服”，柔声细语地回答客户关于担保交易的一切问题。

与篮球巨星科比的那个经典段子——“你见过凌晨四点的洛杉矶吗”——类似，对于倪行军来说，这个问题可以换成“你见过只有三个人的支付宝团队吗?”。在担保交易上线初期，整个团队仅有三名工作人员——一名财务经理、一名会计、一名出纳员，担保交易的所有财务和结算工作就是由这三位工作人员完成的。

如今的倪行军已经成了支付宝的icon（标志、象征）之一。在蚂蚁金服总部大楼一楼大厅中，展示着几张密密麻麻写满了代码的横格纸，那就是倪行军在开发担保交易时写下的最初几行代码。

◎ 占据天价广告位的“寻钱启事”

做担保交易，既要打通下游的买家端和上游的卖家端，又要对接银行账户，这导致最初的资金周期漫长得令人窒息，所以支持担保交易的卖家少之又少。

回忆当时的处境，倪行军只能用“惨不忍睹”来形容：由于资金周期很长，卖家不清楚买家有没有付钱，便犹豫着要不要把货卖给对方，而买家左等右等等不来货，可能会要求退款。

担保交易的完整过程大致可以划分为三个阶段：

第一个阶段是买家购买商品并付款。淘宝要向银行确认买家是否已经付款到淘宝的银行账户。由于需要通过网银转账，隔一天或者隔一个节假日才能确认是常事，如果是邮局汇款，时间更是漫长无比。

第二个阶段是发货。由于没有发达的快递物流，5～7 天的发货周期属正常情况。

第三个阶段即买家确认收货阶段。由于市场尚不成熟，导致大多数买家忘记确认，卖家收到货款的时间便一拖再拖。

这样一圈下来，没有半个月时间，根本无法完成一笔交易。

而在这个过程中，由于用户都是通过银行、邮局转账的方式，将钱打到淘宝网开设在各银行的账户里，然后由淘宝网作为中间人协调交易进度，因此很多工作都必须靠人工完成，比如人工对账。

以提现组为例，提现组每天要逐笔核对当天所有的提现、充值业务，当时支付宝每天的提现交易有 4 000～6 000 笔。

有些用户的名字中有生僻字，在银行字库中无法显示，比如

“垚”“燚”。这些字有的被标注成拼音，而像“玥”这样的字则会直接被拆成“王月”，这就导致有些用户的支付宝账号和银行卡姓名匹配不上，由此导致提现失败。

有些细心的用户会在进行提现操作时备注一下，比如“我的名字是王玥”，但是银行账户只能显示成“王王月”。在人工核对的过程中，工作人员要逐笔查看备注，发现有这样的情况就要手动修改用户的名字，确保提现成功。遇上粗心的客户，不写备注，或者出现因为其他原因导致提现失败的情况，工作人员还要逐条查看，并把“户名不匹配”“提现账号输错”等原因写上，方便用户查看。

又如，负责结算的员工要把每一笔入账手工记录下来，核对汇款信息中备注的淘宝 ID、订单编号和买家实名信息后，再通知卖家发货。但在实际操作中，时常会发生粗心的买家忘记写备注、备注的信息在经过跨行转账后消失不见的情况。这样一来，汇款和交易无法对应。怎么办？倪行军他们只能在淘宝网首页登一个“寻钱启事”——搁到现在，这可是天价广告位。

需要人工来做的事情远不止这些。每天负责客户资金的工作人员还要从银行搬回一摞摞凭证回执（一笔交易一张凭证），靠人工进行整理。负责调拨工作的，每天早上要提早一个小时到公司，查看支付宝在全国十家银行的账户，根据以前的账户记录和自己的经验，调配各个账户的资金，保证各个账户里的钱都能满足当天的业务需求……

尽管存在种种问题，但倪行军和同事们惊喜地发现，买家对担保交易的热情飞速高涨，而在这个买方市场中，支持担保交易的商家由于容易得到消费者的青睐，成交量猛增。到 2004 年初，淘宝已经有

70%的商品支持担保交易。

◎ 从担保交易到虚拟账户

随着支持担保交易的商品越来越多，下一个问题是，当时与支付宝合作的中国工商银行的压力也越来越大。2004 年下半年，淘宝每天的交易笔数达到 8 000 笔，每笔都要填写不同的资料，两名支行员工一天完成 4 000 笔已经是极限。面对仍在飞速增长的交易数字，中国工商银行西湖支行的工作人员找到淘宝，希望停止合作。

为此，淘宝立即着手上线一个临时方案——针对一天成交多笔的卖家，进行合并付款，再统一向银行确认，以减少重复的工作量。新方案上马后，银行的工作量降了一半。然而仅仅在两个月后，合并之后给到银行的交易笔数又超过了 8 000 笔。

与此同时，高昂的转账成本也成为淘宝网“不可承受之重”。当时，担保交易对公账户每转出一笔钱都需要付手续费，单次转账必须规模化，才可能降低转账成本。

怎么办？这一次，解决问题的灵感同样来自淘宝用户。在担保交易团队进行人工对账时，经常有用户十分豪爽地表示：“不用退款了，先留你们那儿吧，等下次买东西的时候我再用！”可是，这些钱怎么留？留在哪儿？

于是，担保交易的虚拟账户建设被提上日程——如果每个用户拥有一个虚拟账户，就可以让买家把钱存放在里面，卖家完成一笔交易收到一笔钱，就自动划入虚拟账户，等到想用的时候一并划到银行。这样可以大大提高结算效率，同时降低转账成本。这一方案在事后被证明是有效的——如今，支付宝每天有上亿笔交易，真正需要提到卡里的，也就几十万笔。

此时，一个对支付宝具有重大意义的产品——虚拟账户——开始在倪行军的头脑中酝酿。

◎ 支付宝独立——“如果要坐牢，我去!”

“现在、立刻、马上！启动支付宝!”

“如果要坐牢，我去!”

2004年1月，达沃斯论坛现场有关企业社会责任的讨论震动了马云。他意识到，淘宝网想要继续发展，就必须做点真正有价值的事情。当晚，他从达沃斯打电话回国内，下达了上述启动支付宝项目的指令。

据蚂蚁金服品牌与公众沟通部总经理陈亮透露，事实上，马云最开始的想法是由支付宝做第三方担保，另外寻找一家国内金融机构来做支付。但当时国内的大多数银行都觉得，完成一笔交易才赚5元、10元，这些钱还不够银行的成本。

公开资料显示，马云最初曾找到ChinaPay——这是一家由银联控股51%的公司，也是当时银联系中唯一一家与互联网支付相关的公司。通过ChinaPay负责人的居间介绍，马云得以和当时的银联高层会面。当时，成立不过两年的中国银联刚刚建成了第一代银行卡跨行交易清算系统，但并没有Visa和万事达那么健全的线上网络。据知情人士透露，“马云当时的想法，比如连上银联就和所有银行都连上，是不可能实现的，因为条件不具备。银联自己还没有在互联网上和银行打通呢”。

而关于那次会谈的详情，另外一个流传的版本则是：中国银联的高层对此事没兴趣，只派了一个级别较低的部门负责人跟马云谈，马云一气之下放弃了与银联合作的想法。

总之，和金融机构谋求合作无果之后，马云决心“自己做”。在他看来，建立一个透明公正的信用体系，是中国电子商务得以长足发展的前提，如果没有人愿意干，淘宝就必须自己闯出一条路来。

今天看来，蚂蚁金服的发展史几乎就是启动支付宝的翻版——走别人没有走过、也不愿意走的路。如今，蚂蚁金服拿下一个个金融业务牌照，其实更像是在开垦一块块试验田，是在做“第一个吃螃蟹的人”。

2004 年夏天，满脑子想着建设支付宝虚拟账户的倪行军向孙彤宇汇报了自己的想法，不料却被泼了一盆冷水——孙彤宇告诉他，想法很好，但要先暂停。沮丧的倪行军当时并不知道，在马云的规划中，支付宝虚拟账户的定位其实更具战略意义——

最初，担保交易等同于支付宝，其在淘宝上的快速发展，验证了它可以解决网上购物的诚信问题。但从整个支付环境来看，电子商务必须解决资金流问题，这一方面需要担保的含金量，另一方面需要合格的支付商，而银行在这些环节是脱节的。运用广泛的担保交易和酝酿已久的虚拟账户只有正式从淘宝独立出来，而不是仅仅服务于阿里巴巴集团，才有可能在日后成为一个可靠的支付工具。

就像阿里巴巴和淘宝始于杭州湖畔花园内的一所 150 平方米住宅一样，2004 年 8 月，支付宝的命运在广州二沙岛的一间洗脚屋里被拍了板。

在那家洗脚屋里，马云试探着问陆兆禧：“知道 PayPal 吗？”陆兆禧一头雾水地回答：“不知道啊！”

马云一听，反而高兴了，指着陆兆禧说：“不知道就好！我们要做一个全新的东西，叫‘支付宝’，通过担保交易功能来解决淘宝买家和卖家之间的信任问题，你来当 CEO 筹建这家公司！”

此前被暂停的支付宝虚拟账户与支付宝公司的筹备工作同期启动，倪行军负责开发账户技术。当时支付宝的技术人员只有倪行军一个，他没日没夜地干，但活儿依然多得做不完。2004 年 12 月 8 日，支付宝（中国）网络技术有限公司正式成立，新招进了一些人，加上外包合作了一些项目，技术团队逐渐庞大起来，整个团队无休无止地赶工。

终于，2004 年 12 月 29 日，支付宝账户体系上线，有了自己的网站、会员、账户。这一天，也被看做是支付宝的“独立日”。

据说那天清晨，当倪行军和同事们发布完账户体系项目走出办公室时，发现天空下起了大雪。在杭州这个很少下雪的城市，很多人都记得，那天的雪格外大。

也是在那一天，马云寄语支付宝团队：“支付宝不仅要成为淘宝的好帮手，更要成为整个行业使用的工具，以及推动社会诚信的一种手段。”

众所周知，金融信用体系的缺失是造成中国网络交易长期停滞不前的重要原因。为解决在线交易中买卖双方信任问题而生的支付宝，以极具震撼力的方式为中国互联网在线交易打开了新的局面。

2005年2月，马云宣布支付宝推出“全额赔付”，号称“你敢付，我敢赔”，宣称只要用支付宝担保交易而出现问题，损失多少，支付宝赔多少。

“当时从技术上来说，只要按照支付宝基本的产品使用要求来，网上支付已经可以做到绝对安全了。”在倪行军看来，支付宝提“全额赔付”最主要的目的是给当时对网络支付还很陌生的网民们一颗定心丸，鼓励大家尝试网络支付。

同样是在2005年，全球电子商务巨头eBay也将注意力集中到突破中国网络支付的信任瓶颈上来，为其中国公司eBay易趣注资1亿美元，用于加强网上交易的安全性，提供安全支付手段。此外，专业数码交易平台“搜易得”也与消费者协会合作，推出了“先行赔付”，设立了60万元的“先行赔付基金”。

以支付宝为代表的各第三方支付平台及电商平台，在2005年争相冲击中国网络支付的信任瓶颈，电子支付市场高速增长，很多电子支付法规也在这一年颁布——2005年10月26日，中国人民银行印发《电子支付指引（第一号）》（中国人民银行公告2005年第23号），同年11月又发布《中国现代化支付系统运行管理办法（试行）》。

马云于2005年初在达沃斯论坛给出的“2005年将是中国电子支付元年”的预测，最终得到了印证。

现在回头来看，将这一年称作“中国网络信任体系元年”亦不为过。

第二节　开疆拓土

2005 年，eBay 正式进入中国，财付通、网易宝、百付宝等也如雨后春笋般涌现，纷纷加入电子支付的战局。对手的步步紧逼，逐渐蚕食着支付宝的领地。

与此同时，不断扩大的支付网络也降低了支付的边际交易成本。这种“马太效应”决定着支付工具必须开疆拓土，扩展应用场景。支付宝开放外部接口的行动呼之欲出。

◎ 野蛮生长

2005 年 5 月，支付宝开放担保交易与支付接口，成为独立的第三方支付平台。

没有产品、没有运营、没有开发，更没有成型的业务模式和清晰的发展思路，有的只是一腔热血和不断涌现的新点子。这就是支付宝 BD（Business Develoment，业务拓展）团队初创期的真实写照。

2005 年下半年堪称支付宝的“野蛮生长期”。彼时，尽管淘宝已渐有气吞山河、一统江湖之势，正在朝亚洲最大的网络购物平台迈进，但其“小兄弟”支付宝并未真正打开外部市场。外面的世界固然精彩，但电商竞争对手间坚固的藩篱，构筑了支付工具对外扩张领地的天然屏障。更为艰难的是，直至 2005 年 7 月，支付宝所有的员工加起来只有 70 人，这是前、中、后台各个部门员工的总数。作为一家以技术支撑的企业，专注于拓展场景的人员更是少之又少。

九层之台，起于累土。正是因为没有前例可循，没有陈规的束缚，甚至没有业绩的压力，支付宝 BD 团队才得以在充满可能性的市场上四处出击，硬是"摸着石头过河"，趟出一条从未走过的新路。

马云倡导"让天下没有难做的生意"，又发话"让支付宝成为所有电子商务网站的基础服务工具"。此等鸿鹄之志对内是绝佳的励志宣言，对外却是让竞争对手寝食难安的宣战词。支付宝带头布局中国电子支付基础设施，本是利人利己的宏大事业，但并非所有人都买账，尤其是亚马逊、当当、麦考林这些早于淘宝进军电子商务市场的先行者们。

曾亲身参与支付宝初期开疆拓土进程的袁雷鸣①回忆说，当年，对于已在各自细分领域打开局面的当当、卓越亚马逊、麦考林而言，支付宝及其背后的淘宝，就像"门口的野蛮人"，一直在窥视并试图吞并自己的领地。在利益无关者看来，这是支付宝主动开放门户，着眼于服务广大商户和企业；但对于先行者和支付宝自己而言，漫长、反复的交锋谈判无疑是一次又一次的煎熬。

为了尽快得到商户和其他电子商务网站的认可，支付宝采取了淘宝打响市场头炮所用的策略——免费，不仅不对商户收取任何费用，而且给它们补贴。事实证明，这一策略带来的用户规模提升效果相当明显。在没有任何预期的情况下，到 2005 年底，支付宝已经开始在部分行业有了营收，业务模式渐具雏形。掌控"用户规模"这一核心要素和使用免费策略的做法，被后来各类互联网企业所借鉴。支付宝

① 现任蚂蚁金服副总裁，蚂蚁金服农村金融事业部总经理。

用自身的创业经历，为中国互联网企业的商业实践提供了鲜活的素材。

即便如此，支付宝在与当当和卓越亚马逊的谈判中还是碰了钉子。在它们看来，自己的客户一旦采用支付宝取代原有的货到付款，并逐渐熟悉这样的支付方式，未来很可能就会转移去支付宝的关联公司——淘宝网购物，多年积累的客户资源将会流失。因为同为购物网站，淘宝网的C2C模式提供的商品内容更加丰富，价格也更低。接近同质化的竞争给相互之间的合作共赢挖掘了一道鸿沟。

打铁还需自身硬。合作伙伴的顾虑并不难理解，而解决这些顾虑最好的办法就是向其提供更多的好处，使好处大于潜在的威胁。得益于2005年后超过100%的年均增长率，淘宝的用户规模和交易额迅速扩大到了这些伙伴的10倍甚至更多。形势已然反转。此时，其他电商的客户绝大部分同时是淘宝的用户，反过来却不尽然。用户规模的巨大差距，让这些曾经的对手认识到，与支付宝合作可能带来的潜在收益或许远远超过损失。面对“巨人”的招手，决策的天平明显倾斜了。

后来的剧情，仿佛一直沿着支付宝最初设想的路径在发展。“万事开头难”，这句话绝非说说而已。如今，蚂蚁金服员工数量已从最初的70人增加到接近7 000人，但创业初期的处处碰壁、遭人冷遇的艰难图景，只有像袁雷鸣一样的资深蚂蚁人士，或者说老支付宝人，才深有体会。

◎ 城头插遍大王旗

经过2005年的拓荒之后，贴在支付宝身上的“淘宝应用工具”

的标签已被撕去，独立的第三方支付平台的形象逐渐清晰起来。为了探索更加稳定有效的商业模式，支付宝于2006年底成立了电话销售团队，针对各类企业推销统一的解决方案：提供标准化的支付宝接口。

在阿里系，电话销售模式并非创新。2002年3月推出的“诚信通”，是阿里巴巴针对内贸企业量身打造的，以企业诚信体系为内核的电子商务会员服务体系。诚信通产品的核心，是为会员企业和活跃买家提供矩阵式解决方案，而实现从无到有突破的办法则是非常传统的——人海战术，也就是电话销售。

电话销售这种主要依托销售员讲话技巧、表达能力以及一定的专业知识的主动销售模式，在各行各业的业务推广过程中被广泛应用，经久不衰。究其原因，是大部分人在对陌生事物或产品的认知上与人沟通形成的直接认识，往往比从文字、音视频等宣传材料上得来的间接认识更加生动、具体，因此更有温度、更加可靠。对于与诚信通类似、致力于提供解决方案、需要规模经济来分摊成本的支付宝来说，这样的销售方式同样适用。

但大凡支付宝的老员工，都经历过这样的日子：别人问在哪里工作，回答“支付宝”，对方一脸茫然；再解释“就是在淘宝上买东西付款用的支付宝”，对方才恍然大悟。这绝不是杜撰的段子。2006年，淘宝已取得行业领先地位，正在引领新购物潮流，家喻户晓，而支付宝依然不为人所知。

2007年1月，支付宝宣布了一项重大决定，开始对所有淘宝外商户收费。有人戏言，eBay刚撤出中国，支付宝就露出了狐狸尾巴。也有人说，可能是支付宝亏损过于严重，压力较大，需要收费。无论如何，网上支付行业依靠免费方式争夺用户的时代终究要结束。失去了“免费”这一撒手锏的支付宝，靠什么手段维持甚至扩展用户呢?

支付宝人给出的答案是：“不仅要在淘宝上有第三方支付，更要把支付宝的旗帜插满神州大地!”这便是以电话销售为主要手段的“插旗计划”。

吴伟军正是在这一时期作为电话销售人员加入支付宝的。用他自己的话来说，2007 年，他整整一年没怎么休息，每天早上 8 点到公司，夜里 12 点离开，最多的时候，一天要打 100 多个电话。与时间 PK 的同时，还要与人 PK，跟自己、跟队友、跟其他小组 PK，甚至团队的王牌之间也要捉对厮杀。

靠着电话销售团队全年无休的拼搏，支付宝不仅没有受到因为收费带来的商户减少的影响，反而大幅扩展了覆盖范围。截至 2007 年底，支付宝合作商家超过 30 万家，全年交易额达到 476 亿元，占据电子支付市场的半壁江山（47.6%），其中 30%的交易额来自外部商家。插旗计划更为长远的意义在于，很多大客户和合作伙伴都在这一时期积累起来，并合作至今。

◎ 到客户身边去

“不要胡思乱想了，到客户身边去!”听完樊治铭[①]的一句话，胡乐天晚上回家跟大着肚子的老婆一商量，第二天就空降到了深圳宝安

① 现任蚂蚁金服集团资深副总裁。

机场。

作为支付宝功勋卓著的元老，樊治铭也曾是支付宝区域拓展以及后来的快捷支付等多个项目的牵头人。上面的话，正是2007年下半年樊治铭在鼓动支付宝BD团队开创区域业务时所说。深圳和北京、上海是三个最初被选定的区域，而胡乐天正是在喝过陆兆禧、樊治铭的壮行酒之后，即刻赶赴支付宝深圳区域拓展市场的负责人。

尽管电话销售付出了大量的人力物力，但第三方支付市场依旧烽烟滚滚，混战不休，“地盘”的争夺显得尤为重要。此外，想推出紧贴用户需求的产品，首先要做的就是了解客户。因此，区域化发展的策略甫一提出，各BD团队立即快马加鞭奔赴三地开展“见网友”活动。客户们都吓了一跳：平时在旺旺上联系的人，怎么一夜之间就来到自己身边了？

“裁缝”们拿着尺子，到客户身边去“量体裁衣”的效果显而易见。经过一年的区域化发展，各类客户的个性化需求逐渐被支付宝所熟知，BD们也能更加自主地为客户定制契合的产品。昔日的“成衣工坊”——统一的标准化支付宝接口逐渐走向“私人订制”。这不仅极大地提升了客户体验，更重要的是积累了大量的方案、素材。有了这些基础“大数据”，专业化、集成式的“行业解决方案”才有了铺开实施的可能。

◎ 从“私人定制”到“职业装”

随着商户的不断积累，一些相对成熟的行业逐渐形成了对快速支付、准确结算的共同需求。互联网的规模经济和马太效应，让行业解决方案成为提高结算效率、节约成本的必然选择。

航空公司售卖机票就是个典型的例子。机票售卖一般都是一次性交易，但利益参与方较多，航空公司、一级代理、二级代理、旅行类网站等都可以出票。一张机票完成售卖后，上述每个参与方都要分得利润。如果靠传统的人工方式对账、分配，程序会非常复杂，进程也很缓慢。而通过电子支付手段自动化分账，同一笔票款可以同时分配到 3～5 个主体的手上。具体来讲，给到航空公司的是批发价，出票价格与批发价的差额就是中间商的利润，其中一部分给系统商，一部分给代理商，剩下的分给支付服务商、广告商等。各利益主体都能够实时拿到结算款，效率自然倍增。

遇到退票、退款的情况，各环节的利润有一部分需要返还。过去依靠人工甄别哪些已提利润需要返还，规则和过程都相当复杂，成本高、效率低、容易出错。如果通过电子支付体系，设计一套连接行业上下游的支付、结算方案，尽管一次性投入非常高，但系统一旦投入使用，每笔支付的边际成本就会越来越低。

保险是另外一个有代表性的行业。在没有电子支付之前，保险公司的保费是以现金方式缴纳的，对用户的理赔也是如此。由于保险代理员道德风险的存在，保费、赔款丢失，进而代理员卷款跑路的例子层出不穷。保监会 2008 年出台了“零现金”管理制度，要求保险公司员工或营销员采取非现金收付方式，但与客户之间的银行卡转账仍然是一件棘手之事。

首先，每个保险公司的分公司需要开立一大批银行账户，理论上说，客户提供什么样的银行账户，分公司也要有该银行的账户。其次，分公司将分属不同银行账户的理赔要求归集到总公司，然后通过总公司批准后自上而下走理赔流程，效率非常低。如果将国有银行、城商行、农商行、农信社、股份制银行都包括在内，中国一共有几百家银行，倘若每家保险公司都要与这么多银行对接，成本非常高。而通过支付宝承接这个对接的工作则要经济得多。

支付宝正是基于自身支付平台的特点，设计了不同的行业“职业装”，帮助航空、网游、保险、B2C、物流、直销等网络化较高的行业完成了大量的支付清算工作。当然，切入行业的选择，取决于行业的市场规模和扩展性。2009 年，支付宝已经处于电子支付市场的绝对领先地位，但在攻城略地的进程中，支付宝始终把握着资源与市场需求的平衡，其中的逻辑不难理解。市场规模太小的行业，支付的应用场景相对有限，可能需要花费很多的资源，最终只能满足一小部分客户的需求。同样，短期的市场需求也不值得花费较多的资源去匹配。

2009 年 1—2 月，支付宝先后与携程、芒果网达成合作，加上 2008 年已达成合作的艺龙，国内三大在线旅游网站都成了支付宝的合作伙伴。7 月，支付宝与东航达成合作协议，拉开了与国内大型航空公司合作的序幕。同样是在 7 月，支付宝又与友邦保险展开合作，共同拓展电子商务保险销售渠道。

而在 2009 年前，包括水、电、煤气、通信等公共事业性缴费市场，第九城市等网络游戏运营商，卓越亚马逊、京东、红孩子等 B2C 电商，德邦、顺丰等物流公司，都早已归入支付宝帐下。到了 2009 年 12 月，与支付宝合作的外部商家已经增长到 46 万家。

◎ 走出去，引进来

2007年12月，美国《广告时代》（*Advertising Age*）杂志评选2007年度中国10大热门话题，不出意外，支付宝开拓海外业务成功入选。《广告时代》给出的入选理由是：支付宝第一次帮助中国的中产阶级实现了到世界各地的网店自由购物的梦想。那时，中国人中拥有外币信用卡的还不多，大家普遍缺少一种安全的跨境支付方式。而支付宝让这些中产阶级在购物时可以使用多达12种货币来结算，这其中包括美元、日元、欧元等。

回头来看，2007年的确是支付宝拓展国际业务的创始之年。这一年，天时、地利、人和等多方因素风云际会，促使支付宝迈出了至关重要的全球化第一步。

马云曾在各个场合反复强调，阿里巴巴的核心价值观有六点：客户第一、团队合作、拥抱变化、诚信、激情、敬业。这六点被总结为“六脉神剑”，构成了阿里巴巴集团的企业文化，隶属集团的支付宝以及后来的蚂蚁金服将这种文化一脉相承。在这“六脉神剑”中，客户第一始终居于首位。客户第一的第一要义，就是客户作为衣食父母的需求在哪里，支付宝就应该在哪里提供服务。

2007年，中国经济再度迎来飞速增长，14.2%的GDP增长率再创历史新高。与此同时，中国消费者的海外购买欲望和能力达到前所未有的高度，尤其是年轻的消费者，更加希望从海外购买到质量更好、更加放心的产品，获得更高层次的服务。为实现这一目标，首先必须打通海外商品服务的支付通道。

彼时，国外的电子支付市场，基本都被 Visa、万事达、PayPal 所垄断。而在中国，拥有这三家公司支付工具之一的客户却并不多。作为国内领先的电子支付工具，支付宝是否可以帮助客户完成海外购物，就像在国内在线选购商品或服务一样？这对支付宝拓展海外业务提出了新要求。

好在当年的宏观政策环境为实现这一目标提供了可能性。对于新生的第三方支付机构，监管当局非但没有打压，反而鼓励创新，允许包括支付宝在内的两家国内机构先行先试，这为支付宝的海外拓展奠定了基础。

2007 年 8 月 28 日，支付宝在香港正式宣布联合中国建设银行、中国银行全面拓展海外业务，全球化发展正式起步。从那时起，支付宝会员将可以使用人民币在支付宝合作境外网上商家的网站上购买以外币标价的商品，来自全球的网上商家均可通过与支付宝的合作，同中国大陆消费者进行网上交易。具体实现交易的模式是：境外商户用外币标价商品，支付宝通过当天国内银行给出的协议汇率，将外币标价转换成人民币金额出示给中国用户。中国用户用人民币作为支付币种支付，这与在国内购物的支付体验基本相同。最后，支付宝通过国内合作银行将外币清算给海外商户，完成交易。

可以看到，支付宝在中国买家和海外卖家之间架起一座桥梁，为双方提供了一站式解决方案，不仅帮助双方实现了在线支付，也一并解决了结算问题。

但是，仅仅解决基础设施的问题显然远远不够，还需要合适的海外商家及时入驻，成为支付宝的合作伙伴。如果让支付宝自己选择，当然优先考虑从中国大陆用户最集中的国家和地区着手，港澳台、东南亚这些离中国大陆较近、保留中华文化传统（地利）的区域当然是最合适的。恰在此时，支付宝第一家真正意义上的海外商户——莎莎——自己找上门来了。

莎莎是香港著名的化妆品商户。2007 年，莎莎的线下业务已经非常火爆，很多内地赴港的用户都会去其实体网点购买化妆品。莎莎同时也在建立自己的电商网站，试水线上业务。对于莎莎来说，最为迫切的当然是扩大用户规模。而与支付宝的合作，无疑是帮助它吸引内地用户、进驻国内市场的捷径。显而易见，这是一笔双赢的买卖。

有朋自远方来，不亦乐乎？然而，现任蚂蚁金服国际事业部总监宛秋却回忆说，在莎莎 2007 年 4 月第一次来“敲门”的时候，支付宝的国际事业部门甚至都没有一位有正式编制的员工。当时，支付宝所有的合作商户都是境内的，支付结算使用人民币。由国内 BD 团队“代班”的国际事业部，沿用国内业务的运维思路，试图留下这第一个远方来客，但因为不了解对方的需求，并不能保证一定留得住。好在双方都恰处扩展海外业务时期，相同的需求助推双方最终走向了合作的谈判桌。

宛秋受命到香港与莎莎谈判。说是谈判，实则是要摸清对方的具体需求，比如想获得何种货币、网站标价使用何种货币、想多久收到货款等，再据此争取国内银行的合作。由于双方都有强烈的合作意愿且优势互补，国内监管也许可，中行、建行积极响应，大家很快就在合作协议上签了字。紧接着，另外一家香港商户和一家日本商户也很快与支付宝达成合作意向，三家商户共同成为支付宝首批合作的海外商家。支付宝正式迈出海外拓展的第一步。

中国的用户通过支付宝购买海外商户提供的商品和服务，只是支付宝拓展跨境支付的路径之一。路径之二则是海外用户使用支付宝，购买中国商户的商品和服务。这两条路径，如同人的两条腿，缺一不可——缺一条既走不快，更走不远。

早在2005年，淘宝已经开始尝试和一些海外银行、支付机构合作，帮助海外用户实现在国内的在线消费。但是，淘宝网是一个纯中文的网站，只有零星的海外用户——基本上都局限于海外华人——从淘宝购买商品。庞大的海外用户购买需求如同一片未曾开发的蓝海。

2010年4月，阿里巴巴旗下面向全球市场的在线交易平台“全球速卖通”上线。与淘宝类似，速卖通上的商品被编辑成在线信息发布到海外，海外用户通过支付宝完成支付，再经由国际快递收取商品。因此，速卖通也被广大卖家称为“国际版淘宝”。

通过速卖通与前述另一种模式——中国用户通过支付宝购买海外商户提供的商品和服务，使得一方面中国的商品走出去，另一方面海外的商品引进来，支付宝形成了跨境支付业务的两条主线。这两条主线齐头并进，不仅从地域上扩充了支付场景，更大的意义在于，它标志着支付宝国际国内两大业务版图的格局基本形成。

然而，内外出击、快速发展、产品接连问世，在创造前所未有的辉煌局面的同时，也带来了诸多棘手的问题。就像一个孩子到了一定的年龄总会发场高烧一样，支付宝在自己5岁这一年，不可避免地迎来了一场转型的“阵痛”。

第三节　成长的阵痛

“我不用支付宝，因为不知道该怎么用。”马云曾在2014年夏天对着一批清华经管学院的毕业生这样说道。这听起来像是学历背景平平的他在特定场合下的一句自嘲。

很快，马云又解释道：“我用多了，会捍卫自己的产品。不用，就永远会为它担忧。”

作为中国最成功的创业者之一，这个男人自有一套独特的行事逻辑。人们常说他长得像ET（外星人），而他也确实会如同一个外星人一样，竖着尖尖的耳朵，捕捉一切有关阿里巴巴的声音。这一习惯使得他即便不用支付宝，也比任何人都更了解支付宝。

“烂，太烂，烂到极点。”2010年1月22日，一向随和的马云选择在支付宝公司的年会上痛斥其用户体验。“2009年我听到骂声最多的是支付宝。我听到很多人在很重要的场合上这样说：‘假如有另外一个支付宝，我一定不用你们的。’”

这样的反馈令马云无法忍受。在他看来，支付宝本来“是没有理由被人骂的”。

◎“看上去很美”与“用起来很糟”

发轫于市场需求、成长于民间的新经济力量，像野草一样敏感、顽强，支付宝无疑是其中最有代表性的一丛。

如果单看数字，自2004年正式成立后的五年，支付宝确实交出了一份漂亮的成绩单。

2005 年 1 月，马云在达沃斯论坛上表示，这一年将是中国电子商务的安全支付年。同年 2 月，支付宝推出“你敢用，我敢赔”的全额赔付制度。3 月，与中国工商银行达成战略合作伙伴协议，在原有基础上进一步加强双方在电子商务领域、支付领域合作的范围和深度。招商银行、农业银行、广发银行、浦发银行、深发展银行、民生银行、兴业银行随后也加入了这一阵营。

2006 年，在电子商务迅速发展的驱动下，使用支付宝作为支付工具的非淘宝网商家迅速增加到 30 万家，支付宝独立支付平台的身份开始为外界所接受。

2007 年 9 月 15 日，马云在第四届中国网商大会的演讲中透露，支付宝的用户突破 5 000 万，这一数字比 3 000 万的信用卡用户高 2/3。这一年支付宝全年交易额达到 476 亿元，占整个电子支付市场 47.6%的份额。

2008 年 8 月，支付宝用户数突破 1 亿，超越淘宝网的 8 000 万用户，占网民总数的 40%。支付宝全年交易额超过 1 300 亿元。

2009 年 7 月，支付宝宣布用户达到 2 亿，在不到一年的时间里，实现用户数翻番。截至当年 12 月，支付宝的交易额达到 2 871 亿元，市场份额扩大至 49.8%。12 月底，时任支付宝总裁的邵晓锋，以黑礼帽、黑墨镜、黑披风及一条红短裤的“佐罗”造型，通过“裸奔”的方式来庆祝支付宝日交易量突破 12 亿元大关（见图 1－2）。

仅用五年时间，支付宝就将自己做成了占据中国第三方支付市场半壁江山的“庞然大物”，只有腾讯旗下的财付通以 25%的份额具备

图 1-2　时任支付宝总裁邵晓锋（中）、支付宝副总裁井贤栋（左）和邱昌恒（右）

一定的竞争威胁。

但一切都只是“看上去很美”。

从更加细分的指标来看，支付宝的日子其实并不安稳。比如，支付宝官方宣布拥有 46 万商户，但财付通对外宣布的商户数量也超过 40 万，市场排名第四的快钱则宣称其商业合作伙伴超过 37 万。

就像支付宝的独立发展借助了整个互联网电子商务的发展一样，后者同样借助第三方支付工具的发展大大改变了自身的生态环境，反过来又促进第三方支付企业原有地位与作用的变迁。

此时，第三方支付企业间的竞争，已经不再是针对银行网关和回扣率的简单竞争。换句话说，“接入”不再是核心问题。对于 B 端的商户和处于C端的消费者，最大的共性就是“用脚投票”——谁的产品服务和用户体验做得好，谁就更有吸引力。

用户体验，恰恰是当时支付宝最为人所诟病的地方。

什么是用户体验？配色、文案、按钮设计……都属于用户体验的范畴，但对于电子商务客户来说，其最看重的无疑是支付成功率。比如，商户花了1 000元的广告费，吸引了100人，其中50人选择下单。但到了最后的付款环节，却只有30人能成功付款，其余20人由于支付失败而离开了，商户将因此承担不必要的损失。

可见，对于电子商务而言，直到消费者买单的那一刻才算是获得了成功。没有“支付成功率”作为根基，所有的产品、营销、推广都如同空中楼阁。

66%，这是支付宝当时最高的支付成功率，低的时候只有40%。换句话说，糟糕的支付体验让商户平白丢掉了约一半的消费者。

其实，在2010年那次“黑色”年会之前，支付宝已经意识到问题所在。“2008年和2009年，我们一直在改善用户体验。做了很多的努力，花了一年时间，平均支付成功率从60%提升到62%，所有人都很痛苦。”回忆起那段时光，陈亮更多的是无奈。

平心而论，这并非支付宝技术能力不行。用户在购物结算时，从支付宝页面跳转到网银页面后，就须根据各家银行的不同要求来完成操作。不同银行的付款流程千差万别，用户体验也参差不齐。用传统的PC网银支付货款，消费者平均要跳转7次页面才能实现付款，在此过程中，任何一个环节出现问题，都有可能导致支付的失败。当时，支付宝做过统计，每多跳转一个页面，客户支付流失率就增加5

个百分点，频繁的页面跳转大大降低了支付成功率。而且，由于大部分网银只能支持 IE 浏览器和 Windows 操作系统，还有诸如插入 U 盾、输入动态口令等烦琐的操作方式，都使得网银支付阻碍重重。

不只是支付宝，当时所有的第三方支付工具都面临着同样的问题，但素来强势的银行“老大哥”并不理会这帮“小兄弟”的抗议。

今天回头来看，由于银行的不配合，当时的改善用户体验看上去更像是一场闹剧，表面上声势浩大，实则都是一些花拳绣腿：18 个字的文案精简成 11 个字、跳转按钮做得再“有品质”一些……“都是皮毛。”一位支付宝的老员工总结道。

努力了一年，支付成功率只提升了两个百分点，很显然，这条路支付宝没有走对。但，哪条才是对的路？

◎ 痛哭、宿醉和回归初心

“今天支付宝的 KPI 指标查不出来问题，但支付宝的同事你们自己心里问一下看，我对 2009 年满不满意？”

2010 年 1 月 22 日，马云在年会上骂哭了邵晓锋——一个刑侦队长出身的汉子。

公司领导层随后进行重大调整，时任阿里巴巴集团首席人力资源官的彭蕾临危受命，出任支付宝公司首席执行官。半年后，支付宝金融事业部、商户事业部和用户事业部三个部门负责人也全部大调整。

这说明，支付宝透过“烂到极点”的用户体验表象，看到了制约其发展的内在和外在机制问题，并希望通过领导层、组织架构和战略的调整，形成真正具备内在动力的创新发展机制。

“支付宝做大了，各种各样的问题就来了。”有内部人士这样评价支付宝当时遭遇的困境。从内部来看，支付宝涉及的业务领域越来越多，产品也越来越多，而一款新产品需要在各部门之间不断调整，完善一款产品往往需要两个月以上的时间，用户体验的提升跟不上用户流失的速度；而从外部看，由于国家迟迟未针对第三方支付领域出台相应的监管措施，越做越大的支付宝反而会担心各种安全问题和政策风险，也因此越来越缺乏创新的勇气。正如马云在年会上所强调的，支付宝在很多问题上过于保守，需要更多的勇气才能继续发展。

彭蕾是阿里巴巴集团 18 位创始人之一，曾掌管集团事务、行政、市场及人力资源等核心部门，是马云战略决策最坚决的执行者，也是阿里巴巴文化建设的操刀手及维护者，被业界称为“马云最信任的女人”。蚂蚁金服现任 CEO 井贤栋评价她“极为懂人、极会用人，擅长很好地将整个组织的使命、愿景与组织能力相结合”。这位 HR 出身的女高管深知人的重要性，她接管支付宝后的“第一把火”就是尽快将人凝聚起来。

2010 年春节之后的 3 月，彭蕾组织召开了支付宝历史上赫赫有名的“骆驼大会”，支付宝公司 P8 级别以上的管理层员工全部参加。其实，在开会之前，很多员工都背负着极大的压力——“对于战略的讨论，永远没有决定、永远在扯皮，我看不到未来。”“想推动一件事情真的很难。觉得自己越来越渺小了，想干的事情干不成，好难。”“大家都在各自做各自的事情，要协同很困难。”……

彭蕾解决这些情绪问题的方式是喝酒。骆驼大会召开第一天的晚上，彭蕾把很多人都喝倒在了地上，大家借着酒劲儿敞开了心扉、宣泄了情绪，彭蕾本人也喝吐了很多次。但在那晚，同事们从沉默，到争吵、再沉默、再争吵、抱头痛哭、又破涕为笑，从失落，到心酸、到挣扎、到希望……彼此之间的距离悄然拉近。

在为期四天的骆驼大会上，彭蕾反复强调的一句话是："我们可以忘记 KPI、忘记战略，但一定不能忘记客户价值。"支付宝最初就是为解决网购交易痛点——买卖双方之间的信任机制而生的，而骆驼大会的最重要意义就在于提醒已经走得太远的支付宝，永远不要忘记当初为什么出发。图 1－3 为骆驼大会现场。

图 1－3　2010 年 3 月 24 日，支付宝骆驼大会回归初心、回归客户价值

倪行军选择以支付宝 2009 年推出的产品"收银台"为例，说明支付宝在用户体验方面犯下的错误。他和同事准备了 PPT，以"收银台自白"的拟人方式现身说法。"收银台"是当时支付宝最核心的区域，所有的支付工具都在此集合，理想效果应该是：在收银台区域，用户在选择支付银行之后就可以输入密码确认支付。但由于各种因素和诉求，本应该化繁为简的收银台偏偏成了最复杂的工具，几十个收银台的开发体验都不一样，令用户无所适从。自上线以来，“收银台”成了支付宝用户投诉率最高的一款产品。

骆驼大会成为支付宝乃至蚂蚁金服历史上的一次重大转折。“大家重新开始思考什么是最根本的东西，支付宝到底是要帮用户解决什么样的问题。”倪行军回忆道，而得到的答案也很简单：支付宝就是要帮助用户又快、又方便、又安全地把钱付出去。在那之后，支付宝的考核指标从支付业务规模和营收，转化为支付成功率和活跃用户数。

◎ 支付宝的答案：快捷支付

骆驼大会后，经过近一年的深刻反思与攻坚，2010 年 12 月，支付宝推出“快捷支付”，彻底解决了困扰包括支付宝在内的所有第三方支付平台数年之久的支付成功率问题。推出伊始，借记卡的平均支付成功率就从 60％大幅跃升至 90％以上，信用卡甚至达到了 95％以上。

顾名思义，快捷支付最大的特点在于“快捷”二字。用户只要有银行卡，无须办理网银，直接输入支付宝支付密码即可完成付款，且所有开通程序只需在网上操作。

具体而言，根据流程：第一次支付时，用户需在支付宝网站页面或系统提供姓名、身份证件类型及号码、银行卡卡号、有效期等信息；支付宝将上述信息提交银行验证成功后，客户输入支付宝支付密码或手机短信动态口令，验证通过后即可完成支付。

而在第二次乃至以后，用户再次进行支付时程序就更加简洁：通过 PC、手机客户端或者网站等方式订购商品时选择快捷支付，输入支付宝支付密码和手机短信动态口令，验证通过后即可完成支付。

银行也无须对每一笔支付进行验证，只需根据支付机构统一批量提交的指令就能完成扣款。

支付宝传统网上支付流程与快捷支付流程见图 1－4 和图 1－5。

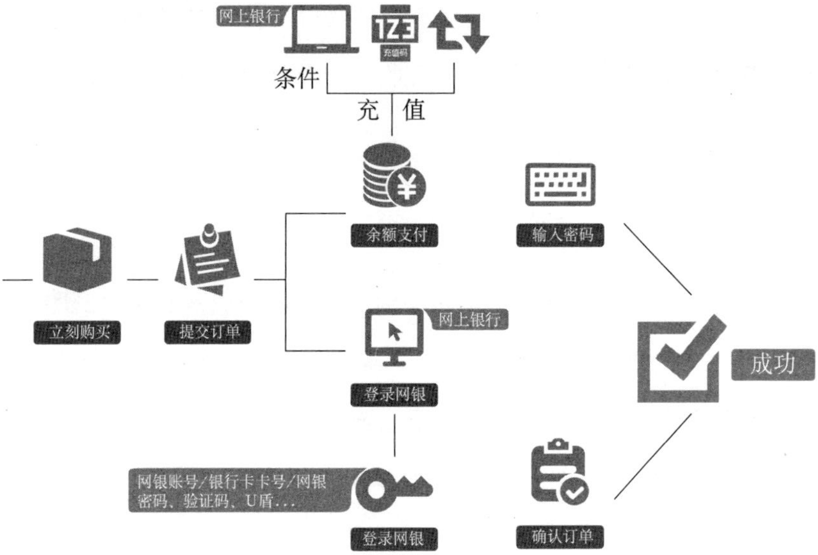

图 1－4　支付宝传统网上支付流程

看似简单的步骤背后，却是支付宝团队对固有思维模式的突破、对传统支付沉疴的破除和与银行谈判的艰苦。

支付宝团队受此前较为成功的“支付宝卡通”产品启发，意识到将支付宝账户与银行账户绑定的模式可以有效提升支付成功率。但卡通的办理过程太过烦琐，且只限绑定新卡，易受余额不足的影响，需

图 1-5 支付宝快捷支付流程

要寻找一种新的账户绑定方式。

此时，银行卡代扣水电费的功能引起了支付宝团队的注意——既然银行卡有代扣功能，那也应该能集成支付宝的代扣。而支付方式可以借鉴当时携程的 MOTOpay，用户在支付时只需填写自己的姓名、信用卡卡号、有效期及 CVV2 码，在获知这些信息后，平台就可以进行代扣，用户甚至不需要输入密码。为了提高这种支付方式的安全性，支付宝又借鉴了国外一些银行在绑定银行卡时的操作方式——绑定动作发生的第一时间致电核实，如果是用户本人操作就通过绑定，如果不是就马上冻结。受此启发，支付宝团队认为可以在用户办卡时验证其在银行预留的手机号码，证明是否是用户本人在操作。当然，这一操作需要银行协助开通验证接口才能完成。

接下来，就是和银行的谈判。

蚂蚁金服现任副总裁袁雷鸣主要负责当时支付宝与银行的谈判。银行担心的问题主要有两个：一怕业务规模做不大，后期收不回成本；二是担心资损率过高。针对第一个问题，袁雷鸣和同事提出向银行提供存款或预付手续费作为回报，让银行能够提前锁定效益，下决心推进与支付宝的合作，并且市场不确定性的风险由支付宝承担。针对银行对于资金风险的担心，支付宝也提出了解决方案：支付宝在银行存放保证金，并且约定一旦快捷支付资损率超过十万分之一，银行可以随时停掉此业务。

为了加快快捷支付谈判的进度，2010 年，马云陆续拜访各大银行董事长和行长不下十次。同年底，支付宝首先达成与工商银行、建设银行和中国银行的合作，快捷支付正式推出。

快捷支付实现了马云在 2004 年的愿望——不需要开通网银，也不需要 U 盾，只要经过简单验证与绑定环节，就能实现网上支付。

与传统网银方式相比，快捷支付方式在简便方面有着明显优势。用传统的 PC 网银支付货款，消费者平均要跳转 7 次页面才能实现付款，使用快捷支付一步即可到位。网银支付只能在安装了 Windows 操作系统、IE 浏览器的电脑上使用，而快捷支付则可以同时在 Chrome、Firefox、Safari 等浏览器上和 Android、IOS、Symbian 等操作系统的手机上使用，且支付界面统一。

从安全角度来讲，网银支付都是公网传输指令，需要通过持卡人在支付机构和银行网站之间的页面跳转完成支付指令传输，消费者的密码极易被网络黑客钓鱼盗窃；而快捷支付中的支付机构与银行服务器专线传输支付指令，无网页跳转，杜绝了交易过程中的钓鱼风险。支付宝还向用户推出了“快捷支付风险 72 小时全额赔付”的承诺，确保所有客户投诉及损失得到及时解决。

从国际上看，PayPal 等普遍采取了客户直接输入信用卡卡号、有效期、CVV2 就可支付的方式，但因其无其他安全手段辅助验证持卡人身份，犯罪分子盗取他人信用卡信息的现象屡禁不止。而支付宝开创的快捷支付在支付过程中应用了手机号码比对并发送动态验证码的身份验证机制，杜绝了盗用银行卡信息进行银行卡欺诈的风险，同时也更加接近中国用户的习惯。

更为重要的是，快捷支付这一创举大大提升了支付成功率，95%的支付成功率比网银 B2C 平均支付成功率（各行平均 65%）高出 30 个百分点，进而提升了用户体验和用户活跃度。从银行和支付宝的角度来看，快捷支付平衡了风险和便捷。

据媒体报道，快捷支付推出之后，最多时支付宝一夜之间就绑定了上百万张银行卡。快捷支付上线后的一年时间内，包括四大行在内的 160 多家银行与支付宝签订了快捷支付合作协议，创造了中国电子支付历史上发展最快业务的纪录。

对于第三方支付行业来说，快捷支付实际上开创了一种模式和可能性，此后的微信支付、百度钱包等都依此模式与银行建立了快捷方便的资金流转通道。就连一直以来在线下攻城略地、线上互联互通却进展缓慢的中国银联，也跟进开发了自己的快捷支付产品——银联在线支付，用户同样无须开通网银即可完成线上支付。当时，京东商城甚至选择了与支付宝“分手”，转而和银联合作。

而对于银行来说，快捷支付的出现则带来了观念上的冲击——便捷安全的用户网购需求与金融严肃复杂的系统需求之间，看似存在深刻矛盾，却并非不可调和。

可以说，如果没有快捷支付，就不会有后来的移动支付迅猛发展和余额宝的诞生。今天，我们大部分习以为常的支付动作——支付宝钱包支付、微信支付、Apple Pay 等，都是在快捷支付的基础上完成的。毫不夸张地说，快捷支付的意义不亚于今天“远程开户”之于传统金融机构变革的促进。

而快捷支付项目，也成为如今蚂蚁金服高管的“黄埔军校”：蚂蚁金服财富事业群总裁樊治铭是快捷支付项目牵头人，袁雷鸣负责当时的银行合作，口碑网CEO范驰是该项目队友。

快捷支付项目奠定了支付宝今天的庞大用户基础和江湖地位，更推动中国电子支付向前迈进了一大步。

第四节　支付宝上户口

◎ 做个“好孩子”

在支付宝的发展过程中，总有一个影子监管者，这就是央行。

早在2005年，中国人民银行支付结算司就发布了《支付清算组织管理办法（征求意见稿）》，将支付宝在内的所有第三方支付企业纳入监管。2010年6月，央行又出台了《非金融机构支付服务管理办法》（以下简称《办法》），宣布对第三方支付企业实行牌照制度。

上述文件的出台，被视为我国第三方支付发展的一道分水岭。一方面，不达标的第三方支付企业将被迫退出这一市场；另一方面，央行也给那些规模较大、信用能力较好的第三方支付企业“正名”，使它们摆脱了多年来一直处在政策“灰色地带”的尴尬，给它们吃了“定心丸”。

毫无疑问，支付宝属于后者。2011年5月26日，支付宝（中国）网络技术有限公司获得央行颁发的国内首批第三方“支付牌照”——

《支付业务许可证》，业务范围覆盖货币汇兑、互联网支付、移动电话支付、预付卡发行与受理（仅限于线上实名支付账户充值）、银行卡收单等多种支付业务类型。

只是，支付宝“正名”的过程并没有那么简单。

针对《办法》，支付宝专门成立了一个委员会，进行政策解读和应对。与此同时，支付宝每个月主动向央行提交七八页纸的工作汇报，这些汇报的内容细致到财务数据、公司架构、操作流程等。尽管支付宝的这些汇报没有得到过央行的任何反馈，但是支付宝从未停止过“汇报”。

有人评价说，这是支付宝在告诉央行，“我是一个听话的好孩子”。

有观点认为，阿里巴巴和地方政府一直保持着非常好的关系，就算国家有意将支付宝转为国有，可能也会以参股的方式进行，前提是支付宝首先要拿到牌照。

理论上，凭借支付宝的行业地位，获得牌照是理所当然的，但第三方支付企业取得牌照一事已几经风雨。2010 年 10 月，央行出台新政规定申请从事支付服务的第三方支付机构“必须为国内依法设立的有限责任公司或股份有限公司”后，业界人心惶惶。该新政还指出：外商投资的第三方支付机构的业务范围、境外出资人的出资条件和出资比例等，由中国人民银行另行规定，报国务院批准。

对于外资或合资身份的第三方支付企业的审核标准，尽管央行表示“还需要明晰，没有出台时间表”，但当时多数业内人士均倾向于认为：符合资质审查的纯内资第三方支付机构获得牌照并非难事，而外资或合资身份的第三方支付机构申请牌照却面临“危险”。

这种模棱两可的答复令支付宝坐立不安，因为支付宝的身家背景恰在《办法》限制范围之内。

支付宝于2004年12月独立为浙江支付宝网络技术有限公司，是阿里巴巴集团的全资子公司。依据当时披露的数据，雅虎持有阿里巴巴集团39%的股份，马云及管理层持股31.7%，软银持有阿里巴巴29.3%的股份。由此看来，雅虎与软银这两家外资企业共同构成支付宝的控股大股东。

“因为外资背景支付机构的开放政策尚在制定中，并没有具体出台时间表，如果支付宝仍然保持外资控股的资本结构，它是否能在短时间内获得牌照的隐忧将一直存在。”有业内人士如是分析。更为消极的观点则认为，央行其实是在以一种很委婉的态度告诉支付宝，“合资身份的问题要留给国务院去解决，因此马云暂时没有资格参与央行发布牌照的申请”。

这就好比给了两条路让国内第三方支付公司选择。一条明路，游戏规则明显，有详细的拿牌照的规定。另一条暗路，“另行规定”很模糊，没有具体要求，甚至连将被允许开展什么业务都不得而知，“报国务院批准”的说法更是让人望而生畏。明路是属于内资企业的，有外资背景的只能走暗路。

马云领导下的支付宝的选择是：走央行正常程序拿牌照。这也意味着，支付宝要完全变成一个“中国孩子”。

◎ 混血宝宝中国化——雅巴之争

这一选择并不令人意外。在那之前，淘宝假货风波让淘宝和阿里巴巴 B2B 业务都蒙上了一层阴影，支付宝也未能幸免。当时马云除了愤怒外，还多次无奈地表示："支付宝随时准备献给国家。"在那次事件中，作为重要股东的雅虎和软银都没有表态。

2009 年 6 月和 2010 年 8 月，阿里巴巴分别将支付宝 70%和 30%的股份，从阿里巴巴集团全资子公司 Alipay E-commerce Corp（以下简称 Alipay，注册于开曼群岛），搬到一家全中资公司——浙江阿里巴巴电子商务有限公司（以下简称浙江阿里巴巴）名下。

浙江阿里巴巴是由马云和阿里巴巴 18 位创始人之一的谢世煌控股的内资公司，其中，马云和谢世煌分别占 80%和 20%的股份。在 2011 年第一季度之前，浙江阿里巴巴一直在阿里巴巴集团的"协议控制"之下。

但到了 2011 年第一季度，根据对形势的判断，阿里巴巴认为哪怕用最为保守的做法也要确保第一批拿到牌照，所以做出了终止协议控制的决定。

接下来发生的就是广为人知的"雅巴之争"。雅虎方面表示，对于 2009 年 7 月支付宝有 70%的股份转入浙江阿里巴巴一事，雅虎方面是知晓的；而 2010 年 8 月支付宝将剩余 30%股权移至浙江阿里巴巴之事，雅虎方面则迟至 2011 年 3 月 31 日才知晓。在交易完成后长达 7 个月之久的时间内，作为大股东之一的雅虎始终被蒙在鼓里。

"不顾股东利益擅自腾挪支付宝股权"，雅虎对马云作出了严厉的谴责。

而马云后来在就支付宝股权事件专门召开的新闻发布会上的回应也很直接："这么大的企业，这么大的规模，转移支付宝，孙正义、杨致远不知情？怎么可能！不然2009年怎么可能开始转让支付宝股权？”马云还披露了2009年7月24日阿里巴巴董事会纪要，当时的纪要上指出“授权管理层做股权调整来获取牌照”。马云认为，事情到现在越闹越大，“只是人家在增大谈判的筹码”。

有意思的是，有知情人士就此事吐槽：“2010年之前，支付宝基本上是赔钱的，阿里巴巴董事会四名成员里只有马云是坚定支持支付宝的。我就不点名某位大股东了，他曾说过要一分钱把支付宝卖出去……”

在争执了近三个月后，2011年7月29日，支付宝的“赎身费”终于有了个说法。

当天晚间，三大利益相关方阿里巴巴集团、雅虎和软银就支付宝股权转让事宜正式签署协议。支付宝的控股公司承诺在上市时给予阿里巴巴集团一次性现金回报，回报额为支付宝在上市时总市值的37.5%（以IPO价为准），将不低于20亿美元且不超过60亿美元。

协议同时规定，阿里巴巴集团将许可支付宝公司及其子公司使用所需要的知识产权，提供有关软件技术服务。作为对价，支付宝及其子公司将向阿里巴巴集团支付其税前利润的49.9%。而在支付宝或者其控股公司上市或发生其他变现事宜后，将不再需要支付上述费用。

协议各方没有披露相关补偿条款的具体计算方式，但至此，这一轰动一时的事件终于得到了解决。拿到牌照后，支付宝乃至蚂蚁金服迅猛发展，现在已经是全球首屈一指的独角兽。雅虎、软银从中获得的巨大收益应该是他们当初做梦都想不到的。

◎ 反思：不完美，但正确？

伴随着马云与雅虎、软银的支付宝股权之争，许多中国人第一次知道了 VIE（Variable Interest Entities）这个名词。

VIE，就是成立纯内资的企业获取运营牌照，用外资公司通过相关协议（非股权）实际控制该内资公司。这是中国互联网公司为了契合监管与上市的要求而采用的一种普遍的制度安排，最出名的代表便是新浪。新浪在美国上市时，投行套用了 VIE 的概念，让新浪既能避开政策限制，又能保证投资者的利益。根据公开资料，协议控制模式一般由三部分架构组成，即境外上市主体、境内外资全资子公司和持牌公司。协议控制结构中，投资公司和持牌公司一般通过签订五六个协议来设立其控制与被控制的关系，主要包括资产运营控制协议、股权之争质押协议、认股选择权协议、投票权协议、独家服务协议。

在支付宝股权之争事件中，雅虎和软银这两大股东放任支付宝两次转让的原因在于，受让支付宝股权的浙江阿里巴巴依然跟阿里巴巴集团签有控制协议，软银和雅虎依然通过阿里巴巴集团间接控制支付宝。一直到 2011 年 3 月 31 日，这个协议控制的关系被阿里巴巴集团管理层终止，相当于切断了软银和雅虎对支付宝的实际控制权，矛盾才开始激化。

而外界之所以哗然，主要是因为自新浪 2000 年采用 VIE 模式上市始，几乎所有已在海外上市或者准备在海外上市的中国公司，无一例外都采用了 VIE 模式，而且无论是否上市，都从来没有人违反甚至撕毁协议。马云的做法引发了投资方、企业家以及网友的激烈争辩。

比如胡舒立发表《马云，你为什么错了》一文，直指马云丧失了契约精神，违背了自己一贯倡导的诚信和新商业文明价值观。刘强东则发微博称："少数人的不诚信行为，需要全行业埋单！首当其冲的就是那些刚刚创业的达人……未来融资将会变得异常艰难！本来以为明年下半年才是电商最艰难的时刻，现在看来要提前了！"

期间，史玉柱发布了一条力挺马云的微博："恭喜支付宝回归中国。阿里巴巴集团年流水达 2 万亿元后，如果集团控股权仍在美国人和日本人手里，就涉及中国国家安全问题了。现在就该逼美国雅虎和日本软银向中国政府和企业卖部分股权，如果不卖，就该流氓点，所有新增业务不再放入雅虎和软银控股的集团公司，建议马云做个'爱国流氓'。"不过从舆论反应来看，这条微博反而给马云帮了"倒忙"，很多人转而指责马云以"爱国"和"国家安全"为名牟取私人之利。

此外，还有很多人担心，支付宝搅的这趟浑水，可能会让中国政府考虑禁止原本被默许的 VIE 模式，而且会引发海外投资者对中国创业环境的担忧。《创业家》杂志在"《创业家》关于 VIE 的看法"一文中呼吁，希望阿里巴巴集团和雅虎、软银之间理性谈判，尽快谈出结果；该杂志还发布了一条"为 VIE 正名"的微博，迅速引发大量转载和评论，不少知名人士对此发表看法，称 VIE 在中国互联网发展的过程中起了重大作用。比如李开复就曾发微博表示支持："无论对阿里事件是什么看法，绝对要支持 VIE。"时任微软全球资深副总裁、微软（中国）有限公司董事长的张亚勤也指出，VIE 是中国互联网产业的一大创举，存在即合理。商务部则开启对 VIE 模式的调研，就外商投资的法律法规，如外商投资企业再投资、外商投资企业股权变动等相关法规，征求业界的意见。

马云则在媒体会上辩解说，自己的行为“不完美，但正确”“别人犯法，我们不能犯法”，称央行绝不可能允许支付宝这样涉及国家金融安全的产品为外资所控制。

从最终的结果来看，国家禁止 VIE 模式的担忧并没有发生，而阿里巴巴与雅虎、软银围绕这一问题的争议也得到了解决。

第五节 “双 11”背后的技术改造之路

◎“双 11”网购狂欢节

“各位男同胞注意啦，别怪我没提醒你们！记得 10 日晚 10 时以后，打开老婆的网银和支付宝，输入三次错误密码，才上床睡觉。11 日清早起床，第一件事是再打开老婆的网银和支付宝，输入三次错误密码，再去上班。切记，切记！不要问我是谁，请叫我雷锋。”

2016 年，从 11 月 11 日之前的几天开始，这条“雷锋段子”就风靡微博、微信和各大网络社区，在往年的这一天基本都有着“不堪回首”经历的中国老公们似乎看到了希望。不过很快，另一条“雷锋段子”出招反击。

“各位女士注意，11 月 11 日当天，如果你起床打开购物网站，采购完毕准备支付时，发现支付宝和网银已被你家贼汉子锁死，请不要惊慌。选择货到付款，切记！”道高一尺，魔高一丈。这一回合，老婆胜出！

关于这一天的另一则段子，则因为借鉴了中国巨人姚明所做公益广告的创意，更加让人啼笑皆非。

11 月 11 日这一天，一位老公看完新闻对媳妇说："北京一快递员日送约 200 个快递，猝死。"

媳妇说："这么年轻就死了，太可怜了。"

老公回头，语重心长地对正在网购的媳妇说："没有买卖，就没有伤害。"

上面的段子，只是众多关于 11 月 11 日这一天的网络段子中十分普通的几则。关于这一天的传说和神话实在太多，无法枚举。而这一天，就是中国网购大军一年中最重要的节日——"双 11"网购狂欢节。

尽管已经家喻户晓，"双 11"却并不是一个历史十分悠久的词汇。2009 年 11 月 11 日，也就是在年轻人中开始流行的"光棍节"这一天，阿里巴巴旗下淘宝商城（天猫，Tmall）宣布举办全网范围内的促销活动。彼时，参与的商家数量和促销力度均相当有限，但最后实现的营业额却远超预期。于是顺理成章，之后每一年的 11 月 11 日，成为天猫举办大规模促销活动的固定日期。

八年来，"双 11"网购优惠早已超越了天猫一家的范畴，成为整个中国电子商务行业和所有消费者期待的年度"节日"。"双 11"网购狂欢节不仅催生了淘宝"双 12"、京东"618"等多个网购节日的兴起，也创造了"剁手党""秒杀"等众多新式网络词汇，在此基础上衍生出中国特色的"双 11"文化。这一天，"买买买"和"单身"两个标签贴在一起，消费主义的代表疯狂购物与民间发起的亚文化节日

“光棍节”发生化学反应，“情侣去虐狗，单身狗剁手”成为全民网络狂欢的主题。实体商家在“双 11”的碾压面前，也不得不挂起促销的横幅。历年“双 11”交易额如图 1－6 所示。

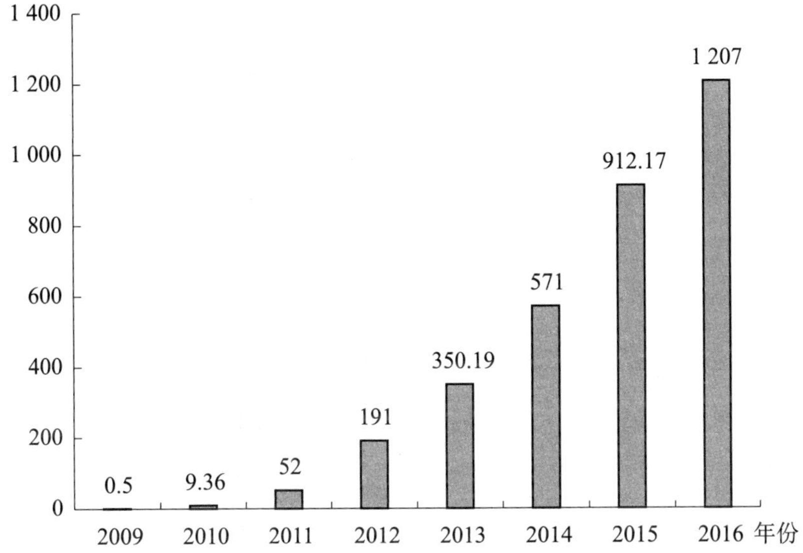

图 1－6　历年“双 11”交易额（亿元）

更加值得称道的是，从 2014 年起，中国的“双 11”，无论在交易总额、增速还是在移动支付占比方面，都开始全面赶超美国购物狂欢节“黑色星期五”（Black Friday）。中国的线上零售、网络经济的蓬勃发展，以及由其带动的实体制造业、贸易和服务的增长，已经上升到令全世界侧目的高度。

◎ 敢于做百年“双 11”的底气

2016 年 11 月 11 日晚 24 时整，阿里巴巴公布实时数据，2016 年天猫“双 11”全天的交易额达到 1 207.48 亿元，同比增长速度为

32.37%。马云在第二天回答记者提问时表示，对此结果非常满意，“见好就收”。

尽管马云的回答一如既往的云淡风轻，但1 207亿元是什么概念呢？平均到14亿中国人身上，相当于每人这一天都在天猫上消费了86元。2015年，全年全国网上零售额38 773亿元。也就是说，2016年11月11日一天在天猫这一个平台上实现的销售额，相当于2015年全国全年网上零售额的3%。这个数字，不仅再次刷新了天猫自己保持的单日交易纪录，也刷新了全球单日零售的历史纪录。

当然，有“双11”，就一定有争议。几家欢喜几家愁。网购的狂欢，对应的是线下零售的噩梦。相比网络上海量的促销信息，实体店面的“双11”促销更像是大战之后的零星炮声。正如马云所说，有多少人喜欢“双11”，就有多少人讨厌“双11”。他还说：“‘双11’还是会继续做下去，做上100年。阿里巴巴还要把‘双11’做到全世界去，以各种不同的形式。”

年年有争议，却越做越大。是什么促使马云及其带领的阿里巴巴，要执着地将“双11”做成百年品牌呢？交易额（GMV）只是一串串不断增大的数字，跟阿里自身的盈利没有太直接的关系。即使在未来GMV的增长能够更多地转化成为企业的直接盈利，恐怕也不是从一开始就志在服务社会、利人者利己的阿里巴巴和蚂蚁金服真正求索的价值。

答案或许还是要从马云的话中找寻。2016年“双11”前夕，马云在接受央视记者采访时坦率地表示，“‘双11’唯一的挑战是不断拓展技术的边界”。为应对“双11”，必须准备强大的技术、解决人类从未遇到过的问题。后者，正是阿里巴巴、蚂蚁金服为未来、为全社会所做的准备。而阿里巴巴和蚂蚁金服通过每一次“双 11”所获取的技术和系统能力，是马云自信的底气。

◎ 4 秒惊魂

2010 年 11 月 11 日，是历史上的第二个“双 11”。这一天，不明真相的围观群众已经化身“剁手党”，他们来势汹汹，试图抢回前一年没有占到的便宜。

谁料想，零点刚到，支付宝后台业务量和消息量瞬间超过平时最高值的 3 倍。那时，支付宝账务数据库还未做拆分，眼看只有 30 秒支付系统就将崩溃。淘宝、天猫、支付宝随之将处于什么样的境地，后果无法想象。

负责数据库的工程师高喊：“资源马上耗尽！赶紧杀掉非关键应用！”一时间，负责执行的工程师迅速扑向机器，争分夺秒地在每台机器上一行一行敲代码，手动杀掉所有非关键应用，确保核心数据库资源。

所有工程师敲完最后一行代码的那一刻，离系统崩溃只剩 4 秒。

也正是这第二个“双 11”，让第二代技术架构的问题暴露无遗。因此，从 2011 年起，支付宝开始在阿里云的云计算服务基础上，研发真正属于自己的数据库和支付架构——云支付。这件世界上没有人做过的事情，被他们称为“去 IOE”。

去 IOE 是阿里巴巴自己造出的概念。其本意是，在阿里巴巴的技术架构中，去掉 IBM 小型机、Oracle 数据库、EMC 存储设备，代之以自己在开源软件基础上开发的系统。

按照设想，在云支付的架构下，智能服务系统会实时获取用户购物与支付过程中的异常数据，通过智能分析手段自动识别用户遇到的问题并给出解决方案。普通用户在遇到问题时，可以更快速地通过支付宝帮助中心得到标准化的解决方案。这样，最初设定的 10 亿笔架构，99.99%的稳定性有望实现。不仅如此，云支付的最终目标是开放基础能力，建立开放的支付平台，不仅让专业人“做专业事”，还可以让专业人“开专业公司”。支付将渗透到商业和生活的每一个角落。

不过，即使在已经升级到云支付后的 2012 年“双 11”，还是出了问题。“双 11”项目组早在当年 2 月就开始筹建，一切准备就绪，结果在一个所有人都没有在意的接口上出了问题：在零点最高峰时，无法顺利付款。就像是设置了一个过细的保险丝，电流过高会自动跳闸。项目组紧急更换“铜丝”，才顺利过关。

虽然只是零点后的几分钟出现了问题，但这在不揉沙子的技术工程师眼中是无法容忍的。支付宝人充分意识到，“双 11”是一项系统工程，任何技术细节都不能出问题。每年的“双 11”，都是只许成功、不许失败的硬仗。

“双 11”刚开始的那几年，支付宝工程师里流行“拜关公”文化：给办公室里的关公爷敬烟、敬旺仔牛奶、敬旺旺雪饼，跪求无 bug（漏洞）。不过这几年，由于“双 11”逐渐成为一个成熟的、常规项目，“拜关公”文化已经逐渐淡去，2016 年，蚂蚁平台数据技术事业群支持“双 11”技术保障的工程师已不到 3 000 人。这背后，是因为有了一位“超级会计师”。

◎ 超级会计师

2016年的“双11”，除了GMV这一最为直观和重要的数据不出意外地再次刷新纪录之外，还有几个重要的支付指标似乎更值得玩味。

数据显示，2016年“双11”全天，支付宝实现支付总笔数10.5亿笔，同比增长48%。前1小时的支付笔数，超过2013年全天的1.88亿笔。18：55，支付笔数达到8.2亿笔，超过2015年全天的支付笔数。更为关键的支付峰值数据是，2016年达到12万笔/秒，是2015年的1.4倍，再创世界纪录。

支付总笔数和支付峰值，是衡量支付技术、支付系统先进性、稳定性的核心数据。前者并不难理解。支付峰值，是指一秒内同时记账且不出错的最高数据量。在2009年首届“双11”，这一峰值为200笔/秒。8年间，这一关键能力居然令人咋舌地增长了600倍。历年“双11”支付峰值见图1-7。

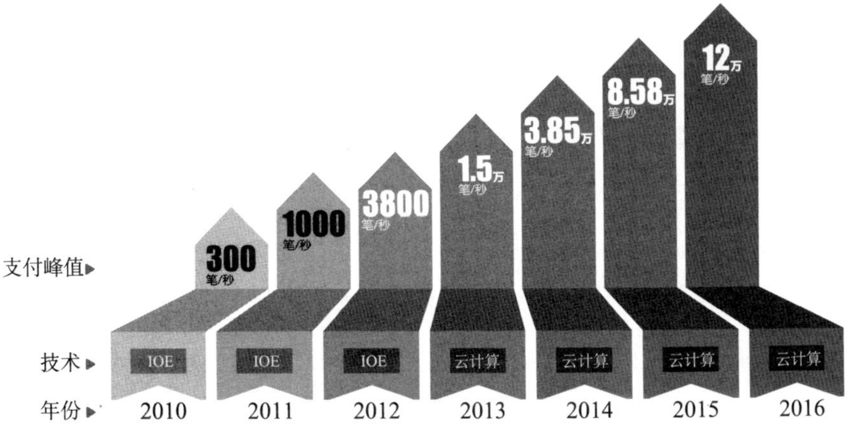

图1-7　支付宝的支付能力不断迈上新台阶

不为众人所知的是，这一新纪录的背后，是一个仅仅几十人的技术保障团队。不过，在 6 000 多名蚂蚁员工中，这几十人的辨识度却由于其佩戴的工牌呈现“土豪金”色而显得尤为“耀眼”。因为这些工牌同时也是蚂蚁金服内部最高荣誉——CEO 大奖——的“勋章”。2016 年 5 月，蚂蚁金服董事长彭蕾亲自将它们一一戴在这几十位技术明星的脖子上。他们的获奖理由是，团队自主研发的数据库 OceanBase（OB），以远低于传统数据库的成本、更高的可用性，扛住了支付宝一次又一次自我刷新的支付峰值世界纪录，打破了 IT 核心技术长期被西方垄断的格局。不仅如此，在 2016 年 11 月杭州召开的世界互联网大会上，OB 入选世界互联网领先科技成果，其他获奖公司还包括特斯拉、IBM、微软、卡巴斯基等国际科技巨头。

什么是 OB？依照研发团队队长阳振坤的通俗解释，它是一个“像海洋一样”的海量分布式数据库，可以存放千亿条以上的记录。就像一名超级会计师，可以在一秒内同时处理百万笔业务，并且不出一点错。OB 目前创下的世界纪录，正是 2016 年“双 11”凌晨的 12 万笔/秒。

在 OB 之前，支付宝使用的是甲骨文公司提供的集中式数据库。事实上，全球 TOP 3 数据库公司——甲骨文、IBM、微软采用的都是集中式数据库。集中式数据库的优点是稳定，但缺点也显而易见：主机成本惊人，一台动辄数百万美元；存储空间固定，同时容易不足，扩容的办法只能是增加主机数量。若要应对“双 11”这天呈几何级增长的天量数据，每年需要花费数亿资金购买主机；而当交易恢复常态时，昂贵的主机旋即陷入长期的闲置状态，这无疑是一笔巨大的浪费。

分布式数据库由于成本低、性价比高，被视为解决“双 11”支付峰值这一世界级难题的钥匙。但问题在于，分布式数据库所需的普通 PC 机从单个个体来考量，都达不到金融级别的稳定性，如果其中一台机器“罢工”，其他机器补位备份数据不及时，容易产生坍塌效应。更大的难点是要让每台机器的工作量始终保持均衡，否则工作量过大的机器容易崩溃，同样会引发一场链式坍塌。也就是说，解决世界级难题的办法是另外一个世界级难题。

然而，有些人似乎注定就要为某项使命而生。从北大本硕博一路念完、留校任教并荣获北大首批“长江学者奖励计划”特聘教授的阳振坤，离开象牙塔、投身工业界后先后辗转联想、微软、百度，最后来到阿里，他一直致力的就是解决分布式数据库的难题。即使是被百度扫地出门，也没能改变他的这份“初心”。

在一向对“无用”持较高宽容度的阿里，阳振坤坚持做着“去 IOE”的分布式数据库研发。他解决分布式数据库稳定性的方式，是将每一份数据同时备份三份，存放在三台不同的机器上。其原理是，一台 PC 机出故障的概率如果是千分之一，两台同时出故障的概率可能就是百万分之一，三台同时出故障的概率则是十亿分之一。

2012 年，在阿里云创始人王坚的推荐下，OB 团队并入支付宝。在这里，程立成为 OB 团队的另外一个贵人。2014 年，正是程立拍板同意将支付宝 1%的交易库存数据在 OB 上运行，支付宝成为 OB 系统最初的阵地。OB 最终不负众望，原定 1%的数据量实际运行了 10%。2015 年“双 11”，100%的交易数据链和支付数据链搬到 OB；

2016 年“双 11”，有金融系统数据库“皇冠上的明珠”之称的账务库整体交由 OB 来运行。

正是基于对 OB 系统的信心，在 2016 年 10 月的云栖大会上，一向淡定的程立高调地提出，未来蚂蚁金服的系统能力要达到可以支撑 1 亿笔/秒的交易。这听起来有点像天方夜谭，但在科技飞速发展的今天和未来绝非不可能。正如 10 年前支付宝刚刚搭建技术架构的时候，又有谁能想到今天可以达到 12 万笔/秒的支付峰值呢？

◎“双 11”，不止于技术

马云曾说，“双 11”对蚂蚁金服以及整个阿里系企业的挑战，最重要和最直观的是不断拓展技术的边界。而技术的背后，更是对蚂蚁金服、淘宝、阿里企业管理和组织能力的综合考验。不断飙升的交易量、支付峰值，层出不穷的新问题，不仅会倒逼技术、运营、市场、公关、人力等各个环节保持自身的危机意识、提高应对能力，还要求整个业务链条上的各团队精诚合作、无缝连接。压力带来的活力、团结带来的向心力以及分工带来的主人翁意识，正是现代企业治理中非常重要的内部力量。

对于蚂蚁、淘宝和阿里来说，如果企业是在商海中破浪前进的巨轮，那么“双 11”就像是海洋中拍打在船身上最大的海浪，能否顺利前行，轮船上每一颗完美无瑕的螺丝钉将是最基础的保障。

更重要的是，“双 11”逐渐成为提升社会商业基础设施建设和运营能力、形成新消费文化的重要推动力。这一天，处理数据的能力、支付的能力、物流的能力、银行配套服务的能力都面临大考。2016 年

11 月 10 日，为应对“双 11”期间业务高峰，建设银行 E 商贸通业务系统统一提前清算便是一例。而这种全方位的锤炼，终有一天会让中国在商业基础设施方面的能力远超世人的想象。

再宏观一些，作为一年一度的消费者狂欢节，“双 11”也是激发内需的最好路径。在我国出口受阻、投资回落、经济下行压力增大、经济结构正处转型窗口期的当下，强大的内需潜力无疑是中国经济的巨大机会。

马云在接受央视采访时的表述更加直观：“如果当前阿里巴巴的规模以及对工厂、对社会的影响力，不能转化成为推动社会进步和整体创新的能力，就等于把自己手上的资源糟蹋了。”的确，在创业、守业这条漫长的赛道上，“双 11”更像是蚂蚁和阿里给自己设置的高栏，障碍的存在时刻提醒着自己不要放松，跨过这一个高栏，下一个高栏就在不远的前方，永无休止。

第二章

ANT FINANCIAL

支付宝的野心：推进无现金社会

“出门不带钱包”，这在几年前还是不可想象的事情。然而短短几年间，移动支付在国内迅速普及，超市购物、打车、看电影、餐馆吃饭……对很多普通民众而言，出门只要随身携带手机就能轻松搞定一切，移动支付正在重塑中国人的生活方式。

更令人惊讶的是，蓬勃发展的移动支付，在国内的应用范围和普及程度已经远远领先国外，甚至将金融业最为发达的美国甩在了后面。

作为国内第三方移动支付的先驱者，支付宝是中国移动支付发展史上绕不开的一个名字。如今，支付宝又提出了一个野心勃勃的计划——用5年的时间推动中国率先进入无现金社会。

第一节　All in 无线

◎ 独角兽转身

在PC互联网时代，支付宝一骑绝尘，把竞争对手远远地甩在了身后。然而到了2013年，支付宝不得不经历一次剧痛与脱胎换骨的改变。

彼时，移动互联网的发展趋势已经不可逆转，越来越多的人开始低头在方寸之间发现世界、了解世界。

在微博爆红两年之后，微信于2011年空降到国人视野中，掀起空前热浪，短短一年半时间，用户数就突破两亿大关，并仍在加速发展。到2012年6月底，手机已经超越台式电脑成为中国网民第一大上网终端。而这时的阿里巴巴和支付宝发现，自己竟然没有一款拿得出手的移动端产品。

当想到“有一天满大街都是智能手机，所有人都变成低头党的时候，我们在手机上到底有什么？自己突然吓出一身冷汗，就好像已经被一个全新的时代抛弃了。”现任蚂蚁金服集团董事长、同时也是阿里巴巴集团创始人之一的彭蕾如是说。

因为无法适应技术变革而惨遭市场淘汰的企业案例太多，马云、彭蕾等几位阿里高管寝食难安，深感如果不在无线端站稳脚跟，集团也就离死期不远了。

面对这样的危机，曾有人断言此时的阿里已经是一个巨大的独角兽，在如此快速迭代的时期，它将难以转身。

其实，在移动支付领域，阿里巴巴和支付宝早有布局，是最早一批拥抱无线时代的公司，却未能始终走在无线时代的前沿。

阿里巴巴在2004年时已经初次试水移动电子商务。当时，阿里巴巴曾高调宣布和英特尔公司合作，共同建设中国首个手机电子商务平台。2006年4月29日，阿里巴巴集团为旗下两大子公司——淘宝网和支付宝，分别注册了无线网址。而这距离无线互联网唯一的网络地址无线网址开放注册还不到一个月的时间。

那时，中国尚处于3G时代的前夜，智能手机也尚未在市场普及。尽管看到了移动支付市场的无限前景，但是那时的支付宝并不知道应该怎么去做。

移动互联网是一张庞大的互联网，而手机是一个很好的载体。相信很多人都清楚地记得，手机这个如今与我们日常生活密不可分的“电子器官”，放到十多年前用“砖头”来形容真的是不足为过。直到 2007 年 1 月 9 日，乔布斯宣布推出第一代 iPhone，才开启了智能手机的新纪元。

智能手机的出现，以及 iOS、安卓系统的应用普及，让支付宝团队看到了曙光。他们乐观地坚信无线就是未来，也相信智能社会很快就会有一个大的变化，因此下决心开始做一些尝试。

2008 年 2 月 27 日，阿里巴巴集团旗下两大子公司——淘宝网与支付宝——联合宣布进入无线互联网市场，发布移动电子商务战略。淘宝网大规模公开测试手机版淘宝网（wap. taobao. com），而作为必不可少的购物支付环节，支付宝亦推出了手机支付业务。不过，以手机版淘宝网为起点的支付宝手机支付业务，在尚未诞生之时，其目标就远不仅限于为淘宝网服务。

经过工程师们一个多月的开发与测试，支付宝 WAP 平台（wap. alipay. com）于 2008 年 8 月 15 日正式发布上线，并为外部电子商务平台开放了交易接口。在为期一年的内测时间里，支付宝一共引入 10 多万个测试账户。用户可以通过手机绑定一个支付宝账号，并订制手机支付服务，然后通过手机 SMS 短信向一个特定的短信特服号发送特定的短信指令来完成转账、购物等操作，交易类型为即时到账，单笔最高支付金额为 200 元/笔。

在迟到了多年以后，中国于 2009 年终于进入 3G 时代。这一年的

4 月，支付宝也正式组建起一个无线团队，并在 5 月正式推出第一版支付宝手机客户端。支付宝公开宣称，在经过一年多的低调布局后，将正式进入手机支付业务推广阶段。2009 年 12 月，无线日交易笔数就已超过 10 万笔。但在此后的两年间，移动支付发展迟缓，未能形成爆发式增长。

说起支付宝团队的变化，无线团队一定是这些年变化最多的团队之一。在 2007 年之后的 5 年多时间里，无线并入过阿里云，又回归支付宝，也曾拆分并入各事业群，直到 2012 年再次组成无线事业部。所有这些摸索与尝试，都是为了架构这个创新的过程。

随着整个无线互联网的加速发展，包括运营商基础设施的加速发展，以及智能机的全面普及与升级换代的加速，技术进步到达一个爆发点，使得整个行业转轨到“移动化”的高速路上奔驰，也让昔日的“不可能”都成了“可能”。中国移动支付交易规模变化如图 2－1 所示。

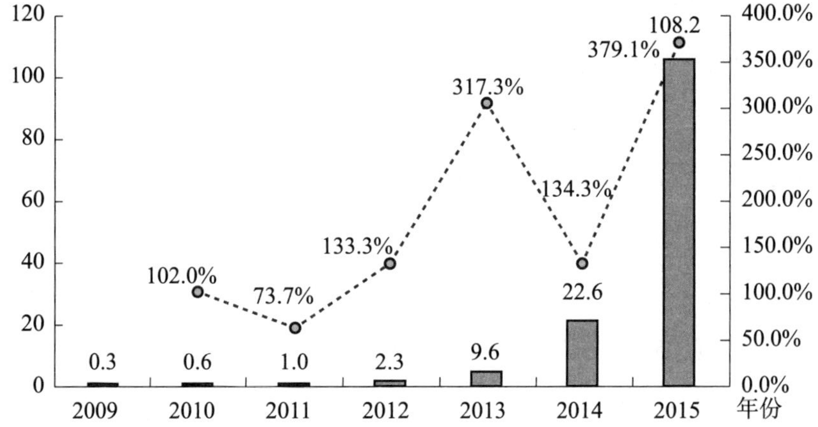

图 2－1　2009—2015 年中国移动支付交易规模

数据来源：中国人民银行。

马云在一份总结 2013 年的内部邮件里这样说道："我们从心底里真正感受到新技术革命到来前夜的敬畏和激动。""以前，我们对别人、别的行业呼吁，天变了。今天我们发现自己头顶上的天也变了，我们脚下的稳健土地也在变化。这不是因为对手，而是因为我们的客户和市场，因为新技术的革命在变。"

2013 年 2 月 28 日，马云发表公开信说阿里巴巴要 All in 无线（All in 在德州扑克里意味着"全部下注"），这也成为这一年阿里巴巴全集团的一个战略转型方向。此后，手机淘宝、支付宝钱包、来往、手机天猫、钉钉等众多无线产品依次亮相，而这一年阿里旗下几乎全员都在热血投入，不遗余力地参与、推广这些无线产品，阿里无线开始崛起。

◎ 重构支付宝钱包

"支付宝的对手只有一个，就是人们手中的现金。我们的终极目标是消灭大家身上真实的钱包，只用一部手机就可以行走天下。"时任阿里小微国内事业群总裁樊治铭的一句话让人印象深刻。

2013 年初，支付宝手机客户端正式更名为"支付宝钱包"，设计上采用了类似钱包的卡槽设计，一改旧版简单的九宫格排列模式，体现出支付宝强化其"互联网电子钱包"概念的思路。除了付款、转账之外，支付宝钱包还整合了手机充值、信用卡还款、公共事业缴费、条码支付、彩票等服务，并新增了个人账单、优惠卡券管理及声波支付等功能。事实上，支付宝公共事业缴费早在 2008 年 10 月 25 日就已正式上线，支持水、电、煤气、宽带、固话等缴费。

这次支付宝钱包的重构，并没有让支付宝团队感到满足。他们深刻地认识到，要想搭上无线时代这趟飞速奔跑的列车，支付宝必须经历一次脱胎换骨的改变。

更为重要的背景则是，移动互联网时代的扑面而来让阿里深深地感受到了危机和焦虑，从而不得不拿出全部的精力和资源来迎接无线时代，并捍卫自己的地盘。

阿里巴巴集团的 All in 战略一出，率先行动起来的是支付宝团队，樊治铭正是统领支付宝打好这场无线战役的主帅。

在 2013 年 2 月的花家山庄会议上，樊治铭一声令下，支付宝国内事业群 All in 无线开启。同年 3 月，60 多人的北京无线团队全员迁移到杭州，和杭州的团队一起通宵达旦闭关了整整 3 个月，完成了支付宝钱包 7.0 版本的重构。

乌泱泱三百多号人，带着行军床和枕头、毛毯一块儿进驻了杭州黄龙时代广场 14 楼的闭关室。深夜加班的时候，大家经常抬头就能看见樊治铭。他让产品经理和技术员工讲各自的想法，现场 PK，激烈的讨论声整个项目室的人都听得见。产品设计高效讨论、有问题现场改、生病不下火线、以前半个月出的方案现在一两天就得搞定……过程很辛苦，但大家只有一个想法：一定要做一个不一样的无线产品。

相比自一诞生就完全基于无线技术的微信而言，已在 PC 时代站稳脚跟的支付宝想要转身无线，并且要在两个战场形成联动协同，则没有那么轻松。

在闭关的过程中，有两件事不得不提：一是所有代码彻底重写。

为了给未来奠定平台化的基础，技术团队完全改写了之前支付宝无线产品的代码，这在一般的公司是不可想象的。二是对几年的老代码完成清理。支付宝技术团队的两名技术员每人负责一个平台，一个一个文件地过，删了几万行代码，连续几天干到凌晨，删得连胳膊都抬不起来。

2013 年 6 月，支付宝钱包 7.0 版正式推出。重构之后，支付宝钱包不再只是简单的支付工具，支付也不再是钱包服务的终结。支付宝钱包定位为一个移动生活助手和移动金融平台，深入人们的日常生活。

内嵌于新版支付宝钱包中上线的余额宝，兼具支付宝余额增值服务和活期资金管理服务功能，以其操作简便、低门槛、零手续费、可随取随用的特点一炮走红，被称为国民理财“神器”，迅速占领了移动理财市场的绝对份额。

新版支付宝钱包也被称为唯一“会赚钱的钱包”，这成为支付宝钱包的独特核心价值。一位支付宝钱包用户分享道：“每日叫醒我的不是闹钟，也不是梦想，而是手机余额宝。”事实上，在加入余额宝服务之后，支付宝钱包已经成为很多用户起床后使用的第一个应用。

在短短的几个月中，支付宝钱包不断迭代更新，全面增强了线上操作的便捷性，并不断推出当面付、扫码支付、情感转账、摇一摇转账、拍卡等创新技术与服务，更多、更好地实现了移动端的交互应用。同时，支付宝钱包大范围整合了线下实体消费服务，囊括了通信、银行、缴费、医疗、旅行、投资及社交等场景。离线支付功能在新版钱包中得到了进一步完善，地铁或商场里的自动售货机将不需要使用现钞，哪怕手机网络信号再差，也能安全稳妥支付。

2013年9月正式上线的公众服务平台是新版支付宝钱包的一个最大亮点，首批入驻的企业和机构除了移动、联通、电信三家运营商外，还有各类时尚生活消费品牌。去医院挂号也可以通过支付宝钱包来完成，全国超过600家重点三级医院的挂号资源接入，全部操作过程只需要2分钟。

在不断重构支付宝钱包的过程中，支付宝团队对移动App的技术体验上的创新型发展也逐渐有了深入的认识——手机屏幕很小，如果容纳太多内容，用户体验会非常差，因而必须简洁、易操作。而且，用户在使用手机支付时的目的、心态、体验与电脑支付时全然不同，手机支付更“即时，广谱，高频”，照搬PC端的经验和产品是行不通的。

而且，在移动端，一些PC端功能的威力被放大了。电脑不够便携，也不可能24小时开机，但手机却可以便携使用和随时查看。而且手机更加私密，有更多碎片化的使用场景，与用户的黏合度更高，很多PC上玩不转的功能，在手机上却可以轻松实现。例如，PC端的支付宝里，即使集成了电子机票、优惠卡券功能，保存下来可以，但怎么用却成问题。而在手机端，用户就可以直接拿着电子机票去登机，拿着优惠券去换一杯咖啡回来。

更好地拥抱无线时代，支付宝钱包开启了全新的旅程。

◎ 1万笔×2元>1笔×2万元

在支付宝团队看来，做大无线用户交易笔数和用户量至关重要，一笔2万元的交易远远不如1万笔2元的交易来得有意义。如果支付宝不能把原来在PC互联网时代积累下来的用户优势转移到无线端，就很有可能满盘皆输。

2013年初，支付宝6亿用户绝大多数都集中在PC端，移动端的支付宝App只有100万活跃用户、1 000万存量用户。那时的活跃功能只有转账、信用卡还款和手机充值，首页上也只有不多的几个功能。

支付宝团队生生从转账开始推，做的第一件事就是对PC端转账收费、移动端免费。当时在中国的互联网市场，用户对网络服务收费还很不适应，支付宝此举引起了用户的强烈反弹，但是团队顶住了市场的骂声，坚持下来，最终结果是用户逐渐流向了移动端。

支付宝认识到，要在移动互联网时代抢占制高点，最佳切入点就是遍布全国各地的大型商超百货，以及遍布商业中心、办公楼和民宅附近的便利店。对于大型商超和便利店而言，优化客户体验、改进付款流程、减少现金收付和找零，都是迫在眉睫的事，而支付宝提供的条码支付、声波支付手段又几乎是无成本的，这样能降低客户刷卡的手续费成本，商家也可以从中获利，何乐而不为？

2013年10月底，支付宝线下团队成立。当年，支付宝与7-11等便利店达成区域性合作，并于2014年春节前在全国大型连锁商超推广开来。

2013年11月15日，银泰集团十五周年庆，全国29家门店正式全面支持支付宝钱包当面付。这是支付宝无线业务大规模走入线下的第一场硬仗，项目从立项到上线只用了21天，从最初十几个人的项目组到最后集结全公司近 400 人全部加入，完成了这项“不可能的任务”。

项目负责人乔稳依然清晰地记得当时的所有细节。“一穷二白，要啥没啥”，就是这个项目的开始。10 月 19 日，银泰项目正式立项。由 BD、技术、架构、运营组成的支付宝项目组赶赴银泰总部，开始了马拉松式的会议，商量各个环节的配合。项目刚起步，项目组的人就脑洞大开：要玩就玩一发大的，直接上银泰全国所有门店！就这样，项目门店从原来的 3 家杭州门店直接扩展到了全国 29 家。

很快，项目组就发现现实很残酷：每家门店平均有六层楼，每层楼有两个收银台，算下来一家门店最起码需要布设 72 套宣传物料、调试 72 次收银系统、安装激活 72 台麦克风，而且需要集训收银员。29 家门店下来，72 就变成了 2 088。而银泰各地门店的店庆活动从 11 月 14 日就陆续开始，留给项目组的时间只有不到一个月。

而且，原计划要上的当面付只在售货机行业进行了试点，完全没有任何其他商用记录，简单来说就是眼下没有产品，必须紧急开发。新产品到 10 月底终于开发完成，所有负责调试的人员下到各个城市的门店开始挨家测试。项目启动时，正逢银泰方面高层人员变动，很多事情只能靠项目组自己去推动。银泰西安小寨店被总部遗漏在了合作名单之外，门店老板找到项目组诉说各种委屈，说其他门店都上支付宝钱包了，他们也一定要上！于是，项目组拉着人马又去他们的门店。

单靠项目组最初的十几个人，要解决时间、产品、细节问题，根本就是天方夜谭。但是，在支付宝乃至整个阿里集团的支持下，这些问题最后都得到了解决。

从 11 月 14 日开始，29 家门店、近 250 多人马全部上场，所有人在收银台手把手教用户使用支付宝钱包、解答各种问题、扯着嗓门招呼用户体验并馈赠礼品，还有人拿着 4G 上网卡到处“流窜”，逢人就说：“亲，装个支付宝钱包呗，我有网!”

聚集到支付宝收银台的用户越来越多，尤其是杭州武林银泰店，门店急需支援，支付宝小二只能在来往群、旺旺群和各种能想到的地方疯狂求援。就这样，从一开始的十几个人，到几十个人，到 200 多人，再到近 400 人的 All in，银泰项目“不可思议”地完成了。

银泰项目刚结束没多久，国内几家大型商超集团便主动找上门来寻求合作。银泰项目成了撬动市场的一个支点。

向移动端转移的战略也带来了直观的成效。2013 年第二季度开始，支付宝手机支付活跃用户数超过了 PayPal，位居全球第一。2013 年 9 月，无线日交易笔数超过 1 000 万笔。借着“双 11”购物狂欢节的契机，支付宝强势推广手机支付，支付宝手机支付及钱包用户更是双双达到亿级，支付宝日常支付约有 1/3 的笔数来自手机，相比 2012 年的增长率在 800%以上。

在移动互联网时代，支付宝的想象空间被几何级地放大了。也因此，支付宝钱包为自己设立了一个比 PC 时代宏大得多的目标：取代钱包，战胜现金，成为个人金融的入口。

初战大捷的支付宝钱包，也趁势宣布成为独立品牌运作，与支付宝进行区分。支付宝团队将支付宝钱包视为一个新的未来，以此满足用户对于新支付的需求，并专注于线下的更大市场，力图打造消费者一站式金融服务平台。

支付宝钱包所代表的已经是一种不同的生活方式，这也是此后在支付宝基础上筹建成形，并以支付宝为业务入口的蚂蚁金服用以构建移动金融生态的基本所在。

第二节　二维码支付先驱者

◎ 条形码与二维码并驾齐驱

作为一个能够在最大程度上便利收付双方、惠及普通民众的支付工具，二维码支付对于推动移动支付在国内的普及，可谓功不可没。

在面对面移动支付方面，虽然近场通信（Near Field Communication，NFC）技术在中国已经有近十年的发展历史，早就是一项非常成熟的技术，中国银联率先开展了 NFC 支付的研究与设计，但是国内的 NFC 产业受制于产业链过长的缺陷，而且手机和受理方的设备均须具备支持 NFC 的模块，所需投入巨大，银行、运营商、硬件厂商等各方的利益难以协调，一直发展滞后。

在 NFC 支付缓慢发展的这几年，由互联网巨头主导的二维码支付方式迅速兴起，并占领了大量市场份额。支付宝钱包、微信支付完全抛开 NFC 标准，采取二维码支付方式，并利用互联网用户数量优势，在支付标准未出台的形势下快速发展，抢夺先机。

支付宝是线下支付市场的“第一个吃螃蟹者”。2010 年，随着上游场景的移动化全面展开，移动支付的需求随之提出，支付宝真正感觉打开了一片天，甚至更加坚信移动化可以让支付服务从 PC 的虚拟社会向实体社会渗透。因此，支付宝开始着手和超市、便利店合作，今天人们广泛使用的扫码支付——二维码支付、条码支付，都是支付宝在 2011 年推出的产品。

条码支付借鉴了商品的条形码，用户结账时，只要打开手机上的支付宝钱包，选择“条码支付”功能并出示手机，让收银员用条码枪扫描，就可以完成付款，全程不需要任何现金找零或刷卡操作。而商超、便利店也不需要更新硬件设备，用以往扫码结账用的扫码枪即可完成收款。支付宝推出的条码支付，是全球首个条码支付应用，也是首次把无线支付从实验室带进市场的实际应用。

但是条码支付有一个问题，那就是必须普及扫码枪。为了让没有收银系统与扫码枪的单体店也能便捷地完成支付，支付宝技术团队想到了要去创新一个二维码支付。

相比于条形码，二维码是一个数据量更大的传输载体，而且具备强大的通用性，适用于所有行业。同时，其使用方式的多元化也使其能很好地与各领域融合，成为连接一切的“全能型选手”，这促成了它在全世界的流行。随着国内智能手机市场的兴起，二维码进入公众视野，逐渐受到热捧。

将流行的二维码应用于扫码支付，也是支付宝的首创之举。2010 年，支付宝技术团队的倪行军看到了二维码这一新鲜事物，觉得很有意思，认为二维码未来将会有更大的想象空间，所以，倪行军带着两三个架构师，开发出了二维码支付，并于 2011 年 7 月正式推出。

这一国内首个二维码支付解决方案，是一种基于账户体系建立的新一代无线支付方案。商家可把账户、价格等交易信息编辑成支付宝二维码，张贴在店内，甚至还可以印刷在报纸、杂志、图书等载体上；用户通过支付宝手机客户端扫描二维码，便可轻松实现与商户支付宝账户的支付结算。有了二维码，商家什么硬件都不需要了。

互联网公司的一个突出特点，就是擅长并倾向于做“轻量”方案；而传统公司则往往会做一些比较“笨重”的方案，因为它们有时不太相信互联网技术也能确保安全。NFC 支付一个很大的局限就是硬件的升级、普及、维护需要很大的成本。而且，某种程度上说，支付战争决胜于支付之外——支付环节是与前面的场景相连接与互动的，而非仅仅是最后支付的一刹那。一直沿着银行卡路径去发展的 NFC，则割裂了上述过程。

此外，支付宝还于 2012 年 10 月推出了声波支付。声波支付的创新，其实就是模拟了 NFC 的体验，但好处是用户的手机端不需要加入 NFC 模块。让所有手机厂商都去生产 NFC 可能性很小，所以支付宝决定首先从消费者端释放，方式就是声波，每个手机都有这样的信号。但声波有局限性，容易受到干扰，不太可能在商场里让 POS 机也去这么改造，而如果专做这样的设备，就变得更加笨重了。所以支付宝团队找到了一个很好的合作伙伴——自助售货机，它本来就是个智能机硬件，改造一下顺理成章。所以直到现在，声波支付也仅仅局限于声波自助售货机。

但那时对于公众来说，条码支付、二维码支付、声波支付这些东西还过于超前，囿于智能手机不够普及以及移动网络还在模拟 2G 的时代，网络很慢，机器性能又差，所以公众的接受度非常有限，造成了很多事情的不可为，使得这一技术的推广停滞下来。

有一个临界点是业内共识：国内 3G 用户数达到整体手机用户群的 10%之时，便是该行业规模化应用之日。由此衍生的结果是，一些以前用途并不广泛的通信技术一夜之间大派用场，二维码技术就是其中一种。

与支付宝同时获得第三方支付牌照的腾讯财付通，直到 2013 年 4 月才在台湾低调上线二维码支付功能，并通过微信支付在此后得到广泛应用。而支付宝也在这一年启动 All in 无线，把二维码支付这项技术重新捡了起来，并做重点推广。由此，二维码支付方式迅速兴起，并形成广泛的商户覆盖和用户习惯。

二维码支付、条码支付模式代表一种新兴潮流，能够俘获用户心扉的关键就在于它的便利。除此之外，二维码支付方式还为商户带来了实惠。2011 年时，商户使用 POS 机刷卡服务的成本相当高，主要包括 2 000～3 000 元不等的保障金及 1%～3%的服务费。另外，POS 机付款多采用下一天到账机制，使得账期较长。但使用手机二维码购物，用户的手机不需要特殊改造，只需下载安装支付宝客户端，便可完成线下支付。而且，手机条码支付的费率也大大降低，支付过程即时完成，无账期、不压款。

条码与二维码支付模式成为无线支付的新一代应用趋势，采取“并驾齐驱”策略的支付宝已然布下大局。

◎ 央行暂停二维码支付风波

经历了 2013 年高速增长的移动支付，线下市场刚刚起步，正准备大施拳脚，在这个节点，央行一纸暂停条码（二维码）支付业务意见函，给了风头正劲的二维码支付当头一棒。

2014 年 3 月 11 日，微信和支付宝两家竞争对手，几乎在同一时间高调宣布与同一家银行——中信银行展开网络信用卡业务。正当市场热议互联网金融改革创新之时，仅仅两天后，央行紧急下发《中国人民银行支付结算司关于暂停支付宝公司线下条码（二维码）支付等业务意见的函》，要求支付宝立即暂停线下二维码支付及虚拟信用卡业务。此后一天，“暂停函”被媒体爆出。

央行是以安全的名义暂停二维码支付的。文件称，“线下条码（二维码）支付突破了传统的业务模式，其风险控制水平直接关系到客户的信息安全和资金安全。目前，将条码（二维码）应用于支付领域有关技术，终端的安全标准尚不明确。相关支付撮合验证方式的安全性尚存质疑，存在一定的支付风险隐患。”

短短几天后，媒体曝光，有第三方支付机构于 3 月 11 日收到央行下发的《支付机构网络支付业务管理办法》和《中国人民银行关于手机支付业务发展的指导意见》草案，其内容是对第三方支付转账、消费金额做出严苛限制。几份文件的重磅出击，引致市场一片哗然。

线下二维码支付已经存在了近一年之久，监管层从未过问，虚拟信用卡的梦只做了三天就被扼死在摇篮中。线下二维码支付和虚拟信用卡为何被监管层泼了冷水？媒体舆论倾向于认为，由于二维码支付绕开了监管，自成体系，因此成了被暂停的对象，而支付新规则是银联和银行为了维护自身利益，牺牲了第三方支付和电信运营商。困惑的情绪在市场中酝酿、发酵，引发了一场关于互联网金融发展与监管的大讨论。

针对媒体反应最为强烈的二维码支付，《中国人民银行关于手机支付业务发展的指导意见》起草说明中承认，它对于培养社会公众的手机支付习惯、便利小额非现金支付具有一定的积极作用，从鼓励创新的角度出发，中国人民银行可给予一定的观察期，由于没有统一的技术标准及风控体系，暂不宜在管理制度中对其合法性予以承认。在监管实践中，也将其纳入创新业务，只需提前 30 天报备即可，并非禁止。

此后，央行一方面指导支付清算协会和银行卡清算机构研究制定相关规范和技术标准，另一方面也并未堵死扫码支付的探索之路。

2014 年 8 月，微信首先启用了扫二维码“转账给朋友”和“面对面收钱”功能，事实性地启动了微信的二维码支付。9 月 15 日晚间，微信低调上线了条码/二维码“刷卡”功能。几乎同时，支付宝也选择在大城市的便利店等重启二维码支付场景。

在一段时间的运行中，并没有风险暴露出来。就这样，在监管部门“睁一只眼闭一只眼”的情况下，二维码支付重新开始渗透与普及，并被社会大众广泛接受，甚至连路边的水果摊、菜摊也可以用二维码支付埋单。

就在央行暂停二维码支付期间，“起了大早却赶了晚集”的银联，意图借此时机大力推动 NFC 支付。

2013 年，央行将更具安全性且已全球普及的 NFC 定为中国移动支付国家标准后，银联开始正式推行基于 NFC 支付的相关业务。作为一家负责制定金融支付标准的“中字头”公司，银联不能像支付宝钱包、微信支付那样“先斩后奏”，而需要考虑整个金融支付体系的协调、更高的安全性等多重复杂因素。作为标准制定兼技术提供方，银联必须通过开放平台的思路，广泛地与产业链各方合作，因此工程浩大，直到 2015 年 12 月才正式推出基于 NFC 的移动支付品牌“云闪付”。

随后，Apple Pay 在中国银联的顺水推舟下正式登陆中国市场，并迅速在国内掀起一波移动支付热潮，甚至一度引发公众对于苹果与支付宝、微信三分天下的猜想。随后，各种 Pay 纷至沓来——Samsung Pay、华为 Pay、小米 Pay，都用上了“云闪付”，这无疑给沉寂近十年的 NFC 支付带来了久违的生机。

眼看银联携各种 Pay 汹涌来袭，支付宝自然也坐不住了，其抵御之策是联合手机厂商提升支付体验。支付宝先后与华为、三星、TCL、vivo 等手机厂商合作，推出“扫码秒付”，在熄屏状态下通过识别特定指纹或双击 Home 键等方式，即可唤起支付宝付款码。相比扫码支付技术，NFC 支付作为后来者，唯一的优势就是快捷。然而“扫码秒付”通过精简整个扫码支付的操作流程，以及不需要联网就可以支付，在体验上甚至超越了 NFC。官方称，整个过程只需 1 秒，真正实现了“1 秒即付”。

而更重要的一个区别是，扫码支付的一大优势是门槛比较低，而 Apple Pay 等 NFC 支付的门槛相对较高，除了手机需要添加 NFC 模块之外，还需要商家同时配备支持银联云闪付的 POS 机，这就需要一定的硬件升级成本。因此，国内支持 NFC 的商家还只是一些大型连锁商超，小型店面的支持度并不高。对于许多个体商户来说，更重要的是，支付宝、微信支付背后积累的用户量可以为商户提供“支付即会员”等一系列解决方案，有助于开展精准营销和用户沉淀等。

因此，尽管NFC支付仍有一定的市场，但未来要在线下追赶二维码支付并非易事。正因为如此，无论商业银行还是银联，都转而积极布局二维码支付。一旦监管放开，大战或许就要打响了。

◎ 二维码业务开闸

在二维码支付被暂停两年之后，央行终于正式肯定了其地位。“裸奔”了两年的二维码支付，获得了迟来的“名分”。

2016年7月，央行向支付清算协会、银联发函确认二维码的支付地位，定位为传统线下银行卡支付业务的补充，肯定了线下条码支付的优势，并要求支付清算协会在前期相关工作的基础上，同银行卡清算机构、主要商业银行和支付机构出台开展条码业务需要准许的相关标准。8月初，支付清算协会向会员单位下发了《条码支付业务规范（征求意见稿）》，提出条码支付的系列技术标准与规范要求，并根据风险验证，对条码支付额度分级管理。

在暂停的两年间，二维码支付并未真正销声匿迹。到2016年6月，支付宝的二维码扫码支付已经覆盖国内70多万家线下餐饮门店、4万家超市便利店和数百家医院。

央行开闸之后，中国工商银行首先宣布，在行内推出覆盖线上线下和O2O支付全场景的二维码支付产品，成为国内首家拥有二维码支付产品的商业银行。随后，一批银行也迅速跟进，积极布局二维码支付业务。

NFC黯淡的前景，促使银联也转而拥抱二维码支付。2016年12月12日，中国银联正式推出银联二维码支付标准（包括安全规范与应用规范），并且集结大批银行及收单机构共同合作。半年后的2017年5月27日，银联联合40余家商业银行共同宣布，正式推出银联云闪付二维码产品。这在一定程度上意味着传统阵队加速布局扫码支付，银行与第三方支付公司之间的扫码支付攻坚战正式开启，扫码支付市场步入“规范时代”。

银联打破原有的隔阂，形成了一个多方阵营的利益共盟。不仅银行欢迎，无法与支付宝和微信抗衡的小型第三方支付公司也积极响应。

然而，不可否认的是，移动支付领域已经呈现出支付宝和微信并存的双寡头格局。2017年第一季度，支付宝以53.70％的市场份额居国内第三方移动支付市场首位，财付通则以39.51％的市场份额位列其次，二者一共占据了逾90％的市场份额。①

支付宝和微信支付已经通过大力度的补贴、营销，形成了较强的客户黏性，普通用户早已习惯使用这两款支付工具进行日常消费。银联二维码扫码支付要想攻城略地，需要强大的资金投入，比如利用优惠等各种推广活动来吸引消费者参与。但优惠过后，消费者是否会形成对此的依赖，又有多少可以转化成黏性客户，这一切都还是未知数。

银联推出的二维码支付标准，从安全的角度提升了二维码支付的安全层级，不过作为一向重视风险防控的传统金融系，银联可能会过度强调安全，而不一定能够达到支付宝、微信支付那样的便捷程度。

① 数据来源：易观智库《中国第三方支付移动支付市场季度监测报告》。

银联二维码要站稳脚跟，让公众广为接受，可能尚需一段时间的努力。

就在2017年2月28日，支付宝正式上线“收钱码”功能，将二维码支付又向前推进一程。试运行仅两周，每天都有近20万人申请试用。

在过去的几年中，移动支付迅速普及，但诸如小吃店、路边摊、水果店、杂货铺等等，因为成本和使用门槛太高，被挡在了移动支付的大门之外。

“收钱码”推出后，商家使用二维码收款的门槛更低，不仅降低了使用二维码收款的成本，节省了收款时间，避免了找零、收假钞的麻烦，而且商家的用户体验更好，因为支付宝通过设置一个单独的账单，与其日常和朋友、家人之间的转账相区别，即便是街边的卖红薯小贩，也可以很方便地在后台查看每一笔流水和每日账单，相当于找了一个免费的“小会计”。

对于需要频繁收钱的用户，如果想要将收钱码随身携带或者粘贴在固定位置，还可以申请免费领取收钱码贴纸，支付宝会将贴纸邮寄到家。申请领取成功后，通过收钱码收来的钱还可享受提现免费。

这样一来，以前许多只能使用现金的小角落都被移动支付覆盖了。即便如此，我们在日常生活中依然能遇到很多“只能用现金”的场景。支付宝官方表示，对于这些场景，接下来要去“死磕”，争取用五年时间推动中国进入无现金社会。收钱码是支付宝推动无现金社会的第一步，之后还将推出一系列举措。

可以预知的是，未来移动支付领域的市场争夺将更加激烈。而对于消费者来说，充分的市场竞争和更多便捷用户的技术出现，当然是一件乐见的好事。

第三节　移动支付大战硝烟弥漫

◎ 两大互联网巨头的 O2O 大战

说到移动支付的发展史，支付宝与微信支付两大互联网巨头之间的大战不能不提。

2013 年，就在支付宝紧锣密鼓布局无线端的时候，微信也开始从社交向支付切入。2013 年 8 月，微信支付横空出世，在微信推出支付功能的一个月后，当时的一名支付宝员工称，整个部门都非常着急。

2014 年春节期间，微信红包的火爆走红犹如一枚重磅炸弹。虽然微信没有为红包投入任何市场资源，但红包却以超乎想象的速度在微信里传播开来，随后腾讯的市值突破了 1 万亿港元，就连马云也被微信抢红包的推广策略所震撼，并表示这是一场“珍珠港”式的偷袭，计划和执行都相当完美。可能很少有人知道，支付宝红包早在微信红包诞生之前就已存在，却被有浓厚社交属性的微信红包完美反超。

微信凭借红包完成了大规模的用户绑卡，并立即在 3 月宣布微信支付全面向商户开放，开始大手笔布局线下支付场景。此后，支付宝和微信支付两者之间的竞争日趋白热化。

在 PC 支付时代，支付宝的竞争对手是财付通。那时，支付宝一骑绝尘，遥遥领先于财付通。随着移动支付时代的来临，凭借六亿日活用户的巨大流量，微信支付凶猛来袭，打破了支付宝在互联网支付领域一家独大的格局，从支付宝手里抢走了大量市场份额。

2014 年，支付宝的市场占有率高达 80%，短短两年时间，占有率就大幅减少了 25 个百分点，而这一部分基本上是被微信支付吞噬掉的。微信支付的市场占有率则从 2014 年的 10%，迅速上升到 2016 年的 32%。2012—2016 年支付宝和微信支付占移动支付市场份额如图 2-2 所示。

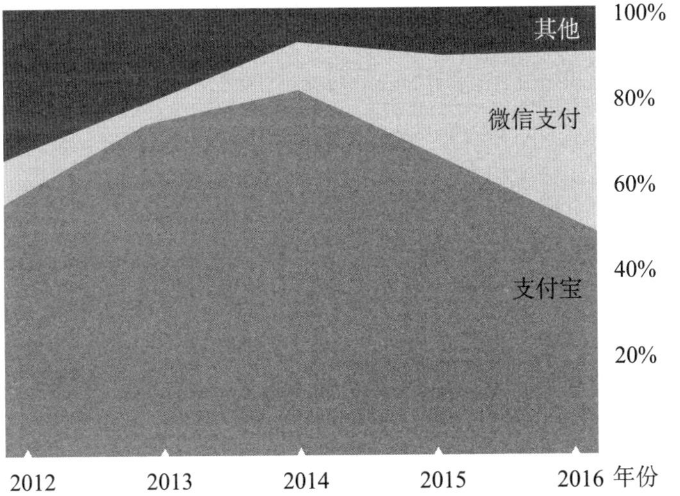

图 2-2　2012—2016 年支付宝和微信支付占移动支付市场份额

数据来源：联合国环境署无现金联盟报告《中国社交和电子商务平台及中国数字支付生态的成长》(2017)。

支付宝 App 的用户虽多，但打开频次远不及微信支付。多年来稳固的霸主地位，支付宝岂能轻易放弃？

于是，硝烟弥漫的 O2O 大战就此开启。打车软件的烧钱大战和线下商场的短兵相接，正是支付宝与微信支付两大移动支付巨头争夺线下支付场景和商户资源、抢跑移动支付高地的巅峰之战。

O2O，即 Online To Offline，是指将线下的商务机会与互联网结合，让互联网成为线下交易的前台。这个概念最早来源于美国，近几年在国内也成了一个热门话题，且应用非常广泛，只要产业链中既涉及线上又涉及线下，就可通称为 O2O。

2013 年末，由于腾讯与阿里等互联网巨头的资本介入，打车软件迅速火爆，打车软件市场也逐渐形成了“滴滴”与“快的”双寡头局面。2014 年初，“滴滴”与“快的”背后的微信支付和支付宝火拼烧钱数十亿元，抢夺线下用户，掀起了全国范围内“免费打车”的潮流，快的甚至打出了补贴“永远比滴滴多一块”的招牌。

短短 3 个月，凭借社交入口和出行的高频场景，微信支付“大跃进”，从绑卡量低到忽略不计，变成了微信支付产品运营总监黄丽所说的“已经成为一方诸侯，不再那么怕友商了”。此次移动支付市场的激烈竞争，是移动支付 O2O 的一次试水。

随后一两年间，原有支付场景从 PC 端转向移动端，移动支付趋于饱和，O2O 的急速发展将大批用户从线上吸引至线下，线下支付场景得到不断延伸和拓展。

移动支付被看做移动端最大的入口之一，随着应用场景的增加，移动支付介入人们生活的方方面面，这意味着，只要锁定了支付，就在很大程度上锁定了用户，因而移动支付成了互联网金融眼下的“兵家必争之地”。互联网巨头们围绕支付进行的战争，背后实际上是对移动互联网未来的争夺。

为了攻占线下支付场景，支付宝和微信几乎都使出了全力，掀起线下补贴大战，大举攻城略地。支付宝重磅推广线下“双 12”购物狂欢节，微信支付则推出 8 月 8 日“无现金日”活动，加之双方轮番上演的折扣、随机立减等活动，移动支付热潮迅速席卷覆盖全国的大型商场、超市、酒店、零售门店、餐厅、KTV、机场、客运站、停车场、加油站、自动售货机等线下消费场景……短短两三年间，支付宝与微信支付的线下使用场景已经非常丰富，也让“不带钱包出门”成了不少民众新的生活习惯。

◎“双 12”线下购物狂欢

支付宝从 2014 年起重磅推广的线下购物狂欢节“双 12”，对线下移动支付的大规模普及在很大程度上起到了助推作用。

事实上，作为天猫“双 11”的孪生兄弟，由淘宝创立并担任主体的“双 12”活动自 2011 年就已经启动，但风头却远远不及“双 11”。很多消费者在刚刚过去的“双 11”中，购买能力和欲望已被透支，而且对很多商家和消费者来说，“双 12”也就是个商家清仓甩卖“双 11”库存的噱头。

但从 2014 年起，“双 12”首次把战火从线上全面引到线下，支付宝、淘宝共联合线下近 100 个品牌、约 2 万家门店参与“双 12”活动，范围覆盖餐馆、超市、便利店等多个生活消费场所。活动当天使用支付宝钱包付款即可打五折，上限 50 元，从而引发罕见人潮，甚至有商店货架被搬空。当家乐福等大型超市都打出“支付宝支付最高五折优惠”的标语时，连五六十岁的大爷大妈都开始学习拿着手机用支付宝付款，当天支付宝官方微博也发文称“今晚的广场没有大妈”。

不过，由于支付宝和阿里在当时的O2O布局不完善，第一次涉足线下购物狂欢，因此，商家和支付宝之间也需要磨合。不管是网络问题还是用户体验，跟6年前阿里巴巴第一次办“双11”时出现的情况颇为类似。不过，这次“双12”也取得了显著的效果，支付宝钱包的安装量急剧扩大，移动支付的用户群被打开。据估算，当天阿里发放的补贴达到亿元量级。

2015年6月23日，阿里巴巴集团与蚂蚁金融服务集团联合宣布，双方将合资成立一家本地生活服务平台公司“口碑”。阿里巴巴与蚂蚁金服初期将各自注资30亿元、一共60亿元到这家合资公司，并各占这家合资公司50%的股权。半个月之后，支付宝做出令人眼前一亮的版本更新，支付宝9.0新增“商家”一级入口，全面接入口碑网及数万口碑商户。外界普遍认为，这是支付宝全面走向线下的标志，也是第三方移动支付行业的一个风向标。

自从2015年阿里和支付宝重启口碑之后，“双12”真正找到了其存在的意义：它成了阿里巴巴和蚂蚁金服新的发力点。这也意味着，“双12”已经成为一个互联网与线下商业融合的标志性事件，互联网反哺线下的时代真正开启了。

说起口碑，就不得不提阿里旗下的一家网站——口碑网。口碑网由前阿里离职员工李治国创办于2004年，最初的定位是一站式生活消费平台，模式类似于大众点评，并曾一度成为大众点评唯一有力的竞争对手。2006年，阿里巴巴集团注资口碑网。

随后，大众点评于2007年获得谷歌的注资，让人发现原来从餐饮市场切入本地生活服务是一个好的入口。于是口碑网也不甘落后，开始行动，2008 年 7 月，口碑网直接被并入雅虎中国，这在品牌形象、技术力量、搜索优化、用户数量、市场拓展等能力上给口碑注入了相当大的推力。然而，这些优势在后来的几年内没有换来爆发式增长，其业务重点不断调整，甚至在 2009 年并入淘宝网之后借用淘宝的流量依然没有大的起色。

由于阿里当时做本地生活网站的思路仍倾向于侧重线上的淘宝模式，整合后的口碑网并未显现出阿里预期的效果。而彼时本地生活的竞争尚未白热化，口碑网在阿里内部也日渐式微，逐渐隐退，被融入淘宝网。

到了 2013 年底，生活服务 O2O 的大势渐显，在美团成立美团外卖仅一个月后，阿里也创立了餐饮 O2O 平台淘点点。阿里原本希望以淘点点作为“排头兵”，撬动生活服务 O2O 版图，但淘点点的发展却并不尽如人意，一直做得不温不火，未能进入第一梯队。

“复活”口碑是阿里巴巴集团和蚂蚁金服在生活服务 O2O 领域的再次明显发力。新的口碑由支付宝线下团队与淘点点合并而成，与早先的口碑网仅仅是品牌一致，实质上已脱胎换骨了。

既然口碑 1.0 遭遇了滑铁卢，为何这次阿里和蚂蚁金服还要花大价钱再造个口碑 2.0 呢?

答案其实很简单——入口和整合。阿里一直想要打造属于自己的闭环领域，尽管其在线上已有淘宝天猫动辄亿级的流量，却缺乏一个完善的可以将用户牢牢黏住的本地生活圈子，而本地生活服务是最容易贴近用户和增加用户黏性的项目。再造口碑，就是为了补上这关键的一环，完成整个生活服务的O2O生态链条。

口碑平台开拓线下市场首先从餐饮等服务领域入手，支付宝在线下的商超、医疗、售货机等行业的商户与团队，也逐步整合至新的口碑平台，支付宝钱包与手机淘宝则为新的口碑提供入口。

通过此前旧口碑网和淘点点的运营，以互联网和电商起家的阿里巴巴得到的一个教训是：生活服务O2O平台的竞争已经发展到了拼线下资源和服务的阶段，不能只靠线上平台化运营思路，这对于能否在这片竞争激烈的市场中存活下来至关重要。对于新口碑网，阿里多次强调要“尊重线下”。

公司在声明中表示，生活服务O2O需要具备将线上互联网运作与线下传统商业相结合的混搭能力，与纯互联网操作有质的区别。“口碑团队必须首先敬畏线下市场，向市场学习，在此基础上将我们对互联网、大数据的理解提供给本地生活服务产业，帮助大家顺利地实现向移动互联网和DT时代的升级。”

2015年的“双12”，支付宝、口碑平台宣布，与数十万商家一起投入超过10亿元，开启现金折扣、优惠券与单品优惠活动。与上一年相比，参与商家数量超30万家，参与用户达到2 800万人。并且，这一年的“双12”开始全球化，铺到12个国家与地区的线下商户中去。同时，这也是口碑尝试接入商家精细化运营的开始，不仅在“双12”为线下商户带去1 951万名会员，也开始向商户输出数据服务的能力。

而到了2016年，进入第三年的支付宝口碑“双12”活动有了全面升级，活动时长延长至三天三夜，活动商家首次突破百万，商户覆盖 15 个行业，包括餐饮、快消、零售、丽人、亲子、休闲娱乐等，覆盖了 16 个国家和地区、400 个城市，其中海外商家数量为 7 万家。根据支付宝口碑的数据，2016 年“双 12”第一天，有超过 4 900 万人涌上街头用支付宝进行吃喝玩乐方面的消费。12 月 10—12 日，全球参与“双 12”的总人数累计超 1.1 亿人。

在数字迅猛增长的同时，支付宝并未像前一年一样宣布具体的补贴额度。伴随着整体场景的全覆盖，补贴已经不再是“双 12”的卖点。在用补贴培育了两年消费者市场之后，口碑的核心诉求转向了服务商家。

支付宝的线下支付是造节“双 12”的一大动力，但这仅仅是一方面。口碑 CEO 范驰认为，给用户优惠固然重要，它能够给线下商户带来流量，培养用户的支付习惯。但在这个基础上，口碑更希望赋能商家，帮助它们降低成本、提升利润，做更精细化的运营。

“双 12”之于线下商业，如同“双 11”之于线上网购，将成为一个重要标志。它以狂欢为名，凝聚数以百万计的商家、上亿的消费者以及数万家第三方服务商，共同推进 O2O 生态的发展。

◎ 试水社交

在 B（商户）端，支付宝整合了阿里巴巴与蚂蚁金服集团的强大资源拓展商家；而在 C（用户）端，如何提高用户黏性，为用户带来价值，也是支付宝费尽心力考虑的重点。

单一的支付功能很难长久地绑住用户，唯有把握住连接支付的生活场景，才能黏住用户。彭蕾也在多个内部场合反复强调：“支付之争就是场景之争，场景是我们最重要的事情。”

也正是基于此，支付宝将自身定位于生活服务平台，并把生活场景、消费场景和金融场景一并纳入。

在支付场景的拓展方面，除了覆盖更多电商与线下支付场景，支付宝早在 2008 年 10 月 25 日就上线了公共事业缴费功能，支持水、电、煤气、宽带、固话等缴费。为了让更多人享受到这一便捷服务，支付宝的公共事业缴费平台并不要求用户拥有支付宝账户，只需选择自己拥有的网银进行支付即可。支付宝推出这些便民服务的初心，是让更多人足不出户就能解决方方面面的缴费琐事，而也正是因其解决了用户的痛点，为支付宝赢得了大批忠实的用户。

而在 2013 年一举蹿红的余额宝，及其后来衍生出的招财宝和蚂蚁聚宝，则为用户提供了一站式的理财服务。此外，支付宝还不断深耕生活服务，为用户提供几乎包罗万象的服务，包括政务、医疗、交通、旅行、文化生活等。

单从场景来看，支付宝确实优势明显，令其他第三方支付机构难以望其项背。然而，微信的出现却让支付宝如临大敌。凭借强大的社交基因，微信支付在社交支付场景的把控上如鱼得水，在线下支付场景的争夺上也更具优势。仅仅 3 岁的微信支付正在步步紧逼，加速赶超 12 岁的支付宝，这成为支付宝的心腹大患。

有舆论认为，支付宝和微信支付是不同维度的竞争。微信是高频打低频，人是社会性动物，社交如同食物一样是必需的，但金融需求并不是，从覆盖面更广、更高频的社交切入金融，相当于为社交用户中有金融需求的用户提供增值服务，因而更加容易，反之则非常艰难。

而对于用户数为 4.5 亿的支付宝来说，社交一直是其短板，这使得其用户活跃度低，打开频次低。也正因为如此，支付宝在与微信支付的竞争中时常被掣肘。意识到社交的重要性后，支付宝“不得不”做出一个选择——在“社交”上发力。

然而，在微信已经很好地满足了人们社交需求的情况下，支付宝做社交的意义何在？再造一个社交工具，似乎很难与微信抗衡。

樊治铭告诉手下，支付宝所做的社交不同于微信，它不是以单纯聊天为目的，而是基于支付宝的场景来满足用户自然的沟通需求。比如，在转账前后，双方通常都会沟通确认账户信息、是否收到款项等，如果支付宝只有转账功能，用户还是会通过其他方式进行沟通。而微信除了方便好友间沟通交流，还能通过红包或转账功能轻松实现转账，因此用户很有可能将支付宝上的转账行为迁移到微信上去。因此，支付宝必须补上社交这一环，才能给用户提供全链路的完整体验，也才能将用户留在支付宝。

自 2015 年开始，支付宝一直努力向社交靠拢。2015 年 7 月上线的支付宝 9.0 版，被称为支付宝无线发展史上具有标志性意义的版本，支付宝一级页面推出了和微信相似的“朋友”菜单功能。3 个月后，9.2 版本更新了生活圈和“现场”功能，利用网红吸引流量。

2016 年春节，为了阻击微信支付，支付宝以 2.688 亿元（谐音“阿里巴巴”）这一神来之笔的投标金额，险胜微信的 2.6 亿元，获得春晚的独家互动平台冠名。支付宝精心策划了“集五福”活动，然而“敬业福之仇”却出乎意料地成了网络段子。

2016 年 7 月，支付宝 9.9 版发布，首页上的发布动态、好友推荐以及朋友圈信息流显示方式基本上沿袭了 Facebook 与微信的路线。不久，支付宝 9.9 版再推出新功能，向用户推荐“你可能认识的人”作为支付宝好友。

◎ 回归初心，做更有价值的支付

支付宝向社交领域大举挺进的过程，引致了不少用户的反感和批评。为什么用户不反感微信做支付，却反感支付宝做社交？

因为微信用微信红包的方式，将社交和支付巧妙地结合到了一起，发红包既是社交行为，也是支付行为。微信支付不断拓展消费场景，甚至受到了用户的热情欢迎，因为用户收到的微信红包有了更多实际的用处。而习惯了将支付宝定义为支付工具的用户，则很难再通过一个“支付工具”聊天，因为这一社交需求不是叠加出来的，而是被强加的。甚至于有网友调侃：“支付宝做社交，干脆做个‘附近的有钱人’功能吧。”

而且，对于金融，国人一个根深蒂固的思想是“财不外露”。支付宝钱包一向标榜是一个安全的钱包，但一个放钱的地方突然多了很多陌生人，这让很多人感觉不安全。尽管支付宝通过各种技术手段力求安全，但支付宝做社交这件事已经影响到大家对支付宝的认同。

通过一年多的社交尝试，支付宝捆绑了更多的利益链和社交关系链，虽然效果明显，但也难言理想。但随后新上线的“圈子”功能，却把支付宝推上了舆论的风口浪尖。

2016 年 11 月 26 日，与第三方合作运营的支付宝圈子功能突击上线，其中，对于正在进行灰度测试的“校园日记”和“白领日记”，第三方运营者限定了条件，只允许受到邀请的女性发布状态，评论和打赏仅限芝麻信用750分以上的用户。支付宝用户们很快发现，这两个圈子中多数状态是通过晒靓照求打赏，甚至出现了一些尺度非常大的照片。一时间，“圈子”因扯上“情色”信息，引发外界强烈质疑。

在这一事件持续发酵之时，蚂蚁金服所有高管都在飞往美国的飞机上，对此事一无所知。直到11月29日晚间，蚂蚁金服董事长彭蕾正式发布内部信予以道歉：“错了就是错了”“过去的这两天，是我到支付宝七年以来，最难过的时刻”“自己做错的事，永远不要怪别人”。所有有打擦边球嫌疑的“圈子”立刻解散，相关负责人也因追责被调岗。

此后，支付宝团队也开始深刻反思。危机的爆发体现了支付宝的焦虑，也体现了其快速发展过程中管理机制、价值观等方面出现的一些漏洞。高管们需要一段时间静静心，忘记竞争，忘记“高频”这些东西，回归用户价值的基本点。

2017年春节假期过后，蚂蚁金服召开了集团层面的战略会，与会者包括全球所有业务线负责人以及核心管理层。“以前，这种会议大家都在讨论具体业务怎么开展，但这次我们花了整整一天时间讨论那些‘最基本’的问题：用户是谁、要解决什么需求。”支付宝创始团队成员、支付宝副班长倪行军说。

痛定思痛后，支付宝团队认为，社交类支付虽然能把支付笔数做上去，但场景单一，对信用、风控、金融拓展的价值不大，与其在社交这棵树上吊死，不如依靠自己擅长的、更有价值的支付。因此，支付宝最终决定放弃社交，回归金融和商业，重新专注自身最擅长的支付领域。

面对竞争，“永远不要跟在张三、李四的后面亦步亦趋，别人有别人的思路和实现愿景的路径，别人的愿景跟我们也不一样。应该专注于把自己的路走好，成为一个独特的自己，并创造独特的价值，这才是最关键的。”蚂蚁金服现任 CEO 井贤栋总结道。

支付宝团队也认识到，移动支付的前景依然非常广阔，若只是死磕竞争对手，则把力用错了地方。而把移动支付这块蛋糕做大，才是更为重要的。

第四节　移动支付：不仅是支付

◎ 支付行为背后的宝库

2017 年 3 月，湖畔大学开课时，马云直言不讳地谈及微信和支付宝的竞争。“微信红包确实打得我们满地找牙。不过冷静下来想，社交媒体可能真的不会为公司带来价值，能带来价值的还是数据。”

这句话只要举例便可明白：一个微信红包假设 10 个人抢，这仅仅是 10 笔社交支付，而支付宝同样的十笔支付可以是 1 次购物、2 次电影订票、3 次家用各项缴费和 4 次旅游相关消费。这十笔交易带来的用户行为数据才是真正的大价值。

马云也曾被社交所困扰。阿里一直期望在社交上能与腾讯相抗衡，后来马云发现社交并不能绝对性地影响金融——腾讯社交这么好，可余额宝为什么还是超过理财通 8 倍？后来马云想通了：社交固然重要，但是金融更多的是依赖风控能力及信用体系，同时需要延伸到生活各类消费中——这恰恰是支付宝的强项。

腾讯对社交的理解更深，阿里这么多年搞了各种社交动作都不太成功。但反过来想，在电商领域，腾讯搞的微商也同样没有办法动摇淘宝在行业的老大地位。想要在一个领域深入下去，单有社交活跃度是不够的，还要真正符合用户需求。社交数据虽然庞大，但是维度很低，这些重复的社交数据，对展现一个人的核心金融画像基本上没有太大的用处。

在线下支付领域，相比微信支付而言，支付宝有一个紧密绑定的 O2O 伙伴——口碑，这正是支付宝争夺线下支付场景的一个撒手锏。除了提供流量入口和支付功能，更重要的是，支付宝集合了阿里和蚂蚁金服的资源和优势，能将用户画像、消费信贷、小微贷款等服务与其底层的信用体系、风控体系等融合起来，提供给平台商家及消费者。

作为支付宝开放平台最大的 ISV（独立软件开发商），在 CEO 范驰的眼里，口碑想做的是一个生活服务＋社区服务＋金融服务＋O2O 的本地生活产业链，以平台模式为线下商家提供基于生态的、全链路的闭环服务，包括流量价值、支付体验、营销后台、金融大数据等，并以开放的心态引入口碑自己的各类服务商、开发者，共同为商家和用户提供最全面的解决方案。

付款用现金，发优惠券靠小传单，办会员卡要填一大堆材料，点菜要扯开嗓子喊服务员……再过几年，这样的情况可能都要变成老黄历了，越来越多的东西正在互联网化，变成用户手机里的一个小功能。

支付——这一连接用户和商家的通道，将线上线下贯通，换来的结果，是用户得到更多的优惠和更好的服务，商家们也赚到更多的真金白银，从而使得饱受电商冲击的线下商业焕发出新的生机。

餐饮巨头肯德基在中国的 5 000 多家门店于 2015 年全部接入了支付宝，一年多的时间里，肯德基的移动支付比例已经超过 20%。数据显示，通过移动支付，肯德基可以平均为每位顾客节省 8 秒的结账时间。对于肯德基这种标准化餐饮巨头来说，这 8 秒可以帮门店大大提升运转效率，意义非凡。为了提升顾客的体验，肯德基同时在口碑里开通了自助点餐功能，顾客提前在口碑里点好餐，到店只要凭号就可以取餐。这样肯德基既可以节省运营成本，还能实现单品营销。

连锁餐饮品牌金鼎轩于 2016 年 2 月在每个餐桌上配置了口碑的扫码点餐，顾客用支付宝扫一扫就能自助点餐，点餐结果也会实时同步至后厨。在金鼎轩北京财富中心店，这个 300 平方米的门店原本需要配备服务员 16 名。引入口碑的扫码点餐后，只需配备 12 名服务员即可，同时翻台率提升了近 30%。由于减少了 4 名员工，这家门店一年预计节省人力成本 20 万元。

为了精准地服务每一位顾客，总部在北京的烤鱼品牌江边城外尝试用大数据了解顾客。江边城外以前做会员的方式很传统，拿张表让用户填。和支付宝口碑合作后，用户用支付宝支付就能成为商家会员。支付宝的用户画像能力通过标签可以显示出商家会员整体的性别比例、年龄分布、区域分布、消费频次、平均消费金额，以及哪些单品最受欢迎。这样，餐厅就能更精准地去服务顾客。而且这些数据完全不涉及用户隐私，是在大数据基础上的整体呈现。

对于线下商家来说，选址正确，生意就成功了一半。现在，它们希望借助互联网的大数据，来决定去哪里开店。江边城外集团总经理孟洪波的期待在于，如果江边城外要去一个新城市开店，他们希望借助支付宝的数据去了解某个城市、某个商圈的客流量、人均消费、用户年龄是怎样分布的。甚至精准到一个商场的每个楼层人均消费是多少，应该去哪个楼层开店效果最好，这是只有互联网才能做到的。

以往，商家要积累会员耗时耗力，但是通过移动支付，北京西单大悦城只用短短三个月就在几乎零成本的情况下积累了 40 万名会员。商场通过数据分析发现，原本在五楼的运动品牌和地下二层的客流相关性更强，于是进行调整，结果日均平效（每平方米效益）增加了 200%。西单大悦城也在电商冲击、传统业态下行的情况下，创下了多项经营指标达到历史新高的纪录。

对于商家来说，互联网带来的改变还只是刚刚开始。100 多万家线下商家正在尝试通过支付宝开放平台的用户、技术、数据等服务能力，探索转型升级之路，以此节约人力成本，提升经营效率和服务质量。开店选址、商品定价、预订、点餐、支付、营销……在线下，这些原本耗时费力的流程，都因为有了互联网而简化加速。

线下商业占据社会消费零售总额的 85%，一场比电子商务更大的商业变革正在发生。

电商的一个制胜法宝在于实现每笔交易的数据化，让卖家更好地了解消费者。而线下数据的价值同样是一个富矿，数据化正是线下商业升级的关键。曾经有人把实体店生意下滑归咎于阿里巴巴等电商，其实真正的原因是实体店失去了创新，自己导致了自己的衰落。

中国的线下零售行业、服务行业普遍管理粗放，线下商户也几乎没有流量的概念。虽然一些线下商家会基于自身经验和泛化统计做市场预测，了解用户的消费行为，但这种了解往往只是静态的，缺乏动态的数据积累。而且因为自身数据分析能力不够强，这些数据往往只是死的数据。

以北京长楹龙湖天街这样一个商场为例，商场每年会对方圆五公里范围内的50万人通过问卷的形式进行抽样调查，来了解客户的消费需求甚至生活状态，从而制定商场的推广活动。

而通过支付宝的赋能，线下的每一个顾客、每一笔交易、每一家门店，都将拥有自己的数据库。商家一方面可以建立会员体系，去了解用户画像，包括消费习惯、消费频次等；另一方面能够在掌握客流、销售数据的基础上，通过精准营销的方式进行用户引流，把流量的概念嫁接到线下，做到每一家门店流量的精准控制。

除了数据的精细化运营，支付宝背后的母公司蚂蚁金服将自身能力从线上向线下延伸，消费金融、信用贷款、保险等金融服务开始进入线下消费。

例如，口碑平台的商家可以选择开通花呗，为顾客提供多样化的支付选择。2016年底，口碑商家每天有大约300万笔的交易通过花呗完成。此外，到2016年底，已经有3万线下小微商家申请了纯信用贷款服务——口碑贷，累计放贷13亿元。商家人均贷款金额在4.3万元左右，属于典型的经营周转资金需求。而由商户为消费者购买的消费险，已将食品安全问题和顾客在店内的人身安全问题全部包括在保障范围内。

此外，在口碑的商家服务市场模块里，包括了原材料采购、物流仓储、门店管理、人员培训等，商家可以通过采购这些服务，让市场上专业的机构来帮助它搞定这一切。如果用一句话来概括，就是线下商家只需要花心思把产品做好，其他服务都可以在互联网上找到，交给市场去完成。不过，以线上数据能力见长的口碑要想真正进入供应链上游，优化供应链效率，还需要时间。

对商家来说，互联网的能量和能力确实超乎它们的想象，也正因为如此，“双 12”成为中国线下商业能量最大的一次爆发。支付宝口碑公布的 2016 年“双 12”数据显示，中国每 2 家超市便利店、每 4 家大型购物中心、每 10 家餐厅中，就有至少一家加入了“双 12”。每年的“双 12”之后，互联网和线下商业的结合都更加紧密。

未来，线上线下的区分不再重要，线上线下是彼此拥抱的关系，所有的数据都在线，正所谓“无数据，不智能；无智能，不商业”。数据智能将成为未来商业的基础。

◎ 现金的“原罪”

中国作为世界上第一个使用纸币的国家，如今在电子支付领域已经成为全球的领跑者，一个重要的推动力量就是以支付宝为首的第三方支付阵营。

艾瑞咨询发布报告称，中国的移动支付规模已经远超美国，2016 年中国第三方支付机构完成的移动支付交易金额约为美国的 50 倍。

毕马威此前发布的《全球消费与融合调查报告》显示：66%的全球受访者表示愿意使用移动钱包业务，而中国的这一比率高达84%。

“无现金社会”在中国不是遥不可及的未来，而是实实在在的进行时。2017年“两会”期间，“无现金社会”成为热门话题，多位代表、委员都提出了积极推进无现金社会的建议、提案。

有报道称，在郑州公交系统点钞间，每天都有上百人清点全市6 300多辆无人售票公交车收到的钱，不仅要把金额准确数出来，还要把纸币抚平、码齐，其中纸币以旧币居多，清点过程粉尘弥漫。普通人“数钱数到手抽筋”的美梦，对这些数钱人而言却是梦魇。而开了28年公交车的杭州老司机虞纯的烦恼是，投币箱里常常会出现各种游戏币，这意味着当月又要被扣钱了。

关于现金的“原罪”，美国《连线》（*Wired*）杂志记者戴维·沃尔夫曼（David Wolfman）专门写了一本书，叫《无现金时代的经济学》。书里列举的数字，清晰地道出了现金存在的一些问题。

细菌：纸币上的微生物不仅数量多，而且种类繁杂，包括细菌、病毒、寄生虫、支原体、衣原体等大约上百种，这些成为传播疾病的重要途径。例如，中等浓度的流感病毒可以在现金上存活3天。在人类经历的数场瘟疫中，现金很可能扮演过极不光彩的角色。

社会成本：纸质现金通常只有3年寿命。2005年，美国花在现金管理方面的费用就高达1 100亿美元。2007年，欧洲3 600亿欧元的现金交易成本为500亿欧元，这还不算ATM机、运钞车、夜间保险箱和点钞机的成本。如果将纸币体系转变为完全的数字化货币体系，各国可以节省高达年GDP1%的支出。

社会治安：在日本，发放养老金的当天，会有成千上万的警察被部署在全国各地的 ATM 机周围，防止老年人在取款时被抢劫或被骗。在美国，如果银行和各大公共场所没有抢劫，每年能省下近 1 500 亿美元，这一数字是美国教育部年预算的 3 倍。

税收黑洞：在意大利，“账外”交易每年从政府手中抢走1 000亿欧元，这一数字相当于该国 GDP 的 20%；在希腊，这一数字超过了 27%。

更为重要的是，现金交易可能成为犯罪的“掩体”。有研究发现，贪官、毒贩和洗钱者对现金交易极为支持。至于原因，不言自明，只有现金交易是难追溯、难定位的。因此有人感叹，“现金是穷人的敌人”，因为他们钻不了什么空子，却承受着现金带来的所有弊端。

推进无现金社会，可以降低传统纸币发行、流通的高昂成本，提升经济交易活动的便利性和透明度，减少洗钱、逃漏税等违法犯罪行为。而对于无现金社会的探索，在全球范围内已经开始。从丹麦宣布 2016 年开始取消现金，到各国央行纷纷研究数字货币，意味着现金正在面临被“消灭”的可能，无现金社会正在从理想变为现实。

在推进数字货币方面，中国央行已经走在全球前列，甚至可能成为第一个“吃螃蟹者”。中国人民银行 2014 年成立专门团队，对数字货币发行和业务运行框架、数字货币的关键技术等进行深入研究。2017 年 2 月，中国央行推动的基于区块链的数字票据交易平台测试成功，由央行发行的法定数字货币已经在该平台试运行，央行旗下的数字货币研究所也正式挂牌。如果一切顺利，中国央行很可能成为全球首个发行数字货币并开展真实应用的中央银行。

无现金社会的基础是信息技术和人工智能，这两种技术催生的信息文明不仅可以促成无现金社会的到来，而且将从各个方面改变人们的生活和工作。比如，据中国银行业协会的最新统计数据，2016 年工行、农行、建行减少柜员近 6 万人，而且在过去的 4 年中，33 家大中型银行减员超过 32 万人，占全国银行业全体从业者的近 1/10。在这些减掉的人员中，大部分是过去银行中传统的柜台操作员。

◎ 用五年时间推动中国进入无现金社会

决心回归商业与金融之路的支付宝，2017 年 2 月正式上线“收钱码”功能，为以往移动支付覆盖不到的小商家、路边摊提供收款便利。支付宝甚至野心勃勃地提出，要“用 5 年时间推动中国率先进入无现金社会”。

不过，“5 年”这一时间表受到不少关注甚至质疑。

微信公众号“中国印钞造币”认为，城乡之间、长幼之间的鸿沟仍无法填平，“现阶段线下，移动支付难以对日常经济活动实现全方位覆盖”。

“消灭现金，我相信需要一两百年。”全国政协委员、“玻璃大王”福耀玻璃集团掌门人曹德旺称，“中国有近 14 亿人口，百分之六七十生活在农村，而且中国东西差距和城乡差距大，如果全部改成电子货币，很多人不一定能学会。”他认为，货币作为产与销的媒介，在道路交通、基础设施甚至人员素质都参差不齐的情况下，有序流转的最好办法，是什么介质都可以用。“无现金社会”肯定是一个大趋势，但还要一段时间才能实现。

曹德旺的质疑不无道理。几年前，铁路系统推行网上购票后曾一度引发争议，农民工不会用电脑抢票，成为新技术的弃儿。如今，这一问题虽然大为好转，但依然没有完全解决。

电子支付并非对所有人都是便捷的，例如没有联网的地区、不会使用的老人等。即便是在基本可以实现无现金的丹麦，也存在很大问题。丹麦很多乡村地区的退休老人不使用银行卡，更无法使用电子支付，他们希望政府放慢建设无现金社会的步伐。无现金社会可能让老年人感觉被排斥在社会体系之外。

尽管如此，无现金社会的趋势却不可逆转，就如同汽车出现之初，大家并不认为它可以替代马车一样。比尔·盖茨也曾说过，“人们总是高估未来两年的变化，低估未来十年的变革”。

在推广无现金社会的过程中，我们需要进一步用实践证明，无现金的生活更简单、更方便、更安全，也更公平。因为在无现金的社会里，如果穷人、老人因此而被孤立、被甩在其外，那就不是值得追求的好的社会。

除了数字鸿沟需要填平，安全问题也是推进无现金社会面临的一大挑战。在电子支付的过程中，在我们的每一次资金活动都被清晰记录下来的同时，个人隐私的保护将面临较大挑战。

此外，电子支付在解决现金遗失、被抢盗等安全问题的同时，又产生了其他方面的安全问题：一是人为的漏洞和恶意诈骗，黑客攻击和技术诈骗已经让电子金融的流通和支付遭受很多损失，并且催生了无数电子诈骗案；二是自然灾害（如地震）、人为原因（如战争、黑客攻击）也可能会使系统陷于瘫痪而无法进行金融流通和支付。

再者，无现金社会需要一套十分完善的移动支付体系，这包括支付工具、对接设备、网络系统、城乡覆盖、安全保障等方面的建设，就目前来看，支付宝确实为无现金社会的到来在支付工具和渠道方面打下了良好的基础，至于其他几个方面，恐怕需要有关部门和企业积极跟上社会步伐，做好体系配套，才能达到最优效果，仅仅靠支付宝一家努力是远远不够的。

支付宝自身也意识到，一己之力太过单薄。2017 年 4 月 18 日，由支付宝母公司蚂蚁金服倡导并发起的无现金联盟在杭州成立，面向全球范围内的商业机构和组织开放。联合国环境署、蚂蚁金服作为理事，和首批 15 家联盟成员一起，计划在 5 年内推动中国进入无现金社会，同时成员数量突破 3 000 万，覆盖国家达到 100 个，在全球范围内加速从现金到无现金支付的转化。蚂蚁金服宣布，未来两年将提供 60 亿美元来帮助联盟成员推进无现金进程。

通过无现金支付以及数据、信用等的共享，无现金联盟将有望提升商家收银效率 60%以上，并能节省交易成本，还能降低碳排放：3 580笔支付宝收款，就相当于为地球种了一棵梭梭树。为了鼓励这种低碳行为，支付宝将以无现金联盟的名义种下 100 万棵树。

如今，人脸识别、指纹识别、眼纹识别、虹膜识别等生物识别技术都在逐步推进，并应用于支付领域。无现金社会正离我们越来越近。

第二部分>>>

小蚂蚁的普惠金融梦

第三章

ANT FINANCIAL

余额宝掀起理财变革

谈到理财，你会想到什么？是5万元的起步高门槛，还是在银行柜台排队面签的烦琐与不便？抑或是对格式合同约定的T+1的无可奈何？

2013年6月，在中国资金市场饱受钱荒炙烤的那个初夏，一款将互联网与理财完美结合的新型理财产品“余额宝”的问世让这一切发生了变化。1元钱就能理财，随时随地可以赎回——余额宝以其起点低、方便快捷、与生活场景高度融合的特点，极大地激发了草根人群的理财热情，在短时间内就成长为行业翘楚，并带动一批互联网理财产品如雨后春笋般崛起，也开启了中国互联网金融的元年。

第一节　余额宝横空出世

◎ 余额宝问世

“我每天最开心的事情，就是打开手机里的支付宝App，看到余额又多了一点，虽然只有不多的几毛钱。”

“让钱躺着睡大觉，不如存进余额宝。我现在把钱都放在余额宝里了，每天能赚个路费、饭钱，感觉还挺不错的。”

“谁手头都得留点儿应急资金，原来几万块钱的积蓄我也不敢存定期，只好放在活期账户里，一年只有一二百的利息。后来朋友推荐我用余额宝，我就把8万块钱全转到里面了，一年就赚了4 000多块钱收益，银行的活期利息简直弱爆了!”

曾经，理财被认为是有钱人才能做的事情。不论是收入不高的工薪阶层，还是担心投资风险高的都市白领，面对0.35%的银行活期存款利率，尽管无奈，也只能让钱“趴”在银行账户上，赚着几乎可以忽略不计的利息。

然而，余额宝的出现让这一切发生了变化，并在中国大地掀起了一场轰轰烈烈的理财变革。

回顾余额宝的诞生，则不能不提2013年6月那场令金融业界谈之色变的钱荒。对于普通人来说，2013年的6月与以往相比并没有太大的不同。然而，对于交易员来说，那段日子简直不堪回首，因为中国的资金市场当时已是一片风声鹤唳。

2013年6月6日上午，农业发展银行在银行间市场发行的短期国债出现流标，成为当年首只流标的利率债。午后，黑天鹅再次袭来——中国两家倚重同业资金的中型银行（兴业银行和光大银行）爆出千亿交割违约的传闻。这导致上海银行间同业拆放利率（Shibor）在当日全面大幅攀升，隔夜拆放利率大涨135.9个基点，至5.98%。

2013年6月7日，虽然光大、兴业双双紧急辟谣，但当日Shibor，包括隔夜、7天期、14天期、1月和3月拆放利率已然全线飙升，隔夜和7天Shibor更是分别大涨231.20BP和152.00BP，至8.294 0%和6.657 0%。资金交易系统出现历史上最长延时（银行间交易闭市两度延迟半小时），市场出现大面积违约。

2013 年 6 月 14 日，端午假期刚过，市场流动性紧张状况犹未缓解。第四期记账式贴现国债再现流标。

在资金市场一片水深火热之际，被称为“央妈”的中国人民银行却稳如泰山，丝毫不见出手相救之势。终于，市场绷不住了，流动性紧张的局面在 6 月 20 日这一天被深度发酵：2013 年 6 月 20 日，Shibor 首次超过 10%，达到惊人的 13.44%，创下历史纪录；银行间隔夜质押式回购最高成交利率 30%；7 天质押式回购最高成交利率 28%。连平常在人们眼中最“不差钱”的大型商业银行也开始加入借钱的行列。

一首当时在微博上流传甚广的交易员版《江城子》颇能反映当时的悲壮场面：

> 你发央票我发狂，闹钱荒，债满仓。隔夜难求，抛券最心伤。烧香哭求逆回购，几时有？问周郎。一念头寸就发慌，天苍苍，野茫茫。黑白照片，怕要挂上墙。垂死病中惊坐起，西北望，跪央行。

尽管 6 月 21 日之后，市场流动性状况开始好转，隔夜拆借利率开始下跌，但恐慌情绪蔓延造成的多米诺骨牌效应渐次显现，流动性紧张的影响如涟漪般向货币基金市场、债市、股市逐渐传导，最终波及整个金融市场。

一时间，“钱荒”成了妇孺皆知的高频词汇。

正当市场还在为流动性紧张而紧绷神经之际，2013 年 6 月 13 日，支付宝与天弘基金联手打造的一款基于互联网渠道销售的基金悄然登陆支付宝，年化收益率高达 6%以上，远高于当时的一年期存款利率。

这款名为余额宝的基金产品一经上线便获得广大草根群众的认可与厚爱，用户数和基金规模飞速膨胀。

让我们通过数字直观地感受一下：

- 余额宝上线几分钟，用户数突破 18 万。
- 上市 6 天后（截至 6 月 18 日晚），用户数突破百万。
- 6 月 30 日，累计用户数达到 251.56 万，这一数字已经超越 2012 年国内客户数最多的前 10 大货币基金的客户数总和。
- 2013 年末，天弘基金的投资账户数已达 4 303 万户，规模达 1 853亿元，相当于国内全部 78 只货币基金总规模的近 20%，成为国内最大的基金。
- 2014 年 6 月底，余额宝的用户数已经超过 1 亿，货币基金总规模超过 5 742 亿元。

余额宝的膨胀式发展呈现出与以往基金完全不同的发展路径。要知道，在余额宝诞生之前，中国最大的基金——华夏基金花了 16 年才将基金规模从 8 000 万元做到 3 000 亿元。而余额宝规模过 1 000 亿元仅用了半年时间，过 5 000 亿元仅用了一年。

余额宝的创始人之一、蚂蚁金服财富事业群副总裁祖国明事后表示，余额宝并不是瞅准了“钱荒”的“冷子”才推出的，这不过是一个美丽的巧合，因为余额宝是早在 2012 年 12 月就定下的阿里集团二号项目。虽然如此，但是不能不说，钱荒的出现确实让余额宝在那个资金紧张的时刻炙手可热。

在钱荒期间，市场上资金严重不足，金融机构为了融到更多的流动性资金，纷纷将利率提高，以银行协议存款为基础的余额宝在 2014

年 1 月 2 日的收益率最高曾达到 6.763%。对于老百姓而言，这可比当时众多银行提供的理财产品收益高多了。

要知道，在余额宝之前，普通大众要想理财并不是一件很容易的事：如果资金太少，银行是瞧不上的，银行理财最少 5 万元起步；持有期限视具体产品而定，对于中短期理财产品而言，少则 30 多天，多则 1～2 年；购买理财产品需要本人带上身份证件，去银行的营业网点亲自办理，遇上抢手的还要提前打电话预约；如果期间客户急需用钱也不能随时赎回，否则利息就付诸东流了；到期后资金最快也要 T＋1日才能到账。

正因为这诸多不便，余额宝一经面世，其"1 元起存、随时申购赎回、申赎操作快捷方便、收益率大大高于银行理财"的美名便"一传十，十传百"地迅速在坊间流传，老百姓纷纷将手中的余钱存入余额宝，余额宝也被大众亲切地誉为"草根理财神器"。

钱荒的出现，促成了余额宝在那个时代的高收益率，因此格外吸引普罗大众的眼球，但归根结底，余额宝之所以能获得用户极大的推崇，除了高收益率，最重要的是其自身的创新。

表面上看，余额宝就是一款名为天弘增利宝的普通货币基金，它和普通的货币基金一样都投向银行协议存款。但是，与普通的货币基金不同的是，它内嵌于第三方支付平台——支付宝，更为重要的是，它与消费场景打通，让现金、零钱变得更有价值。就是这一点点的创新赋予了余额宝创造奇迹的力量，也成就了余额宝：

- 资金转入即可增值。支付宝用户原来在支付宝余额里的钱是没有利息的，但是通过一个简单操作转入余额宝之后，用户就可以享受余额宝带来的收益。在余额宝鼎盛时期，最高年化收益率达 6.763 0%，比银行理财收益还高。

- 支付功能。对于支付宝用户来说，余额转入余额宝并不影响其支付功能，余额宝中的资金仍可以在淘系平台以及支付宝的外部商户实现购物支付。
- 零费率，门槛低。余额宝的投资门槛低，一元都可以转入，而且没有交易费。这一点对于那些被动辄五万元起存的银行理财而拒之门外的大量长尾用户最具吸引力。草根大众纷纷将余额宝视为“国民理财神器”。
- 7×24 小时服务。余额宝申购与转出可以实现 7×24 小时连续交易，非常方便。

在前端，余额宝的申赎操作和使用与支付宝转账操作几乎一模一样，用户基本不需要重新学习。当用户在 PC 和手机上点“转入”时，就相当于发起了一个货币基金的申购指令，当他点“转出”或在购物时点“确认支付”时，就相当于发起了“赎回”的指令。初次购买余额宝的用户只需四步便可以成功买入，老用户更是三步即可完成操作。只要“一拉一转”，上面（支付宝或者银行卡账户）的金额就少了，下面（余额宝账户）的金额就多了，这种“所见即所得，所得即可用”的申赎方式不仅简单，而且够快。用户转入余额宝的钱，可以实时在账户显示，也可以实时赎回或用于购物。而传统的货币基金，申购后还需要等 1 天才能确认，在这期间，申购基金的资金不能动用。

在后端，这些都是在天弘基金的“新型直销系统”里完成的。这背后体现的是“极简”的产品设计理念以及技术上的大量投入。为了“简单呈现”产品，天弘基金特意在客服团队设置了一个3人的客户体验师团队，其任务就是从用户角度“找茬”和提意见。简单的客户体验也因此被视为余额宝成功的要素之一，实现这一点的关键就在于把货币基金的直销嵌入电商平台这一创新性的做法。

由于支付宝对接了800万以上的淘系商户和80万以上的支付宝外部合作商户，所以可以为余额宝用户提供一站式的生活场景服务，极大地拓展了余额宝这种货币基金的价值。余额宝的这一创新准确定位了网购支付人群这一海量长尾客户群，帮助客户实现了资金价值，从而把简单留给了客户，把复杂留给了自己。这是一次用互联网技术和方法降低成本、提高效率及服务能力的有益尝试。

余额宝在为支付宝用户带来全新体验与灵活收益的同时，也让天弘基金这家曾经名不见经传、排名垫底、年年亏损的小基金公司迅速成长。2014年，天弘基金一跃成为行业排名第一的基金公司，客户数量雄冠全球。

余额宝的巨大成功不仅证明了中国草根网民的力量，更证明了基金公司以互联网为依托实现业务创新发展的可行性。在余额宝之后，各家基金公司纷纷联系阿里、腾讯等互联网公司要求合作，各种“宝宝”类理财产品层出不穷，由此开启了轰轰烈烈的互联网金融元年。

◎“二宝”的故事

余额宝项目在阿里集团被命名为“二号项目”，因为项目决策是在2012年12月22日确定的，项目组被称为“二之队”或“二家族”。余额宝可谓“二宝”。说起“二宝”的诞生，还要追溯到2011年的秋天。

2011年9月22日，在淘宝总部杭州西湖国际的会客室中，两个人正在进行深入的谈话。他们之中，一个是淘宝总裁姜鹏，一个是刚刚出任天弘基金首席市场官的周晓明。

作为一名2001年即步入基金业的证券市场“老人”，刚刚从创业失败阴影中走出的周晓明非常清楚，要让天弘基金这家小基金公司摆脱亏损、做大做强，搞网上直销店是唯一的出路。因此，当他从他的老同事、时任阿里小贷金融理财业务总监的祖国明口中听说，淘宝有意开展理财业务，筹划推动基金公司在网上开店的时候，立刻决定亲赴杭州，与淘宝总裁进行洽谈。于是便有了上面的一幕。

从杭州回来之后，周晓明立即在公司着手推动成立电子商务小组，虽然在那之前天弘基金的电子商务完全处于“三无”状态——无人员、无系统、无客户。

但是，周晓明单方面的努力无法换来淘宝基金店的开业。天弘在淘宝的基金店迟迟没有开起来，是因为淘宝网有自己的顾虑。刨除当时支付宝尚未取得基金支付牌照的原因，淘宝网对互联网卖基金本身存在一定的怀疑。当时，互联网卖基金的效果可谓平平，时任中欧基金董事长的唐步在接受采访时曾说，“互联网渠道就像鸡肋，成本不比银行低，效果没银行好，都说前景光明，但光明究竟什么时候来？——看不清。”这可能表达了当时大多数基金公司的心态。所以淘宝同期接触的很多基金公司都放弃了。

也许是穷则思变，天弘基金对待这项计划一直很积极。周晓明后来又跑到杭州，与祖国明及其团队进行了多次沟通。天弘基金关于淘宝店的设计方案超过 10 稿，产品方案也多次调整。后来，国华人寿理财产品和光大定存宝在市场的热销激发了两人的兴趣，他们又开始照着货币基金的方向去研究产品。

之所以选择货币基金为突破口，在祖国明看来，有其必然因素。货币基金属于一种同质化的产品，具有很好的流动性，而且风险低。这对于支付宝用户而言非常重要，因为既不能让用户的资金遭受损失，还要保证资金的流动性。而且支付公司与货币基金的结合早有先例——成立于 1998 年的 PayPal 公司在成立次年就设立了账户余额的货币市场基金，并在 2000 年创下 5.56%的年收益率纪录。虽然该产品后来由于美国的零利率政策最终在 2011 年 7 月清盘终结，但它还是给周晓明和祖国明带来了极大的启发。

2012 年 5 月 11 日，支付宝获得了基金支付牌照，开始积极地寻找合作方，天弘基金也开始考虑为支付宝量身定制产品。经过复杂而艰难的讨论，周晓明最终构想的是“货币基金＋支付功能”的产品方案，再和阿里系的网上购物相结合。

2012 年的中国，移动互联网已经开始浪潮汹涌，腾讯公司凭借微信领先一步。整个 2012 年下半年，支付宝的高管们都在考虑两个问题：怎样打造移动互联网的入口？怎样增加支付宝的客户黏性？

当时，在支付宝这样的第三方支付平台上会产生大量的“沉淀资金”，无论是买货、进货、卖货，用户都会留存一部分资金在账户中，但是受央行对第三方支付公司业务的规定所限，这些资金存放在支付宝账户是不能获得利息的。用户要想获得利息，必须在支付宝账户和银行账户之间转进转出，非常麻烦。此外，随着支付宝业务的不断增加，其所面临的备付金压力也日益沉重，如此大量的资金放在第三方支付公司的账号中，监管机构对此一直非常关注。所以，支付宝迫切希望有一个方式可以控制、降低备付金规模，并让个人账户余额产生收益。

2012 年 12 月 22 日，天弘基金总经理郭树强带队拜会时任阿里小微金融服务集团（筹）副总裁的樊治铭。晚上 6 点半，双方共 7 人在北京环球金融中心西塔 2 楼国锦轩吃饭。简单寒暄后，周晓明向樊治铭介绍了他们的设想，当他说到天弘基金将为支付宝量身定制产品，为其用户提供增值服务，希望支付宝可以采购这项服务的时候，樊治铭立刻挥手打断他："我明白了，这个事可以做。"

天弘基金提出的货币基金的想法既有很好的增值效果，又可以因为 T+0 而在流动性上给予保证，因而直击支付宝的痛点，樊治铭没有理由拒绝。周晓明只说了一分钟，樊治铭就表示此事可以干。

双方就这样一拍即合——4 封邮件签署了 6 份协议！

2013 年 3 月 14 日，天弘增利宝的产品方案正式上报中国证监会。三天后，誓师大会在杭州黄龙时代广场支付宝大楼 14 层春秋书院召开，樊治铭等高管告诉 140 多名支付宝技术人员，余额宝是集团 2 号项目，意义重大。

在接下来的两个多月时间里，天弘基金和支付宝两家公司组成的项目团队将春秋书院当作闭关室，没日没夜地干，这才有了后来 6 月 13 日余额宝的惊艳亮相。

再后来，余额宝的爆发式增长让所有人始料未及。由于余额宝和支付宝账户、支付宝余额捆绑得非常紧密，出于对支付宝用户的保护，从流动性、安全性、风控管理的角度出发，最后天弘基金和支付宝还结成了“亲家”——支付宝母公司出资 11.8 亿元认购天弘基金 2.623 亿元的注册资本金，以 51%的持股比例成为天弘基金第一大股东。

◎“吸血鬼”之辩

在余额宝试水互联网理财并大获成功之后，百度、腾讯等互联网企业也纷纷加入。银行业、基金业、证券业受到震撼，奋起直追，纷纷跟进。一时间，各种“宝宝类”理财产品如雨后春笋般成长起来，为中国老百姓带来了一场理财变革。居民存款开始大搬家，这让以银行为代表的传统金融机构坐立不安。

马云曾经说过：“银行如果不改变，我们就改变银行。”余额宝的出现，似乎又一次证明了马云的“豪言壮语”并非只是说说而已。但央视评论员钮文新却因此怒斥“余额宝是趴在银行身上的‘吸血鬼’”。

钮文新称，余额宝让银行活期存款下降，银行系统流动性紧张，余额宝用协议存款拉高了存款利率，再以协议定存方式把钱存在银行，从而从中渔利。余额宝还抬高了整个社会的融资成本。

然而，事实真的如此吗?

银行活期存款的快速下降并非出现在“余额宝们”迅速发展之后，而是在几年之前就已经出现。

宝宝类理财产品规模比较小，所以对银行存款成本上升的影响有限，不会“严重干扰利率市场”。在宝宝类理财发展鼎盛时期的2014年1月末，余额宝的规模是4 000多亿元，中国货币市场基金总规模为9 532亿元，仅占47.9万亿元的居民存款的2%，103.4万亿元的全部人民币存款总额的0.9%。

协议存款利率是完全市场化的，是各机构之间互相议价得到的市场化价格，银行融资成本升高不能归咎于余额宝。余额宝是市场利率的跟随者，而不是决定者。

而且，互联网金融主打的是碎片化理财、小贷和支付，它们对传统银行业冲击最大的部分是小部分支付结算、银行卡、代理业务、理财业务等手续费及佣金收入，即使上述手续费收入平均减少10%，对银行营业收入的影响也仅为1%。

对于“被动了奶酪”的银行来说，真正的震撼更多来自余额宝对整个金融业态的改变。余额宝本身不足以给传统金融业带来致命伤，其给传统金融机构带来的心理冲击远大于实质影响。

银行作为传统金融机构，在资本、资源、信用以及风控能力方面仍有其自身优势，这是以余额宝为代表的互联网理财产品所难以企及的。在经历了“余额宝们”的冲击之后，传统金融机构也开始革新除弊，改善用户体验、降低门槛。目前，线下线上化、自建电商平台、向网络金融转型已经成为银行发力互联网金融的三大主攻方向。

在金融改革的大环境下，以银行为代表的传统金融机构如果可以从互联网金融创新中汲取经验，不断贴近市场，优化金融产品、服务模式及风险控制，脚踏实地地服务于广大客户和经济转型升级，其在未来的金融业发展中未必会处于劣势。

◎ 委屈与成全

即使是在阿里巴巴这样一家常常心怀激情与野心的公司——包括其创始人和开发团队在内的所有人——恐怕都没有料到余额宝会在接下来的一年里创造出那么多的奇迹。但是，如人饮水，冷暖自知，这其中的酸甜苦辣，恐怕只有余额宝的参与者才最清楚。

在刚刚上线的 8 天里，余额宝即遭遇了两次落差极大的变故。

在余额宝上线 4 天后的 6 月 17 日，天弘基金在北京举行了余额宝上线的新闻发布会。发布会结束后的晚 7 点，新闻联播报道了支付宝和天弘基金正式推出余额宝的消息。对一家基金公司来讲，能够上新闻联播是很难得的，为此，祖国名和周晓明都十分兴奋。然而才又过了 4 天，6 月 21 日，舆情忽又传来“叫停”的声音，说“余额宝被证监会叫停”。

其实，“余额宝被证监会叫停”是媒体的误读。真实情况是，证监会确实曾召开新闻发布会，称因余额宝业务中有部分基金销售支付结算账户并未向监管部门进行备案，也未能向监管部门提交监督银行的监督协议，违反了《证券投资基金销售管理办法》第 29 条、第 30 条和《证券投资基金销售结算资金管理暂行规定》第 9 条的规定。实际上，证监会在会上 95%是在说余额宝的创新，5%提到余额宝现在还有问题没有解决，希望支付宝和天弘基金完善一下相关流程。结果，媒体对 95%没报，只报了 5%的那部分，而 5%的那部分又在中央台的新闻频道以央视快讯的方式播出，说成是“余额宝或被证监会叫停”，这才有了“叫停门”事件。

不过，这一热一冷的锤炼反而使余额宝变得更加强大。据陈亮介绍，余额宝在诞生后的 264 天里，共计受到各种监管 43 次，平均每 6 天一次，形式包括文件备案汇报、现场调研、现场检查等多种。从 2014 年 1 月到 3 月“两会”召开的短短 2 个月间，央行、证监会、审计署对余额宝累计进行了 19 次监管。用蚂蚁金服自己的话来说，监管层对于余额宝持“包容，务实，开放”的态度，对完善产品制度和运行提出了很多有价值的意见和方法。

余额宝上线后遭遇的又一道坎儿来自技术。上线一个月后，余额宝用户数量已经迅速接近 1 000 万，这让祖国明始料未及，并开始对技术承受能力感到担心。要知道，1 000 万已经是余额宝一期系统设计用户能力的极限。

当时天弘基金的 IT 构架采用的还是传统的 IOE 架构（IBM 服务器、Oracle 数据库、EMC 存储），这种集中式的系统没有分布式的处理，所以扩展能力极为有限。据祖国明回忆，当时每天用于计算收益、分发收益的时间就要七八个小时，这意味着每天夜里 12 点做清算，用户可能早上九十点才能看到余额宝的收益，有时候甚至到 10 点、11 点。很多用户打电话来质询，客服只能告知用户说余额宝在进行技术升级。其实，技术并没有问题，只是系统构架导致的处理时间过长。更为重要的是，余额宝跟支付宝账户紧密捆绑，作为一种支付工具，按照当时的技术情况评估，显然不能支撑即将到来的“双 11”。

用户规模的过快增长和基础设计能力的缺陷让祖国明等人感受到了“甜蜜的烦恼”，解决的方法只有“上云”。在余额宝上线两个月后的8月，蚂蚁金服和天弘基金共同做出了让余额宝“上云”的决定，所有的技术重新按阿里云的架构和技术要求进行改造。云改造完成后，余额宝的清算处理时间缩短到40～60分钟。

基金直销系统上云，不仅是基金公司的第一家，在所有金融机构中可能也算第一家。经过余额宝上云这一役，蚂蚁金服再面对后续的余额宝规模扩张和功能完善，都是“一览众山小”了。

到2017年中，四年时间，余额宝已经成为全球最大的货币市场基金，规模达到1 656亿美元，用户数超过3亿。见图3-1。

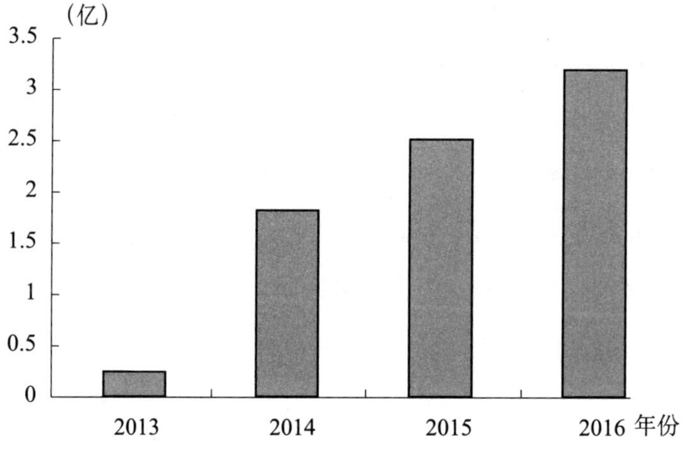

图3-1　余额宝用户数

不过，余额宝的收益率并非一直保持超过6%的高收益水平。受央行货币政策松紧变化的主导，在登顶之后，随着资金面缓解和银行流动性再释放，余额宝的收益率也不断下降。2014年5月，余额宝收益率跌破5%；2015年7月，跌破4%。2015年11月，跌破3%。虽然如此，余额宝的用户数未见大幅下降，标志着其已经从爆发式增长转入平稳增长阶段。此外，随着一二线城市用户的饱和，余额宝开始向三四线城市和农村延伸，并且极具生长潜力。数据显示，截至2015年底，四五线城市的余额宝用户规模增速分别达到48.1%和45.5%，2015年农村地区的用户规模比2014年激增了65%。

用户的不离不弃证明了余额宝对其而言不只是一个简单的理财产品，更是一种包含理财、升值到搭载各种生活场景的一揽子解决方案，是一种集收益性、流动性、安全性和便利性于一身的现金管理工具。

余额宝借助蚂蚁金服和阿里平台的丰富应用场景，在一定程度上成为一个新型的互联网＋金融的基础设施，其庞大的用户群让蚂蚁金服支撑起更多的跨界创新和生态演化。正是因为有了余额宝，支付宝才完成了从“支付”向“钱包”的转型，使得蚂蚁金服的金融触角不断伸展。

作为一个“搅局者”，余额宝产生的鲶鱼效应还深深震撼了铁板一块的传统金融体系，这种震撼来自创新对传统垄断的挑战，也来自普惠金融对金融垄断下牺牲大众利益行为的挑战。余额宝的诞生已然吹响了打破中国金融抑制的号角。

第二节　招财宝再战江湖

随着互联网金融企业的陆续跟风以及“宝宝”军团规模的日益壮大，货币基金收益率普遍下滑，余额宝收益也趋于稳定，阿里在2014年4月推出新产品，开始涉足定期理财。它就是背景强大的招财宝。

◎ 招财宝的身世

论及招财宝，可谓家势显赫，财力雄厚。招财宝的“爷爷”乃阿里巴巴集团，“爸爸”是蚂蚁金服集团（当时的小微金服），和余额宝乃是一母同胞的“兄弟俩”。招财宝正式成立的时候，与淘宝网、支付宝以及天弘基金都签订了战略伙伴关系协议，一时间可谓风头正劲。

实际上，在余额宝大获成功之后，随着用户的逐渐积累，阿里集团在内部已经开始筹划为用户提供更多品种的理财产品。据祖国明介绍，在余额宝成为一种现金管理工具之后，蚂蚁通过大数据分析发现，用户其实是有追求更高收益率的需求的。比如在余额宝收益率下降同时股市火热的那段时间，资金会流入股市，但是当股市不好的时候，资金会再度流回余额宝。这促使蚂蚁开始思考，该为用户提供什么样的服务，使这部分资金可以方便地用于理财。

这便是招财宝最初的构想——为用户提供一定期限且收益率高于余额宝的产品，也就是所谓的定期产品。

2013 年 9 月，阿里小微金融服务集团成立了理财事业部。既然成立了理财事业部，其视野显然不会仅仅覆盖余额宝这类货币基金理财产品，用祖国明的话来说，“活期、定期，包括未来的股票，才是用户理财生命周期的完整路径。定期产品是一定会推出的，但定期产品的类型要根据市场和用户需求而定。”

2013 年 12 月 13 日，招财宝金融信息服务有限公司正式成立，注册资本 1 000 万元。2014 年 4 月 10 日，招财宝金融信息服务平台正式上线运营。上线初期，平台上的产品主要有小型企业贷、基金产品以及保险产品三种类型。2014 年 5 月，招财宝的预约抢购功能正式上线。2014 年的 6 月，招财宝创造了新的销售纪录——半小时内销售了 10 亿元的理财产品。

2014 年 8 月 25 日，在试运行 4 个月后，阿里小微金融服务集团宣布正式推出招财宝。此时，距离招财宝平台 4 月上线刚刚 4 个月。在这短短的 4 个月时间里，招财宝的交易金额已经超过 100 亿元。这说明，招财宝是切中用户理财需求的。

在上线运营半年多后，招财宝投资金额就累计超过了 300 亿元。截至 2015 年 12 月，招财宝平台共帮助超过 1 000 万个人投资者成交。上线一年后的 2015 年 4 月 26 日，平台累计交易额突破 1 000 亿元大关；2015 年 7 月 20 日，累计交易额突破 2 000 亿元，达到 2 038.20 亿元。一年半后，招财宝交易规模悄然攀升至 3 500 亿元。

◎ 过人之处隐含双刃剑

有人将招财宝称为余额宝 2.0。实际上，招财宝和余额宝虽然有千丝万缕的联系，却有着完全不同的“个性”。余额宝是支付宝公司推出的现金管理工具，通过网上销售的形式购买，背后对接的是货币基金，属于活期存款类理财产品。招财宝则延续了阿里一贯的平台思维，是一个固定投资期限理财产品平台，其本身不参与交易。

一个好的平台，若能获得极大的成功，必定可以为平台用户带来切实的利益。招财宝在上线之初能获得极大成功必然有其过人之处。

对于投资者来说，在招财宝上购买理财产品可以获得 100%的保障便是最大的吸引力。为了给投资者提供100%的保证，招财宝引入了中国投融资担保有限公司作为第三方，并且和众安在线保险公司一起，为平台上的所有投资行为的本金和利息进行100%的全额担保，一旦出现坏账问题，担保公司和保险公司会自动全额赔付。说到众安保险，不能不多提两句。它是由中国最牛的“三匹马”——阿里巴巴马云、腾讯马化腾和中国平安马明哲发起设立的国内首家互联网保险公司，其实力可见一斑。第三方机构提供的增信彻底解决了投资者担心资金不安全的问题，也就是互联网投资理财的参与底线问题，因此使得招财宝能够胜过大多数投资理财平台。

除此之外，投资者在招财宝上购买理财产品可以随时变现，并且保障提现时已过期限的投资利息不受损失。举例来说，一个人买了10 000元、年化收益率7%的招财宝产品，6个月后提前支取，按照招财宝的规则，前6个月的350元收益不会消失，这个人最后提现出来的金额就是10 350元（当然，招财宝会收取千分之二的手续费）。

这可以说打破了一般人对于固定期限理财的常识。众所周知，定期就是期限固定，定期收益率比活期高的原因也正在于此。而招财宝的理财产品不仅比活期利息高，期限还很灵活，能不吸引人吗？招财宝“随时提现”功能甫一推出，立刻成为战胜各种互联网理财产品的撒手锏。这和当年余额宝横空出世便广受欢迎有着异曲同工之妙。

能够做到这一点，招财宝凭借的一个重要工具是“变现”与“预约”功能。变现功能，是指投资人可以将在招财宝上购买的理财产品进行抵押贷款，生成一笔“个人贷”，其中的利息和时间由用户自行确定。而预约功能指的是，投资者可以提前自行设定投资金额、期望收益率、投资期限等，一旦出现满足需求的理财产品，平台会自动推送。如果有人要将持有的理财产品转让，其利息与时间正好是另一个人所期望的，那招财宝平台就可以将二者匹配，最终促成交易。在实际操作中，如果购买者较多，系统会自动按照预约先后顺序进行匹配和购买。

总之，招财宝的出现彻底解决了投资者资金灵活性的问题。一方面是投资者可能面临意外情况需要临时用钱，另一方面是投资者发现有更高收益率的产品后可以随时提现，进行再投资，做到收益最大化。

对于平台的另一方——理财产品的卖家，即金融机构来说，招财宝的吸引力也不小。如果说余额宝解决了银行在资产端吸收存款的难题，那么招财宝就解决了银行的风险难题，即存贷期限错配给银行带来的流动性风险。因为银行赚的不是存贷差，而是风险溢价。客户有融资需求，银行就推荐客户到招财宝上融资，可以帮助客户以相对较低的融资成本快速获得融资。

从活期理财到定期理财，招财宝可谓余额宝的进阶产品，但是其服务对象仍以小微投资客群为主。而这部分客户的平均投资金额只有2万元左右，并不具备太强的判断与识别金融产品风险的能力，所以招财宝在其中引入了金融机构，所有的融资需求都需要经过金融机构的风险评估和风险定价。

时任阿里小微金融服务集团金融事业部总经理兼招财宝CEO的袁雷鸣坦言，招财宝作为信息撮合的平台，在金融产品设计、生产和风控等方面的专业能力肯定不如金融机构。所以，招财宝需要与银行、基金、信托、保险等金融机构合作，使平台上客户在进行投融资交易时具备更好的风险识别、风险定价、风险管理以及风险承担的能力，同时让金融机构获得相应的风险溢价，在风险过滤之后，才面对作为普通大众的个人投资者。这就是整个招财宝平台搭建的理念。

招财宝的初衷是为投资者与融资者之间搭建金融信息服务平台，通过数据分析，借助合作金融机构的风险控制以及风险定价能力，用海量客户的碎片化资金去匹配并满足主要来自中小型企业的碎片化融资需求。在余额宝收益率在低位徘徊、规模和用户数开始滞胀的大背景下，招财宝帮助阿里巴巴继续扛起了互联网金融创新的大旗。

但是，再完美的设计也会遭遇中国理财市场的现实风险。招财宝迄今发生过两起逾期兑付风波，尽管最后风波都得到了解决，顺利保障了投资者的权益，但难免显示出，变现与预约功能有时就像一把双刃剑。

◎ 逾期兑付风波

2015 年 10 月 28 日凌晨，“招财宝平台”在官方微博发布一条公告称，因“8・12”天津港爆炸事故，天津市中艺供应链管理有限公司（以下简称天津中艺）出现资金周转困难，相关企业贷项目的部分投资人未能按期收回投资本息。这条微博引起了公众的关注。这是招财宝首次出现逾期事件。

这起事件祸起“8・12”天津港特大爆炸事故。因“8・12”天津港爆炸事故，天津中艺的平行进口车业务无法正常进行，部分贸易应收账款尚未回收，影响了资金周转。

事情发生后，招财宝平台就开始联络项目信息推送方民生银行以及提供保证保险的大地保险等机构，共同督促和跟进天津中艺的还款进程。为了更好地服务投资人，招财宝还开通了服务专线电话提供咨询服务。最终，10月28日晚间，招财宝公开宣布，经过平台与融资企业、项目推送方、提供保证保险机构的协商，上述项目本息1.22亿元全部偿还。此外，在到账延期期间，投资人除了按原协议约定的利率获得利息之外，还将获得额外的一倍利息补偿。

至此，此次动静颇大的逾期风波最终以投资人本息得到兑付并获得延期利息、权益得到充分保障而告终。

两年后的2016年12月20日，招财宝平台再次发布项目逾期公告称，该平台上销售的侨兴电信和侨兴电讯两家企业共计3.12亿元已到期私募债券，因企业资金周转困难无法按时还款。此函一出，投资者不禁又担心，为什么大的互联网金融机构也不靠谱了？两家保险公司共同增信，是否真能为投资者保驾护航？3亿多元的违约是否只是“冰山一角”？

事件缘起是2014年12月，侨兴集团旗下两家公司侨兴电信、侨兴电讯在广东金融高新区股权交易中心有限公司（以下简称粤股交）共发行10亿元私募债，各分7期，时间两年。

粤股交通过蚂蚁金服旗下的招财宝将这些私募债在平台上拆分成多期，售卖给个人投资者，前提是浙商财险为其提供履约保证保险。浙商财险又去找广发银行惠州分行出具了一份保函，为其进行反担保来降低风险。此外，侨兴集团董事长吴瑞林“以个人全部合法资产为本期债券的还本付息提供不可撤销的无限连带责任保证担保”。

没想到，两年后的 2016 年 12 月，侨兴集团表示因流动资金紧张，无法按时还款。随后，负有承保责任的浙商财险开启理赔流程，并拿着保函找到广发银行惠州分行，却被告知保函是假的，惠州分行已向当地公安机关报案。

至此，事件核心演变至浙商财险与广发银行惠州分行的“真假保函”之争，进入胶着状态——广发银行咬定保函是“萝卜章”，浙商财险则在官方网站曝出多份书面证据，指出广发银行说谎，双方分别在广东和浙江报案，均获立案调查。

最终，在招财宝等各方的积极推动下，浙商财险于 2017 年 1 月 24 日发布公告称，对投资人进行预赔，但同时，“希望广发银行承担责任，共同维护被保险人利益”。虽然与天津中艺逾期兑付风波相同，侨兴事件的投资者最终也得到了保险公司的赔付，但事件的发展一波三折，在这场由私募债违约引发的纠纷中，融资方侨兴集团、发行方粤股交、销售方招财宝、保险公司浙商财险、担保方广发惠州分行五方均牵涉其中。

事实上，此次风波对于招财宝也警示颇多。

招财宝一直把自己定位成信息服务平台，不承担担保责任，但是为了防止投资人面临 P2P 平台出现的“携款跑路，本金亏空”等情况，特意引入第三方担保机构，其本意是让“专业的人做专业的事”，通过第三方担保机构来守护投资人可能出现的利益损失。

对于侨兴事件，招财宝相关人士曾表示，“此次风波中，各方的义务和责任都很清晰，我们是信息中介服务机构，只是核查发行方的身份，但具体审核侨兴电信和侨兴电讯不是我们的业务范围。如果把撮合投资人和借款人比作相亲，那么我们只提供了约会场地，私募债的发行方广东金融高新区股权交易中心才是红娘。”

虽然筛选、鉴别产品的任务更多是专业金融机构的责任，但大家之所以选择某家平台，肯定是因为相信该平台的知名度和美誉度。招财宝强大的品牌和实力无疑是众多投资者选择它的重要原因。即使招财宝本身只做信息展示，不碰资金流、不参与产品设计，最后出了问题，投资人还是会习惯性地找到招财宝。

在招财宝发布侨兴私募债的 2014 年 12 月，监管部门对于信息中介的责任并不明确，所以招财宝当时确实没有违规。直到近两年后，2016 年 8 月 24 日，经国务院批准、由银监会等四部委出台的《网络借贷信息中介机构业务活动管理暂行办法》才明确规定，信息中介也具有评估风险的责任。

此外，第三方担保机构的引入在一定程度上会延长产品的风险链条。在没有第三方担保机构的情况下，如果投资人觉得私募债权抵押风险大，可以抬高利率或索性不借款。但正是由于有了保证保险提供风险保障，投资人在一定程度上会忽视抵押物的风险。

也就是说，招财宝可能是“好心办了坏事”。为了给小微投资者提供投资保障，招财宝把项目的审核和风险控制放在了更适合的第三方金融机构，初衷是好的，却可能让投资人变成忽略风险意识的逐利者。而一旦出现坏账问题，承诺 100％赔付的中投保和众安在线将承担责任，也会对阿里巴巴平台的品牌信誉造成不利影响。作为一个理财平台，招财宝应当引导投资人成为风险的辨识者和担当者，而非只会享受收益却无视风险的逐利者和依赖者。

这次事件中，市场对招财宝将企业私募债多期分拆的做法也有争议。招财宝的变现都是通过个人贷进行的，但问题在于，接棒者无法判定某个个人贷的前世究竟是中小企业贷还是保险理财产品。这就使得二级债权市场交易的产品身份相对模糊。在分不清个人贷真面目的情况下，接棒者便只会简单地以收益率和期限作为选择标准。这种信息不透明本身也许并不构成很严重的问题，严重的是，它容易让人淡忘风险意识，以为所有的理财产品的风险程度都是一样的，然而事实显然并非如此。

以企业私募债为例，其产品规模一般为数千万元甚至数亿元，并且规定持有人最高不得超过 200 人，因而企业私募债一般要求投资人是具有一定的经济实力与风险承受能力的机构投资者。但是在互联网金融如火如荼的背景下，普通投资人也可以参与其中。这次出事的侨兴私募债就是被发行机构拆分成了多期，只是确保每期的投资人数不超过 200 人，投资门槛也一下子从数十万元降至 1 万元。

发行方通过分期拆分，再加上招财宝平台的“变现”功能，使得很多投资人并不清楚自己购买的理财产品的底层产品究竟是什么。在这次侨兴逾期事件中，粗略估计受损的投资人有几万人，但是其中清楚知道自己购买的底层资产是企业私募债的只有 5 000 人左右。招财宝投资人大多是从余额宝平移而来的，多数是小微投资者，对投资风险的把控能力有所欠缺。拆分后私募债投资额度虽小，但整个项目的资产包不小，所以违约发生后牵涉的人数众多，涉及面广。

有人将招财宝称为“有担保的 P2P”平台，认为招财宝上的企业私募债经过转让和拆分，和一般的 P2P 产品并无实质区别。

但招财宝始终坚称自己并非一家 P2P 平台。招财宝前 CEO 袁雷鸣曾在 2015 年 7 月表示，“招财宝目前的战略很清晰，就是卖定期理财产品的 B2C 的平台，未来的战略方向也不会变，会专注于 B2C 的平台，不碰陌生人之间的 P2P 和 B2B”。

招财宝的愿望是美好的，但是现实的复杂性远远不以个体的意志为转移。在网贷行业如火如荼发展的历史洪流中，招财宝的美好愿望不可避免地要遭遇挑战。

在 2014 年、2015 年前后，区域性股权交易机构方兴未艾，亦是各地政府支持的金融创新，侨兴债并不是招财宝上唯一的企业私募债。此前，包括天津滨海柜台交易市场、粤股交等在内的区域性股权及金融资产交易平台，都曾利用招财宝对部分金融资产进行打包、拆分出售。那时监管部门虽然已经禁止个人投资者购买中国证监会监督发行的私募债，但招财宝与地方交易所合作发行的债券因受地方金融主管部门的监管，所以不在受限之列。

招财宝一度也很相信自己的保障措施，曾回应说“招财宝具有一系列机制和标准、高级别的增信机构，把保障投资人的权益放在第一位”。不过某位分析人士的话似乎一语成谶：“有担保不代表不会发生违约和缺乏信息披露的情况”。

不久之后，监管升级。

2015 年 9 月，证监会整顿办向地方各级政府金融办下发《关于请加强对区域性股权市场与互联网平台合作销售企业私募债行为监管的函》（以下简称《监管函》），对区域股权交易市场与互联网平台拆分转让的私募债的销售模式进行了约束。监管函列明了这类模式最突出的两大风险：其一是将私募债拆分为多期进行销售，而多期投资者人数相加往往超过 200 人，存在变相突破私募债发行人数限制的问题，也即变相公募；其二是相关区域性股权市场和互联网平台均没有对认购人是否为合格投资者进行实质性审查，也即架空了合格投资者制度。不过，虽然这种模式存在种种问题，但监管层在《监管函》中并未对前述操作叫停，更多的是以规范为主。

招财宝第一时间响应监管规定，及时清理了平台上的类似地方私募债产品。

从招财宝发布侨兴债的时间来看，招财宝并不违规，到 2016 年，侨兴违约事件的爆发应该属于招财宝的历史遗留问题。如今，随着监管政策趋于严格，被定位为定期理财产品平台的招财宝上的产品目前主要是个人贷和中小企业贷，成立之初的万能险、基金以及地方交易所发行的私募债和债券转让产品均已不见踪影。

招财宝曾让所有人寄予厚望，但客观说，它的诞生与成长并没有余额宝那般一帆风顺。招财宝的变现与预约功能就像一把双刃剑，它成就过招财宝的辉煌，也在某些具体的风波中让招财宝背负质疑。招财宝第二次逾期兑付事件的发生，除了有招财宝平台自身功能与设计上过分理想化问题，也凸显了网贷行业发展的乱象与监管的疏漏，譬如来自违约源头的萝卜章事件。

如果说第一次的逾期兑付风波让招财宝掀起了微风细浪，那么第二次的逾期兑付风波则将招财宝置于风口浪尖。无论如何，招财宝都需要从侨兴事件中好好地吸取教训。

第三节　终极必杀器：蚂蚁聚宝

2015 年 8 月 18 日，蚂蚁金服集团的广告首次出现在纽约时代广场大屏幕上（见图 3－2）。值得注意的是，除了蓝色的蚂蚁金服形象和 Logo、子品牌的“支付宝”以外，还出现了一个陌生的名字——“蚂蚁聚宝”。当天晚上 23 点左右，苹果应用商店里出现了“蚂蚁聚宝”的 App。至此，蚂蚁聚宝完成了它的上线首秀。

图 3－2　蚂蚁金服广告出现在纽约时代广场

蚂蚁聚宝是蚂蚁金服旗下继支付宝之后又一款独立发布的 App 产品。在蚂蚁聚宝中，用户可以使用一个账号（也可以是支付宝账号），实现余额宝、招财宝、基金等各类理财产品的交易。至此，支付宝如细胞分裂般衍生出来的第二个业务板块——财富管理，终于有了自己的大本营。

◎ 为何要推出蚂蚁聚宝

蚂蚁金服自成立起，便一直致力于让大多数人的理财变得容易。在“活期”（余额宝）、“定期”（招财宝）和基金等多种理财产品相继成熟之后，蚂蚁金服开始酝酿提供能够囊括多种理财产品类型的一站式理财服务。

然而，把各种理财产品同时聚集在支付宝 App 的二级目录下，会让支付宝显得臃肿不堪，用户体验变差。“支付宝会变得非常繁杂，客户会收到太多干扰。”时任蚂蚁金服财富事业群总裁的袁雷鸣如是说。

祖国明与其观点相似。祖国明认为，蚂蚁金服自带互联网+金融的属性，而投资理财是一件比较复杂和专业的事，把属于投资理财类的模块从支付宝 App 中提出来，一则不会让支付宝 App 过于臃肿，二则便于用户理解。

“简单理财”一直是蚂蚁金服追求的方向。

从技术上看，在余额宝破冰互联网金融并大获成功之后，用户群不断壮大，目前已经超过支付宝用户的一半，约 3 亿人，这使得蚂蚁金服旗下各理财产品不再依靠支付宝导入，转而以余额宝为流量导入口成为可能。

就这样，从余额宝的产品爆发，到招财宝的平台化运营，再到蚂蚁聚宝的一站式理财平台，蚂蚁金服只花了两年时间，就完成了三级跳，实现了在互联网理财市场的全方位布局。目前的蚂蚁聚宝包括余额宝、招财宝、基金等，分别对应用户的活期、定期和权益类理财需求。

作为一款手机应用，蚂蚁聚宝专注于移动端的便捷性，可以让用户利用碎片化时间进行理财，因为手机客户端的应用更加直接。

之所以如此看重移动客户端，也是因为蚂蚁金服在这方面已经尝到了甜头。余额宝的用户有70%来自移动端，招财宝平台上线一年多，也有70%的用户来自移动端。这说明移动端用户的时间更充裕，碎片化时间的应用更充足，人们几乎可以随时随地进行理财尝试。蚂蚁金服就是看中了这种随意性，才推出蚂蚁聚宝App，希望让用户在任何闲暇时间都可以进行理财操作，因为任何便利方式的出现，都会促成用户的冲动消费和应用。

蚂蚁聚宝定位的服务人群仍然以“拥有社会20%财富的那80%的人群”为主，资产主要是低风险稳健型的。在引入的资产方面，因为强调低风险，蚂蚁聚宝没有引入P2P，目前还只有余额宝、招财宝、公募基金、券商产品等蚂蚁金服财富业务线的既有产品。如果是网金社那些相对高风险、高收益的资产，只有通过打包进入招财宝，获得金融机构的担保，才能够出现在蚂蚁聚宝当中。这是它和陆金所、拍拍贷等互联网理财平台最大的区别。

◎ 不断迭代的蚂蚁聚宝

自上线以来，在短短一年半的时间内，蚂蚁聚宝的累计登录用户达1.8亿人，实名登录用户已经突破3 500万。对于这一在外人看来还不错的成绩单，蚂蚁自身却并不满意。祖国明认为，从蚂蚁聚宝成立至2016年底，无论是底层交易功能还是数据以及内容的储备，蚂蚁聚宝在基础方面的工作都还不够完善。从用户来讲，与支付宝 4.5 亿的用户和余额宝 3 亿的用户相比，3 500 万的理财用户还有巨大的发展空间，只有达到上亿的用户才能算是一个国民级的 App。也正因为如此，蚂蚁聚宝自上线起就没有停下改版的脚步。

在多次版本迭代中，尤以 2016 年 8 月 18 日蚂蚁聚宝成立一周年之际推出的 2.0 版本的调整最大，出现了方向性调整，大幅增加了以“聚宝头条”和“社区”为代表的内容元素。这表明蚂蚁聚宝在强化资讯的同时，也开始涉足金融社交。

但这并不算“基因突变”，在之前一系列的改动中，蚂蚁聚宝已经体现了对资讯（内容）与社区（社交）的看重。比如 2015 年 12 月，蚂蚁聚宝上线了资讯频道，吸引优质财经类媒体入驻；2016 年 2 月，上线了基金的交流区，开始支持 UGC 内容，并且给资讯提供更多的曝光位置；2016 年 4 月，支持把内容分享到支付宝的生活圈，同时增加了一个功能，这个功能可以让你看到你的好友都买了什么理财产品。所以蚂蚁聚宝 2.0 版本围绕社交和内容的大动作只是一个从量变到质变的体现。

2017 年 3 月 21 日，蚂蚁金服召开新闻发布会，强调自己是一家 TechFin 公司，未来将只做技术（Tech），用技术更好地支撑金融机构去做金融（Fin）才是其贯彻不移的始终。

此番蚂蚁金服高调宣布自己是一家 TechFin 公司，显然是高层反复思考与讨论后的结果。在蚂蚁金服 CEO 井贤栋看来，这并不是绕远路，只不过是成长过程中正常的摸索与尝试。“我们每天都在三省吾身，围绕我们的使命愿景、用户价值，对着镜子正衣冠。”井贤栋如是说。

◎“财富号”重装起航

在 2017 年 3 月 21 日的新闻发布会上，蚂蚁金服还宣布了一个重磅消息：蚂蚁聚宝将向基金行业全面开放自运营平台“财富号”。

如果说之前的蚂蚁聚宝像一个理财产品的综合卖场，不同产品的销售员均来自蚂蚁聚宝，那么财富号就像是为基金公司开的一家专卖店，服务人员就是基金公司自己。之前客户与基金公司之间隔着蚂蚁聚宝，虽然蚂蚁聚宝也在尽心竭力地为客户服务，但限于专业化水平，基金公司与客户之间总是存在“隔靴搔痒”的感觉。

通过自运营平台财富号，基金公司可以在自己的店里直接接触客户，为客户提供更好的定制化产品和服务，蚂蚁聚宝则退居幕后，为基金公司提供基础设施——底层的支持技术。

祖国明介绍，这个支持技术实际上包含两方面的含义，其一是符合移动互联网或数字时代的处理能力，并具备系统改造和提升能力的底层系统构架，比如 2014 年 11 月推出的金融云技术。其二是对数据的处理能力，包括多维度用户数据、用户进阶设计辅导、分层的运营策略设计、营销工具、精准化投放、数据分析跟进服务等一系列能力。蚂蚁金服集团的芝麻信用体系、花呗和借呗的风控体系未来也都可以向合作伙伴输出。

用祖国明的话来说，虽然蚂蚁聚宝也有资产配置和资产选优的团队，但是力量毕竟不如真正做投研、做资产、做市场分析的专业基金公司。蚂蚁聚宝推出开放平台，目的就是把基金公司的专业能力推到最前面，让基金公司直接面对客户。基金公司可以通过蚂蚁聚宝的社区或者移动端将自身的服务传递给用户，并借助蚂蚁聚宝的用户分析技术，把合适的产品推荐给合适的人。

这听起来很像智能投顾。不过祖国明也表示，目前的服务和真正的智能投顾肯定还相距甚远，因为智能投顾所需的技术实力更强，需要更强大的专业力量在背后提供支持。蚂蚁聚宝自身也有一个很大的团队在做人工智能，目前主要涉及用户发现、营销供给自动匹配、智能问答机器人，后续还会继续丰富，用户画像、资产判断都会纳入其中。但是智能投顾的服务以及模式并不成熟，各个平台都还在探索。而且，除了技术问题，还有牌照、监管政策等一系列问题。

但智能投顾肯定是发展的方向，蚂蚁聚宝希望实现每个人的专属理财服务，即个性化、智能化的定制服务。这不能靠蚂蚁聚宝一家，而是需要和合作伙伴一起建设。目前的财富号只面向基金业开放，未来还将向银行、保险、证券行业全面开放，目标就是为了助力金融机构为 1 亿中国家庭提供专属的理财服务。

“银行和证券业之所以放在第二步，主要是由于行业特点和业务流程不尽相同。随着政策监管的逐步放开，慢慢地都会放到自营平台上来。”祖国明如是说。“目前首次接入的试点机构包括博时、兴全、天弘、南方、建信五家基金公司，我们 2017 年的目标是在财富号上的基金公司能够达到 15～20 家”。

蚂蚁聚宝此次向基金行业开放自运营平台财富号，是其开放平台思路在投资理财领域的又一创新。之前，老百姓与金融机构之间总是存在鸿沟，而财富号的开放让渠道得以重整，效率得以提升，成本得以降低。支付宝如此，余额宝如此，财富号亦如此。

从蚂蚁金服 2017 年透露出的一系列信息来看，在确定不做社交而是聚焦商业和金融之后，“开放”正在成为蚂蚁金服最重要的战略之一。2017 年 6 月 14 日，蚂蚁聚宝宣布升级为蚂蚁财富，并正式上线“财富号”。财富号的开放是蚂蚁金服 2017 年向金融机构加大开放的第一步。

不过，瞄准这一市场的不单是蚂蚁金服一家。在蚂蚁金服高调宣布开放自运营平台财富号之后不久，京东金融抢先一步，于 2017 年 4 月 7 日上线“京东行家”，成为业内首家金融机构自运营平台，首期入驻的有 9 家公募基金公司。京东行家也是依托平台研发、运营及大数据优势，致力于用大数据、云计算、机器学习和人工智能等技术，向入驻机构输出包括运营服务、用户资源及流量分发、大数据及研发支持在内的三大方面服务，这与财富号几乎如出一辙。随着互联网理财时代的来临，还有更多的互联网金融巨头正在发力布局这一市场。

第四章

ANT FINANCIAL

互联网时代的小微企业贷款

"如果银行不改变，我们就改变银行。"马云这句掷地有声的豪言壮语，曾被银行业界视作不自量力的笑话，然而时过境迁，如今深入小微企业贷款领域腹地的蚂蚁金服却让传统金融机构再也不能小觑。

小微企业是阿里巴巴和蚂蚁金服赖以生存和壮大的土壤，然而这些最渴求金融服务的小微企业，却往往被银行拒之门外。"我们的对手不是另外一家银行，而是我们如何能够建立一个新的金融体系，支持和服务那些80％没有被服务过的消费者、小企业。"马云如是说。

从阿里小贷到网商银行，基于大数据的征信与风控体系以及互联网贷款的模式，为小微企业融资这个世界性难题提供了一种"新解"。

第一节　阿里搭台，银行唱戏

◎ 阿里巴巴拓荒微贷

"如果把企业也分成富人穷人，那么互联网就是穷人的世界。因为大企业有自己专门的信息渠道，有巨额广告预算，小企业什么都没有，它们才是最需要互联网的人。而我就是要领导穷人起来闹革命。"

自幼生长在私营中小企业活跃的浙江，马云对中小企业的生存发展困境有着深刻的理解。

1999 年 9 月，遭逢两次创业挫折的马云在其杭州的公寓中，带领 17 个年轻人创办了 B2B 电子商务网站——阿里巴巴，立志成为中小企业敲开财富之门的引路人。

马云坚持认为，中国 99%的企业都是中小企业，市场经济环境与美国迥然不同，这就决定了中国要发展电子商务，就只能为中小企业服务。另外，中小企业和民营经济是推动中国经济高速发展的重要力量，中小企业使用电子商务是一种趋势。正是基于这两点，阿里巴巴的建立承载了马云最初设想的“帮助中小企业成功”这一使命。

只用 8 年时间，马云就把阿里巴巴打造成了一个世人瞩目的神话。2007 年 11 月 6 日，阿里巴巴旗下的 B2B 主业在香港上市，中国首次诞生世界级互联网巨头。阿里巴巴摒弃了欧美的大企业化方向，选择只为中小企业服务，所开创的中国 B2B 电子商务模式取得了巨大的成功。

同样是在 2007 年，创办仅四年的淘宝网，已经迅速蹿升为亚洲最大的网络零售商圈。很多中小网商从阿里巴巴 B2B 平台上批发，再到淘宝上去零售。这一年，中国网商数量超过 3 000 万家，并呈现井喷式增长态势。

彼时，阿里巴巴网站上的交易非常活跃，会员的交易、资金流、物流信息在这一平台上都很容易看到。但是一个问题也逐渐显露出来：平台上的中小企业资金匮乏，并且缺少融资渠道，从传统金融机构融资又困难重重。要知道，中小企业融资难是一个世界级的难题，在以中小企业为核心客户的阿里巴巴平台上，这个问题尤其突出。

传统金融机构常常被诟病为“嫌贫爱富”，几乎所有的金融机构都会围着为数不多的大中型企业转，而最渴求金融服务的大批小微企业却无人问津。金融机构做的是钱的生意，决定给哪些企业提供信贷服务，首先要算一笔成本和收益的账。同样的一笔信贷成本，大型企业与小微企业的收益回馈相差悬殊，冷落小微企业自然也是金融机构的理性之选。尽管从中央到各个金融机构都为中小企业融资做了不少努力，但传统金融方式受到人力、地域和成本的限制，无法覆盖到所有小微企业，资金缺口依然巨大。

恰在2007—2008年，一场震惊世界的金融海啸席卷而来，全球贸易遭遇自第二次世界大战以来的最大下滑，中国的大批中小企业订单减少、产量锐减。同时，全球资本萎缩、融资困难，国内银行也普遍收紧信贷，中小企业想要获得贷款异常艰难。

当时阿里巴巴一方面积极帮助中小企业开展贸易，甚至在CNBC、CNN、Fox等美国主流电视台投放广告，帮助中小企业在欧美市场开展深度营销；另一方面，也在考虑从融资方面给予中小企业更多的支持。

如果说马云赋予了阿里巴巴“让天下没有难做的生意”这一使命，那么向中小企业提供融资服务便是这一使命之下的必然选择。正因为如此，已经成功建立了一整套信用评价体系与信用数据库的阿里巴巴，再度成为拓荒者。

实际上，在此之前的五年间，阿里巴巴已通过诚信通、淘宝等产品，积累了大量的原始商户数据。

阿里巴巴于2002年推出诚信通会员服务，用以衡量B2B交易平台上的网商信用状况。诚信通会向买家和卖家展示双方的法人注册信息、企业注册信息以及最近年检时间，并记录每一笔交易详情以及交易双方的货物、服务评价，从而形成了“诚信通档案”。在此基础上，阿里巴巴又于2004年3月推出了“诚信通指数”，即由A&V认证信息①、经验值、会员评价、证书及荣誉四部分构成的一套评分系统。阿里巴巴在2003年推出淘宝网与支付宝之后，又基于淘宝平台搭建了完备的网商信用评估体系。

这些架构和数据，为之后的小微贷款风险管理奠定了良好的基础。

◎ 与银行的蜜月期

一开始，阿里巴巴并没有想自己去放贷，因为信贷是一个系统的大工程，而阿里当时并没有涉足信贷领域。他们首先想到的，就是看能不能运用阿里巴巴自身的影响力去和大银行合作，阿里巴巴提供数据分析，由银行去贷款给客户。

阿里团队最先想到的银行，自然是四大行中排名前两位的，也是企业贷款经验最为丰富的工行、建行。马云亲自带队，找到浙江省建设银行和工商银行，对于双方的合作，大家一拍即合。

由于对中小企业缺乏足够的了解，商业银行对中小企业的贷款一直以来成效甚微。它们发现，阿里巴巴正在做一件它们一直想做的事

---

① A&V认证信息包括公司注册名称、地址、申请人姓名、所在部门和职位、营业执照等。

情。阿里巴巴熟悉3 000万中小企业的经营状况、信用情况以及它们的细微需求，并且在此基础上编织了一张信用关系网络。一旦这种信用网络和银行相结合，银行将能够获得数以10万计的信用良好、交易活跃、有发展前景的企业客户，而中小企业将能够第一次凭借信用获得发展需要的资金。和马云提出的愿望一样，让诚信的商人先富起来，可能再也不是一句空话。

所以，双方的战略合作协议一签就是五年。建行和工行的各省分行迅速成立了网络金融贷款部，阿里巴巴内部则成立了专门的阿里信贷团队。

合作刚开始的蜜月期，双方的投入都很大。建行、工行试图携手阿里巴巴做的事情，对它们自身而言，是在全球金融网络化大潮下的一次创新之举。要知道，传统银行在2007年的时候设立网络银行贷款部是一件很不容易的事情，成本很高，还要计入考核之中。

阿里巴巴与银行摸索讨论了一段时间，确定了贷款的四种模式：第一个也是最主要的贷款模式是三家及以上数量的企业组成贷款联合体的联保贷款；二是企业在阿里巴巴上拿到订单后再凭借订单向银行申请的供应链贷款；三是企业凭借在阿里巴巴上的信用评价申请的纯信用贷款；四是传统的抵押物贷款。

由阿里巴巴首创的这款联保贷款，突破了传统的信贷模式，以网络信用为贷款申请依据，无须任何抵押，只需由三家或三家以上的企业组成一个联合体，共同向银行申请贷款，同时企业之间实现风险共担。这相当于将银行的贷款风险转嫁给了联合体中的企业，而企业之间结成利益联盟，同时互相监督，能够降低不良贷款的发生风险。当时，尽管联保贷款属于没有经受大规模验证的产品，但实际做下来，风险被控制在了比较低的范围之内。

2007年，阿里巴巴与建行、工行合作，分别推出“e贷通”及“易融通”贷款产品，主要服务于中小电商企业。2008年初，阿里巴巴旗下的支付宝和建行合作推出支付宝卖家贷款业务，符合信贷要求的淘宝网卖家可获得最高10万元的个人小额信贷。

在双方的合作模式中，阿里巴巴负责向银行提交企业的信用记录，但是能否发放贷款以及授信的额度，最终仍由银行自行决定。银行主导游戏规则的模式在当时也无可厚非。阿里巴巴B2B平台更多意义上是信息平台，平台上的信息更多是基本面数据，比如卖家发布了多少产品、有多少买家访问了卖家的页面等，这些数据的含金量远远低于交易数据。即便是淘宝网依靠支付宝积累了大量的交易数据，但对于注重风控的传统银行来说，依然远远不够。

作为银行一方，他们担心的是，交易记录可以通过不同手段增加，不完全是真实的。如果将其作为融资凭据，就必须保证第三方支付所提供信息的真实性。并且，由电子商务公司来控制客户和银行的金融服务也是不妥当的。

为了打消银行的顾虑，阿里巴巴与建设银行双方各拿出2 000万元建立“风险资金池”，并约定当不良贷款在贷款总额中所占比例小于1%的时候，由建行承担损失；超过1%后，阿里与建行将各承担超出部分的50%。到了2009年8月，阿里与银行共同发放的贷款的不良率只有1.1%，远低于银监会此前公布的1.7%的商业银行平均不良贷款率。

2009年春节前，阿里金融当时的负责人胡晓明[①]来到马云办公室，汇报一年多的业务进展。一进去，就看到马云正光着脚，在屋里挥着根木剑。胡晓明汇报完项目后，马云很激动，挥着木剑站起来说道："如果我们把资金比喻成水，把大企业比喻成树，传统银行发放贷款就像一个农夫挑着水来浇灌这些树。而我们的中小企业就好比广阔无边草原上的草，如果再让农夫挑水灌溉，那是不切实际的。要解广大中小企业融资之渴，就必须建设水利工程，靠挖渠、铺水管来进行灌溉。"

由此，马云形象地把微贷项目比喻为"都江堰工程"。作为全世界迄今为止年代最久、唯一留存、仍在一直使用的宏大水利工程，都江堰历经2 000多年仍在造福一方百姓，寓意深远。

◎ 分道扬镳

然而，和银行合作了一段时间以后，阿里巴巴发现，银行有自己的风控理念，在现有的贷款评审体系之下，绝大多数企业仍然无法从银行取得贷款，审批通过率低至2%～3%。也就是说，只有阿里巴巴平台上最优质的一批会员客户才能贷到款，而这些客户却不是平台上最缺钱的企业。阿里巴巴对这个结果显然不满意。

阿里巴巴与银行进行了反复的沟通，但最终发现，想要转变银行的风控理念非常困难。商业银行是一个有着数百年历史的行业，有严密的组织，其风控理念是在长期实践中形成的，完全不可能接受一个

---

① 胡晓明，阿里巴巴集团合伙人之一，现任阿里巴巴集团资深副总裁兼阿里云总裁。在此之前，他曾长期在支付宝和阿里金融工作，负责阿里小贷等业务。

新兴科技公司的建议。阿里巴巴也承认，银行说得也有道理，自己竟无法反驳：你都没做过，要我信你，按你的方式去放款，是不大可能的。

为了突破这一瓶颈，阿里巴巴期望借用轻车熟路的互联网平台方式，引入竞争，以此来提高信贷审批通过率，缓解贷款难的问题。2009年，阿里搭建了一个融资平台，引入中行、农商行、浦发银行、广发银行、富登担保以及大型小贷公司，并推出自己的视频调查系统，在搜集工商注册信息等资料的同时，通过视频验证、调查提问等形式交叉核实客户信息，形成标准化的信贷调查报告，提交给各家金融机构的客户经理审批。

但后来阿里巴巴发现，这不是一个平台能解决的问题，根本的症结在于理念。比如，尽管中行取消了联保的环节，率先推出了信用贷款，富登小贷也放弃了既有模式，但这些努力的结果也仅仅是将贷款通过率从2%提升到了10%，并没有从根本上解决通过率低的问题。

另一方面，视频调查的方式虽然比传统银行双人上门调查制的整体效率翻了几倍，但依然有明显的瓶颈。试想，如果要服务阿里巴巴平台上的所有企业，要招多少人？需要多少客户经理？可能无法估量。因此，这样尝试了三四年，尽管业务是盈利的，从商业角度来说并没有什么不合适，但阿里巴巴逐渐认识到，这种模式并不能从根本上解决客户融资难的问题，也肯定无法持久。

2009年，马云萌生了联手金融机构组建一家网络银行的念头，这一设想也得到了浙江省政府分管领导的支持。

当年底，浙江省政府、建设银行和阿里巴巴三方就创建网络银行进行了商谈，并签订了合作备忘录。阿里网络银行的筹建由此拉开序幕。2010 年中，银监会还专门派专家组赴杭州现场研究论证。“当时我们都以为进展很顺利，应该能获批，但最后还是夭折了。”一位亲历者对此不无遗憾。

合作最后卡在了股权比例的坎儿上。建行坚持要求控股，而阿里尽管体量尚小，但认为一旦银行控股，按照商业银行传统的机制和管理模式，肯定做不好新型的网络银行，所以一定要自己来主导。双方僵持不下，合作成立银行的事情最终不了了之。

阿里巴巴和建行、工行间的信贷合作，也因为双方理念、诉求不一致，渐渐淡化了。虽然双方都没有提出终止合作，但事实上阿里巴巴输送的客户越来越少，编制也逐渐撤出，最终双方选择了和平分手，可以说这是一个心照不宣的过程。

对于问题所在，大家都心知肚明。阿里巴巴的诉求是信贷审批通过率要高，服务到更多的企业，银行的诉求是多输送优质客户。2%的审批通过率，反映的正是传统金融机构与阿里巴巴所服务的企业客户群的巨大差异。银行想做的中小企业贷款，正是定位在 2%通过信贷审批的这一类中小企业，但阿里巴巴想服务的却是规模更小、更广泛的小微企业。

对于两个行业之间的差异，阿里巴巴和银行在合作伊始并没有了解得很清楚，实际做下来就发现了很多问题。事实上，用传统银行的既有方式服务电商平台上的大批小微企业，这种商业模式可能一开始就是不成立的。比如，商业银行派两个客户经理到中小企业去放 1 万元的贷款，所赚的利息可能都不够路费；而用阿里、淘宝的模式试水与批发、零售完全不同的金融行业，效果必定远远不及。

阿里巴巴并不想加入与传统银行的竞争，而是希望解决所遇到的实际问题，与银行相互补充。传统银行所做的大中型企业客户，阿里巴巴没兴趣做，而阿里巴巴想要服务的小微客户，传统银行也无暇顾及。因此，双方分道扬镳，阿里从此走上了自建小贷公司的道路。

不过，在与工行、建行的合作中，双方均获益不少。到 2010 年的时候，工行、建行的合营贷款总规模达到接近 400 亿元，其中建行 200 多亿，工行 100 多亿元。虽然从阿里巴巴平台上获得商业银行贷款的企业很少，贷款额度也以数百万元为主，但毕竟还是有价值的。

更为重要的是，阿里巴巴在与银行的沟通和合作中，学习到了传统银行的经营方式和风控理念，银行也在此过程中加深了对于互联网的了解，这是一个相互学习的过程。一个显而易见的结果便是，建行、工行此后陆续推出了自己的电商平台，阿里巴巴则成立了小贷公司，它们都在进军对方擅长的领域。

“我听过很多的银行讲，我们要给中小型企业贷款，我听了 5 年了，但是有多少银行真正脚踏实地在做呢？很少。如果银行不改变，我们就改变银行。”这是马云 2008 年在“第七届中国企业领袖年会”上说的一句话，在当时并没有被许多银行放在眼里。在当时的语境下，马云意指银行如果坚持以往的风控理念，信贷下沉的成本太高，想要覆盖更多的中小企业会很困难。

时过境迁，“如果银行不改变，我们就改变银行”这句掷地有声的豪言壮语今天已广为流传。深入小微企业贷款领域腹地的蚂蚁金服，也让传统金融机构再也不能小觑。

第二节 阿里小贷：互联网与大数据助力小微信贷

◎ 两张小贷牌照

2010年4月8日，杭州市工商局向阿里巴巴颁发了我国首张电子商务领域的小额贷款公司营业执照。

2010年6月8日，阿里巴巴集团宣布成立注册资本金为6亿元的浙江阿里巴巴小额贷款股份有限公司。

2011年6月21日，阿里巴巴集团在重庆注册成立重庆市阿里巴巴小额贷款股份有限公司，注册资本金10亿元。

走上自建小贷公司道路的阿里巴巴，是首个获得全国放款资质的小贷公司。在此之前，其他小贷公司放款均受到地域的限制。

为什么会拿两张小贷牌照？这是因为在浙江，小贷公司70%的贷款必须放到浙江本地。从一开始就定位于要做全国业务的阿里巴巴，显然不甘心受此限制。因此，阿里巴巴积极与各地监管机构展开沟通，寻找突破口。最后，深处中西部腹地、希望迈出金融创新步伐的重庆进入了它的视野，双方一拍即合，第二家小贷公司便在重庆落了脚。这样一来，浙江省内的小贷业务基本上使用浙江阿里小贷公司的牌照来运营，浙江以外则是用重庆阿里小贷的牌照。

尽管现在来看，全国范围的牌照已经不算稀缺，很多大型的互联网公司获得的都是全国范围许可经营的牌照，但在当时，阿里巴巴迈出这一步并不容易，从中也可以窥到监管机构对于创新的理解与宽容。

阿里小贷创立之初，一方面从银行招聘了一批面临改变或者有意向转型的员工，另一方面从互联网公司招聘了一批技术人才，两者比例大致相当。来自两个截然不同行业的人，一起摸索着去做小贷业务。

马云跟最早创办阿里小贷的同事说：“你们谁要是做超过 20 万元人民币的贷款，我就开除谁，因为我们必须专注于小企业，大企业的贷款不是我们该做的。中国和世界缺的不是一家银行，而是为小微企业和消费者服务的银行。”

当然，放款上限的数字后来在不断变化。之所以要规定放款上限，是为了防止路走偏。涉足贷款业务的机构，天然有动机向资质好的企业放贷，因为这类贷款风险低、收益高，可以很轻松地完成业绩目标。不仅如此，原来的客户慢慢成长后，尽管不会被剔除出服务范围，但阿里小贷始终坚持底线，不为大型企业提供直接融资服务，顶多采取曲线方式服务其供应链体系，如上游供应商和下游分销商。因为，一旦放松放款上限的要求，偏离阿里小贷的初衷，阿里小贷就不再是“小贷”了。

◎ 试水“纯信用”贷款

要开展贷款业务，先要了解有贷款需求的客户是什么样的。因为没有可借鉴的成熟经验，阿里小贷只能大量走访客户，开展实地调研。由于阿里巴巴 B2B 平台上，相当一部分传统的生产制造企业、商贸企业、国际贸易企业的网上交易行为较少，调查走访就成为了解它们的唯一方式。

走访下来他们发现，小微企业可能只有几个人或者十几个人，融资需求大都集中在100万元以下，甚至50万元以下。而且，大量小微企业在银行是从来贷不到款的，抵押物也不足，甚至不容易提供担保。要这样的企业相互联保，其实意义不大，还会加重贷款流程的烦琐程度。在调查走访过程中，阿里巴巴也在推进和一些研究机构的合作，比如和浙大合作课题、和北大合作小微企业调研报告，来深化小微企业的调查研究。

基于调查结果，阿里小贷面向小微企业和个人创业者推出了无抵押、无担保的“纯信用”贷款产品，网上作业，审批快捷，服务对象主要是诚信通会员、淘宝和天猫卖家这些阿里巴巴平台上的会员，主要的贷款产品包括阿里信用贷款、淘宝/天猫订单贷款、淘宝/天猫信用贷款等。阿里小贷产品线如图4-1所示。

阿里小贷中有80%的贷款投向了淘宝、天猫以及聚划算的网店，称为“淘系贷款”；20%的贷款投向了阿里巴巴的B2B会员企业、国际“速卖通”会员企业等。由于淘宝、天猫以及聚划算商户的业务全部流程均在线上完成，其经营与交易详情、信用记录等十分详尽，系统可就此自动评估，因而淘系贷款的审核、发放均可在网上完成，也没有地域的限制。阿里巴巴信用贷款除了线上操作部分，还包括实地勘察环节，一般会委托第三方机构线下执行，在地域上也是逐步放开的。

阿里小贷的特点是小额、快速。阿里小贷客户的平均每笔贷款不

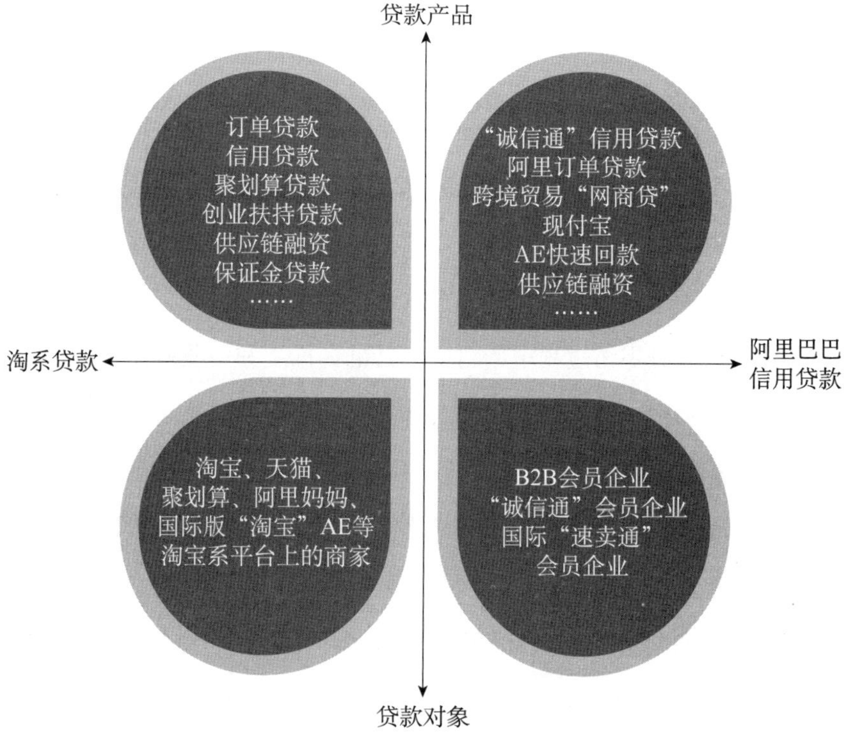

图 4-1 阿里小贷产品线

到 4 万元，户均授信额度约 13 万元。信贷成本也非常低，线上放 1 元贷款和放 100 万元贷款几乎没有区别。借助网络贷款模式，阿里小贷实现了单笔信贷成本 2.3 元，而一般银行的单笔信贷成本则在2 000 元左右。

3 分钟申请，1 秒钟授信，0 员工介入——这便是阿里小贷典型的“310”工作模式。阿里小贷几乎所有贷款流程都在网上完成，包括：填写贷款申请表、提交申请材料、信贷审查、发放贷款，以及贷款后实时监测企业的资金流与经营状况等，最短放贷时间仅需 3 分钟。

2012 年 10 月 18 日，阿里小贷的 1 亿元信用贷款推出七五折利率优惠，这些贷款在短短36分钟内就被一抢而空，而发放这批贷款的经营成本几乎可以忽略不计。同样的贷款需求，即使选择银行中最便捷的贷款产品，企业主也要在提交抵押材料15天之后才能拿到资金。

同时，阿里小贷小额授信、快速放款、随借随还的特点也令小微商家资金周转率大大提高。截至2013年底，阿里小贷客户全年平均占用资金时长为123天，平均贷款期限只有120多天。

以淘宝、天猫卖家使用最为频繁的订单贷款为例，全部商家平均全年使用订单贷款的次数为30次，每次贷款使用的平均时长仅为4天。典型的淘宝小商户是没有库存的，即当天晚上收齐订单，向阿里小贷申请一笔订单贷款，第二天就去批发市场取货、发货。买家确认收货后货款到账，系统自动扣取相应金额还贷，完全无须用到商户的自有资金。

80后、90后的年轻人是阿里小贷的主要客户群体，这些获贷者中，有近80%的群体从未有过任何贷款记录。这意味着，从阿里小微信贷所获得的贷款，是这些年轻人人生中的第一笔贷款。

在淘系商户中，使用过贷款的商户和没有用过贷款的区别巨大。比如使用过贷款的商户，成为皇冠级店铺的可能性可能会提高几倍，关店比例则大幅减小，稳定经营的程度也大大提升。在淘宝平台上，使用过贷款的商户占到商户总数的40%～50%，在天猫平台这个比例则高达60%。

能达到如此高的贷款覆盖率，阿里小贷所做的推广工作功不可没。比如阿里小贷推出的三天无理由退息，贷款人不用担心上当受骗，可以贷完以后先体验三天，不合适再退回来。这在传统金融机构可能闻所未闻。另外，阿里小贷也会给予新客户很大的折扣优惠，让其尝试、熟悉整个贷款流程。

同时，整个金融服务的流程和整个商务流程中的场景几乎无缝衔接，从店家入驻、备货、仓储，到后面的营销、数据，所有环节都内嵌相关的金融服务。

比如，商户参加活动以后，阿里小贷会马上告诉商户有一笔资金可以用于备货，同时告知能提供多少优惠折扣。又如，商户正在阿里妈妈网站上抢广告位，不知道应该出多少钱，或者付款通道不畅，阿里小贷可以先帮商户抢下来，再告知商户这笔钱已经帮其垫付了。还有，商户在查询订单的时候，阿里小贷会告知用订单贷款可以快速回款，利率还很优惠。类似这样的情况非常多。很多其他网站也用了阿里小贷的插件，这是一个高频应用，直接触达客户，而且深受关注和欢迎。

2013 年，阿里小贷逐步推行以信用为基础的差异化定价，对每个客户制定符合其风险和收益特征的最优定价策略。比如，对新客户采取“前低后高”的体验式定价模式，对续贷的老客户采取“前高后低”的鼓励式定价模式。对于信用良好且贷款使用较好的小微企业，逐步降低其融资成本。

相比于传统银行贷款模式，阿里小贷免除了大量的人力成本，突破了时间、地域限制，能够瞬间触达大量、分散的客户，大大缩短了放贷时间，降低了放贷成本，并加速了资金的周转。

阿里小贷正是希望利用大数据与网络实现批量放贷，把自身打造成一个可以流水线工作的现代金融服务工厂，向电子商务平台上的小微企业、个人创业者提供 365 天×24 小时不间断的融资服务。

在阿里小贷的快速扩张局势下，资本约束成了其最大掣肘。小贷公司不像银行可以吸储，或者从银行间市场获得低成本资金，只能利用自有资金经营信贷业务。根据银监会《关于小额贷款公司试点的指导意见》的要求，小额贷款公司的资金来源主要有两个：一是股东缴纳的资本金、捐赠资金；二是从金融机构融得的资金，但其比例不得超过资本净额的 50%。阿里小贷旗下的两家小额贷款公司注册资本共计 16 亿元，因此可以用于放贷的资金限额为 24 亿元。

为了突破这一瓶颈，阿里小贷节节击破，逐个打通各个渠道，将融资渠道拓展到银行、证券、基金、信托、保险，涉及全部金融行业，运作了多轮资产证券化项目，借此快速回笼资金，盘活存量资产，扩充贷款额度。

依靠成熟的微贷技术，以及资产转让等方式对信贷能力的扩充，阿里小贷步入了高速增长期。截至 2011 年 6 月，阿里小贷在一年时间里累计为 4 万家小微企业提供了贷款服务，发放贷款总额为 28 亿元，其中 99.9%的资金用于发放 50 万元以下的贷款。而到了 2016 年，这一数字则刷新为 400 多万家小微企业、7 000 多亿元的融资额。

◎ 挖掘大数据宝藏

金融与信息行业在本质上是同源的，因其二者有着相同的基因——数字，因而金融天然就与数据有着不可分割的关联。

世界上有 90%以上的数据是在近几年中产生的，未来更是会以爆发性的速度继续增长。从海量的、多样化的数据中快速获得有价值的信息，便是大数据技术。大数据技术的广泛应用，加快了金融电子化与网络化的步伐，推进了金融脱媒。

阿里巴巴由于打通了电子商务的各个环节，构建起一个商业生态系统，并掌握着极具商业价值的大量真实交易数据，因此被认为是目前中国最大的互联网数据原产地之一，也被视为未来中国最有潜力的大数据企业之一。

阿里巴巴也认识到了自身的大数据宝藏的巨大潜在价值，不断为大数据战略谋划布局。早在2005年，淘宝成立商业智能部门，推出了为内部报表服务的工具“淘数据”，这是阿里巴巴大数据运营的开端。2009年，阿里巴巴的数据技术架构开始大变革，打通、整合集团内的全部数据，进行管理和共享。2012年，阿里巴巴密集布局，拆分出“阿里云”并独立运行，将集团内部的数据库和大规模运算资源整合为统一的“数据平台事业部”，成立横跨集团各事业部的虚拟组织“数据委员会”，并设立首席数据官，负责推进数据分享平台战略。

目前，阿里巴巴的数据团队已经是CEO直属的战略级团队。马云认为，阿里巴巴和阿里金融，未来本质上都是数据公司。数据平台作为信息流的精华部门，可以与物流、现金流一起，构建一个闭合的、同时不断扩张的生态体系，除了对集团内部提供数据方面的决策支持，还可以形成对外的数据交易平台。

阿里巴巴凭借其强大的平台，发展出一个具有张力的生态系统，而大数据的应用，正逐渐成为滋养这一生态系统的血液，发挥着越来越重要的作用。

2010年，对于刚起步的阿里小贷来说，既然认清了传统金融机构信贷模式的局限，想要自己闯出一条路来，当然希望采取大数据的方法进行自动化审批，但这并不是闭门造车就行得通的。尽管阿里小贷已经手握大量数据，但是如果不了解如何运用数据也是徒劳，甚至有翻船的风险。因为，风控是一件很严肃的事情，尤其是对于一个缺乏经验的新公司来说，要把控住信贷风险，更是如履薄冰。

在测试阶段，阿里小贷也曾经在小范围内尝试用模型化的方式处理业务，但效果并不令人满意。没有足够的样本数，会犯很多的错误，自然也会交出高额的学费。

阿里小贷深刻地认识到，一定要在大量的实地考察以后，才能总结出关键特征和规律，也才能在此基础上构建出模型，而且模型也需要不断调整，将一些新情况随时反映进去。

因此，阿里小贷只能仿照传统银行的做法，线下搜集资料。在半年时间内，实地调查团队走访了几万家客户，收资料，拍厂房照片，数工人人数，拉银行流水……在大量的资料基础上，分析小额贷款的真正关键指标是什么。比如，店铺响应时间是一个容易被忽略的关键指标，其反映的是店铺对客户的重视程度、网店的关注度、客户的真实程度。这样的指标，传统金融机构在做信贷考察时是不会纳入的。

在征信方面，阿里小贷所采用的变量与传统银行截然不同。将阿里小贷征信系统与国内最权威、应用最广泛的中国人民银行征信中心对比来看，央行征信中心对企业的征信信息包括：企业的身份信息、信贷信息、环保信息、缴纳的各类社会保障费用和住房公积金、质检信息、拖欠工资信息，以及缴纳的电信信息费等。

而阿里征信系统搜集的则是卖家的身份信息、商品交易量、商铺活跃度、店铺响应时间、用户满意度、库存、现金流、水电费缴纳等所有与店铺运营有关的数据，此外，非结构性数据也被一并纳入信用评估的考量，例如，与网购有关的日志、聊天记录、店铺信用、口碑评价、货运数据、退换货记录、认证信息、投诉纠纷情况等。

后来，阿里小贷也引入了很多外部数据，丰富征信体系，包括法院执行网数据、工商系统数据以及电力水力等数据。经过客户授权以后，还可以拿到税务数据，以及国际客户的出口退税报关数据等。

这些数据经过整理加工、模型驯化，不断优化调整，就可以形成授信的依据和模型。凭借大数据技术、云计算，阿里小贷对贷款企业的经营状况、信用情况和偿债能力等进行分析，决定给其的贷款额度、利率和期限等。借助大数据分析这个利器，阿里小贷实现了自动化授信的准确评估与高效决策。

从 2011 年开始，阿里小贷首先从杭州选取样本进行自动化授信的试点，逐步扩展至嘉兴、湖州、绍兴等地，再到全浙江，之后则逐步向包括江苏、上海在内的长三角地区开放，随后是珠三角地区，接着是渤海湾地区，包括山东、北京、天津，最后逐步推向全国，在控制不良率的基础上一步步开放。到 2013 年，阿里小贷正式启动大规模自动化授信，只要申请贷款的企业填一份申请报告，阿里小贷就能马上给出授信结果，可以立即用于贷款。

在一步步的验证过程中，阿里小贷发现，每个区域都有各自的特征，每个行业也有各自不同的特征，不能期望一套通用的拳法包打天下。所以，在 2011—2013 年长达两年的摸索期里，为了引入更多有价值的数据，做好风控，阿里小贷做了大量烦琐的工作。比如对信贷风险的评估，从一两期的还款只能看到一些基本情况，要获取完整的风险表现，则要考察一年期及一年以上的贷款还款情况。所谓“大胆假设，小心求证”，正是这样一点点实践出来的。

就这样，阿里小贷走在一条没有参照物的路上，为这个行业趟出了一条新路，也交了不少学费。“尽管现在回头来看，当时的摸索过程可能是采取了最笨的方式，精力耗费太大，也有可能走了弯路，但放在当时那个时点，要找到方向，只能是摸着石头过河。”蚂蚁金服时任微贷事业部高级专家刘波这样总结。

目前，在1688市场、国际站市场等B2B平台上，60%的客户都已实现自动授信，淘系贷款则全部是自动授信。到2015年，阿里小贷的自动授信规模已经达到100亿元左右。

◎ 开发数百个模型

实现自动化授信并不是阿里小贷大数据团队的最终目标。阿里小贷规划了覆盖整个信贷生命周期的管理系统，包括贷前中后管理、反欺诈、市场分析、信用体系和创新研究等板块。阿里小贷的决策系统每天处理上千万客户的数千万次交易、上千万条消息和超过10T的数据量，输出数百亿元授信和3G数据量。大数据在流程上支持着市场营销、信贷审批、授信、支用、监控、催收等环节，在阿里小贷的业务决策当中处于核心位置。

阿里金融团队的人员构成也能够进一步佐证这种状况。2013年，阿里金融团队一共有员工300多名，包括100多名IT技术人员、100多名数据分析专家，其余是客户经理和财务等人员。

基于阿里巴巴构建起来的庞大数据库，加之长达十几年的运营经验积累，阿里小贷建立了一整套风险管理体系，这一体系框架也是按照巴塞尔协议的要求来构建的。比如在财务系统上，阿里小贷设定拨备覆盖率为450%，这个数字比商业银行的200%～300%更高。在巴塞尔协议的基本要求下，阿里小贷开发了很多模型，这些模型有利于阿里小贷更好地掌握客户信息，控制信贷风险。

为达到准确评估与高效决策，阿里小贷开发了数百个模型，从图4-2中我们可以窥其一二。

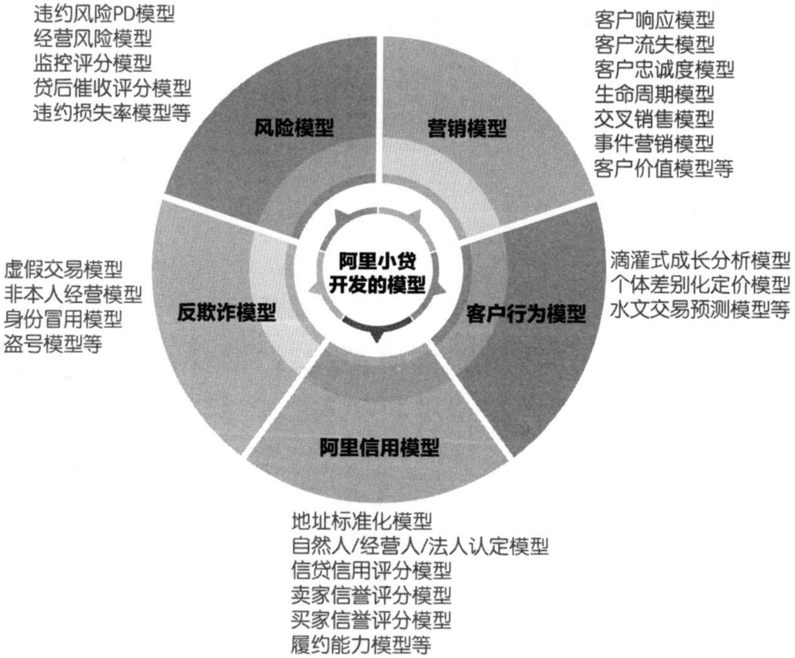

图4-2　阿里小贷开发的模型简图

举例来说，2013年阿里小贷利用大数据搭建的一个重要模型是“水文模型”，顾名思义，就是借鉴了城市的水文管理开发的模型。比如，某河道的水位达到某个值，但是人们无法依据这个数值采取应对措施，是准备防汛还是不做任何动作？也无从依据该数据判断趋势：下个月河道水位会走高还是走低？是不是会影响防汛等河道管理的措施？但是如果将这个值放到历史数据及周边河道数据中，就可以做出一定的判断，比如相比过往同期，这个数据是变高了还是变低了，变化了多少？以往在这个时期之后，河道水位又是如何变化的？每个河道的趋势，都可依照这一方式做出判断。水文模型如图 4－3 所示。

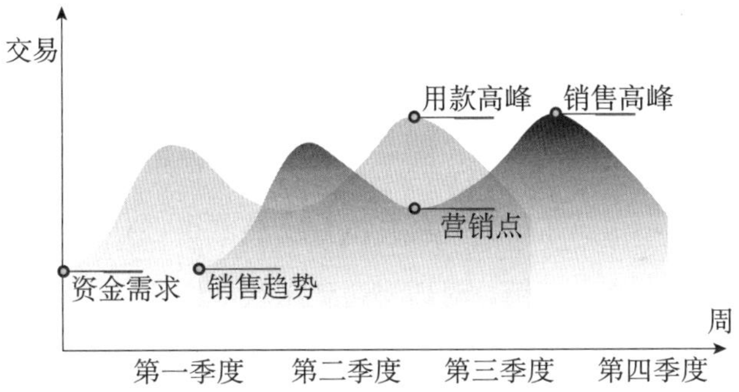

图 4－3　阿里小贷的交易预测水文模型

水文模型就是按照商户的种类、星级，建立一个相关的“水文数据库”，记载商户过去静态的常数及其分布情况，并且通过跨年的比较，有效剔除季节性波动等影响，来预计商户的成长趋势。

将水文模型应用于小微信贷，一方面可以在更为详尽、可靠的数据基础之上进行授信，平滑特殊因素对授信判断的影响。比如某个经营手机的店铺，在“双 11”达到 300 万元的销售额，相较于平日的销售额可能显得很高，单看这个数据给予用户授信，很可能做出错误的判断，因为如果把这个店铺放到水文模型中，去观察其不同时间、季节的经营数据及其同类店铺数据，可以看到也许平常该店铺经营额并不高，甚至和过往“双 11”的数据相比，这个店铺今年的营业额反而下降了，与同类目的店铺相比，“双 11”期间其经营额的增长或许还没有其他的店铺快。

另一方面，则能够预判小微企业自身经营的走向，以及资金需求的节点和量。结合店铺自身数据的变化，以及其他类似店铺的数据变化，系统能够对这一店铺未来的变化做出推断。例如，以往每年到某一时点，该店铺的销售额就会增加，同时对外投放的额度也会上升。据此，系统可以对该店铺的融资需求做出分析，结合该店铺以及同类店铺往期的资金支用数据，甚至可以判断出该店铺资金需求的额度。

通过交易预测水文模型，阿里小贷不仅可以提高授信准确度，甚至可以在商户申请贷款之前，对其进行主动营销，对处于用款高峰的客户进行最大力度的营销，对即将达到用款高峰的客户进行提前式低强度营销。所有营销动作和反馈结果都记录在案，并在后期通过响应模型予以优化。

◎ 独特的风控体系

借助大数据的支撑，阿里小贷构筑起一套独特的风控标准体系。由于信贷资金的流向以及贷款企业上下游在阿里巴巴平台上是全程可监控的，因此可以在很大程度上控制贷款的风险。

首先，阿里小贷对借款人资格有严格的限定，贷款申请企业必须为阿里巴巴平台用户，借助阿里巴巴平台的信息互通与共享，阿里小贷可以充分获取贷款企业的信息。阿里小贷对贷款用途也有严格限制，必须是经营性贷款，投入到生产当中，并规定了一定的期限。

其次，从贷款流程的前、中、后的角度来看，阿里小贷分别设置了几道关卡，层层把关。

在贷前征信与信用评价方面，阿里小贷将阿里巴巴平台上汇总的商户信息，代入信用评价、违约风险和差异化定价等模型当中，通过大数据技术，对贷款企业的经营状况、信用情况和偿债能力等进行分析，最终判断是否给该企业贷款，并确定贷款的限额、利率和期限等。在此过程中，为了确认客户信息的真实性，阿里小贷还会通过交叉检验技术辅以第三方验证。

如果贷款获批，贷款企业需要和阿里小贷签署合同，绑定法人代表的个人银行卡和支付宝账户。阿里小贷进行个人实名认证和支付宝认证，确认支付宝贷款到账金额，这也使得阿里小贷可以监控资金的流向。

在贷后管理方面，阿里小贷通过多种手段实时监测获贷企业的资金流、经营状况等，并利用监控评分模型、贷后催收评分模型，监控贷款用途和运作效率，及时收回贷款，并在贷中对可能的风险作出预警。在还款方式上，阿里小贷一般采用分期等额本息偿还法，客户定期将还款资金通过银行卡转入支付宝账户，或者在支付宝账户留有足够金额，由支付宝系统自动扣款。如果客户提前还款，阿里小贷一般会收取本金的3%作为手续费。如果出现逾期，逾期期间按正常利率的1.5倍计息。

如果贷款出现了逾期，阿里小贷会采取催收、资产保全等方式，从逾期一天就开始催收，逾期360天以上的会快速核销。对于违约的贷款企业，一般采用网络店铺/账号关停等方式，提高其违约成本，达到控制风险的目的。

截至2013年12月31日，阿里小贷的贷款余额超过120亿元，不良率不到1%，这几乎相当于银行机构针对大中型企业的贷款不良率水平——2012年，我国前十大银行的不良贷款率是0.82%。

“当然，不良率永远控制在很低的水平也不合适，那证明完全没有新的尝试。在某个阶段试错的时候，不良贷款的样本数是比较大的，阿里小贷会先控制样本数，把风险控制在一定范围内。尝试新的方式，如果成功，那就扩大样本数、慢慢放开，如果失败，那就证明这条路走不通，找到背后的原因之后，再去调整。”刘波坦陈道。阿里小贷的最高不良率点出现在2011年4月，超过2%，2011年3—8月维持在接近2%的水平，其余时间一直保持在1%以下。即便是当时2%的最高不良率，也低于行业平均水平。

第三节　网商银行：开在云上的银行

◎ 圆了银行梦

民间资本一直都有一个银行梦，马云也不例外。

马云的银行梦，最早可以追溯到1992年。“我那时候创办了一家小企业海博翻译社，当时工资是100多元，为借3万块钱，我花3个月时间，找了各种关系，甚至愿意把家里所有能抵押的家具都拿来抵押，还是没能从银行贷到款。那时候想，如果有一家银行有一天能够专门做这样的事情，就能够帮助很多人取得成功。这样的想法一直没有停止过。”从此，马云一直希望能够做一家专注于小企业的银行。

然而，由于民营资本受到只能参股无法控股银行的政策限制，加上现实中的层层阻挠，民营资本的银行梦实则成为一道无法跨越的“玻璃门”。1996年成立的民生银行，作为中国银行业改革试验田，既是新中国第一家民营银行，也是改革开放30年来唯一一家民营银行。

2013年，对于拥有民营银行梦的企业家来说，是梦想照进现实的一年。

这一年的6月19日，国务院总理李克强主持召开国务院常务会议，提出探索设立由民间资本发起的自担风险的民营银行，一石激起千层浪。随后的7月5日，国务院正式发布“金融国十条”，即《关于金融支持经济结构调整和转型升级的指导意见》，明确有关政策。一纸政策落地，民营银行正式开闸。

东风既来，阿里巴巴当然也坐不住了。经过紧锣密鼓的筹备，2013年下半年，阿里巴巴将一纸申请书递交到浙江省政府金融办，再通过金融办向银监会、国务院层层上报。外界也盛传阿里巴巴要涉足民营银行的消息，成为率先获得民营银行牌照的最大热门，但阿里却对此守口如瓶，始终予以否认。

8月刚刚调任杭州市金融办副主任的俞胜法，了解到了阿里巴巴的这一动向。2013年深秋，一次深谈之后，俞胜法受邀加入蚂蚁金服，负责筹建中国第一代互联网银行。在此之前，他在杭州银行任职多年，在行长任上业绩、口碑俱佳，可谓领衔阿里网络银行的最佳人选。而如果没有这份邀约，再过一阵子，俞胜法很可能会成为下一任的杭州市金融办主任。经过深思熟虑之后，俞胜法于2014年2月正式辞去杭州市金融办副主任职务，加盟蚂蚁金服。

一个多月之后，正值2014年“两会”前夕，俞胜法在某个晚上接到来自银监会的通知，第二天要在北京召开一个非常秘密的会议。彭蕾、胡晓明和俞胜法三人立即飞赴北京。

在银监会的内部通气会上，银监会小心翼翼地告知，尚福林主席第二天会向外界宣布要设立五家民营银行，希望各家按照银监会筹建的要求，低调、稳健、积极地推进筹建工作，不要太高调。因为民营银行只是迈出了第一步，未来如何还看不准，而且不要将其视作一个很重大的突破，以后会逐渐常态化。

第二天，也就是2014年3月11日中午，银监会主席尚福林在记者会上披露，首批五家民营银行试点方案已获国务院同意，阿里巴巴、腾讯两个互联网巨头双双入选。另外需要明确的一点是，民营银行的试点采取共同发起人制，每个试点银行至少有2个发起人，同时遵守单一股东股比规定。下一步，将依法对发起人资格进行审查，资格审查合格的，再正式提交筹建申请。

阿里团队当即开始搭建班子。由于是在原有小贷公司基础上筹建网络银行，并计划将小贷公司的业务全部并入，这就成为一个水到渠成的过程。因此，在很短的时间里，阿里团队就完成了所有准备工作，包括与其他几家股东的洽谈、系统的搭建等。

但是后来出现了一个插曲。阿里巴巴上报的方案当中，蚂蚁金服占67%的股份，即拥有三分之二的控股权，但银监会批准的最高比例是30%。批复一出，整个阿里集团的心理落差非常大。对于网络银行的筹建，阿里巴巴和蚂蚁金服集团投入了100%的资源，而可以享受到的经济回报比例相差太悬殊，积极性自然受到打击。

与此同时，阿里巴巴获准筹建民营银行的消息一公布，与之合作的各家银行也都有了意见。他们认为，阿里自己要办银行了，很多事情可以自己做，就不需要其他银行了。此时，筹建过程实际上停了下来。直到7月25日银监会发布消息称，已正式批准三家民营银行的筹建申请，呼声颇高的阿里巴巴错过了首批筹建机遇，这让外界颇为错愕和疑惑。

机不可失，失不再来。身在其中的阿里团队，开始认识到筹建首批民营银行首先是一件具有政治意义的事情。仔细想来，首批民营银行的名额不是银监会而是国务院敲定的，中央甚至专门召开政治局会议来商议民营银行设立事宜，一旦放弃不做，可能会有很大的社会影响。因此，在停滞了四个月之后，这一项目又重新启动。

此后，浙江网商银行于2014年9月底被获准筹建，2015年5月27日获开业批复，最终于2015年6月25日在杭州宣布正式开业，历时9个月。网商银行由蚂蚁金服、复星、万向、宁波金润、杭州禾博士和金字火腿六家股东发起设立，注册资本40亿元，蚂蚁金服占网商银行30%的股权，网商银行董事长井贤栋和行长俞胜法均来自蚂蚁金服。

网商银行明确定位于立足“小存小贷”，提供不超过20万元的“小存”与不超过100万元的“小贷”服务。后来获批的网商银行方案有所调整，“小贷”的上限提高至500万元，但核心定位没有改变。

尽管自筹建之初，网商银行就引发了极高的关注度，却成了国内首批5家试点民营银行中开业最晚的一个，比国内首家网络银行深圳前海微众银行开业晚了半年。事实上，网商银行原本完全可以成为首家抢跑的互联网银行，因为蚂蚁金服有成熟的金融技术基础与丰富的网络信贷经验，微众银行则是重新搭建一套系统，原来整套的技术主要基于社交、游戏，也缺乏整合。

也正是在此曲折经历之下，原计划完全并入网商银行的小贷公司，实际上只将500亿元规模的小微企业信贷业务划入了网商银行，而规模高达1 000亿元的消费信贷业务依然留在了小贷公司，这实际上对后续的网商银行整体经营格局造成了一定的影响。如果小贷公司原有业务全部合并转入，网商银行将在五家民营银行中遥遥领先。相比而言，常常被外界拿来与网商银行比照的微众银行，基于社交基因，主打个人信贷，实际上与目前蚂蚁金服的借呗更加对标，与网商银行则有着截然不同的定位。

◎ 第一家跑在“云”上的银行

互联网银行要“革”传统银行的“命”——这曾是阿里入局民营银行时甚嚣尘上的一种观点。然而，随着网商银行这一有着互联网基因的民营银行业务版图日渐清晰，其与传统银行并非站到了对立面，而是成为互补的合作方。

“我们的对手不是另外一家银行，而是我们如何能够建立一个新的金融体系，能够支持和服务那些80%没有被服务过的消费者、小企业。”在任何场合，马云都始终强调网商银行与传统银行并无竞争关系。

“网商银行永远不会去碰那20%的高净值客户群。”行长俞胜法也为网商银行画了一条红线。网商银行的定位非常清晰，就是要做现有金融体系的有益补充，只做小微客户，不做500万元以上的贷款，以互联网的方式服务80%的长尾客户。

网商银行股东、时任蚂蚁金服CEO彭蕾在成立大会上谈到对网商银行的期待时说，网商银行的考核目标不是看市场规模，更不是看利润率，而是看服务的中小企业客户和海量普通消费者的数量，同时还要看客户忠诚度。

网商银行也提出了一个野心勃勃的目标，计划未来5年服务1 000万家小微企业和数以亿计的个人消费者。连马云也在开业仪式现场直呼“这是一个伟大的理想”，史无前例。事实上，目前全世界还没有一家银行贷款客户数量超过1 000万。按照传统的方法和思路，1 000万确实是难以企及的目标，但网商银行希望能为行业趟出一条新路。

如何实现这一伟大的理想？网商银行采取了与传统金融机构不同的方式：没有物理网点和信贷员，不做现金业务，也不涉足传统银行的线下业务，如支票、汇票等，IT系统全部架构在阿里云上，用大数据进行风控——网商银行成为一家真正意义上的互联网银行。

你可能不会看到用户拿着现金到网商银行的网点去存钱或者申请贷款，因为网商银行希望提供的服务不受时间和空间限制，就像水龙头里的水一样，全天候即开即用。网商银行的营业思路跟传统金融机构也并不相同，其核心是紧贴场景，随时提供金融服务。比如，小微企业用贷款最看重时效，而传统银行的贷款审批太过复杂，流程也长，等到放贷的时候企业可能已经破产了。依托移动互联网“永远在线”的特性，网商银行采取“即贷即到即用”的放贷方式，当小微企业或创业者需要贷款时，打开手机就可以获得贷款，同时可以提前或者随时还款。

值得一提的是，网商银行是中国第一家完全跑在“云”上的银行。它是国内乃至世界上第一家完全去 IOE、将核心系统构架在金融云上的银行，而这套核心系统基于阿里自主研发的金融云计算和 OceanBase 数据库。

基于金融云计算平台研发的银行核心系统，让网商银行拥有处理高并发金融交易、海量大数据和弹性扩容的能力，利用互联网和大数据的优势为更多小微企业提供金融服务。在传统 IT 系统下，当有明星理财产品销售时，由于系统承压力不够，往往采取限制额度的方式售卖，而云计算即使遭遇“双 11”的爆发交易量，也可平稳应对。

金融云的另一优势在于：保持高效的同时，还可以大幅降低运营成本。商业银行每年在 IT 系统的软硬件采购上要耗费上亿元资金。另据相关测算，银行采用的传统 IT 系统，每年维护单账户的成本大致在 30～100 元，单笔支付成本约 6～7 分，而基于金融云的网络银行系统，每年单账户成本只有约 0.5 元，单笔支付成本约 2 分钱。

信贷与风控方面，网商银行也继承了已从事 5 年信贷业务的阿里小贷的所有经验和能力。阿里小贷依靠大数据做风险甄别，累计投放贷款超过 4 000 亿元，一直把不良率控制在 1.5% 以下。在网商银行贷款，贷款流程大约 3 分钟左右就可以完成，每发放一笔贷款的成本不到 2 元，而传统的线下贷款业务流程最快也要 72 小时才能完成，线下贷款发放的单笔成本则在 2 000 元左右。

无抵押纯信用贷款是网商银行目前的主打业务。网商银行的融资产品体系由“网商贷”+“旺农贷”构成，前者覆盖阿里、蚂蚁体系内电商商户和外部50多家合作平台的企业主；后者针对“三农”，覆盖全国25个省区、2.5万个村庄的100万农村小微用户。2016年“双11”前后，网商银行共为133万家小微企业累计提供贷款超过500亿元。此前一个月，俞胜法做客阿里巴巴旗下一站式商家工作台“千牛”，亲自向商家发放了超过10亿元的贷款，当天超过百万人次观看直播互动，他也被称为“史上以最短时间接待客户最多的行长”。

除了信贷产品以外，网商银行希望能够为小微企业提供全套的金融服务，因此陆续推出了供应链赊销产品“信任付”、企业版支付宝“融易收”、企业版余额宝“余利宝”、免费为小微企业提供细致的财务数据的“网商有数”，以及随时存取的定期存款产品“定活宝”和“随意存”等。

网商银行也希望通过快速响应客户需求，快速创新产品，更好地适应市场需要。例如定活宝从创意提出开始，到2016年8月真正实施上线，周期在一个月左右，发布上线以后一个月时间，就做到了100亿元的存款规模。

“如果有人聊到网商银行，我希望能听到他们说我们长得其实不像一家银行。”俞胜法这样描述网商银行。网商银行自称是“有银行牌照的技术公司”，希望让技术对整个银行的业务起到驱动作用。

在拥有300多名员工的网商银行中，三分之二是科技人员，从事数据建模等工作，公司内部的氛围几乎看不出一点银行的影子，而完全像是一家互联网企业，办公区域的布置与一般互联网公司并无多少差别。相比之下，无论是大型国有银行、股份制银行，还是其他的中小商业银行，其技术人员的占比一般不超过10%。

网商银行并不缺乏互联网的基因，然而，作为一家有牌照的银行，如何戴着“紧箍咒”跳舞，在符合金融监管要求的前提下做大金融业务，实现稳妥与创新的动态平衡，是其面临的一大考验。

为此，网商银行首先在高管团队方面下大力气，聘请众多金融界精英加盟，例如首任行长俞胜法此前曾任杭州银行行长、杭州市金融办副主任，首任副行长赵卫星则有民生银行、华夏银行的多年从业经验，首席信息官唐家才原来是农行总行软件开发中心主任。在2016年末、2017年初高管变动之后，新任行长黄浩曾是建设银行网络金融部原总经理，新任副行长金晓龙曾是平安银行网络金融事业部/小企业金融事业部总裁。

在招聘人才的时候，网商银行提出1/3∶1/3∶1/3的比例。首先，希望三分之一是来自金融机构的人才，他们对整个金融服务框架、流程比较了解，也比较谨慎，不会让网商银行在经营过程当中走偏。但是他们缺乏互联网的基因，对于互联网银行的运作模式可能适应较慢。希望第二个三分之一是拥有互联网背景的人才。最后还有三分之一，希望是既没有互联网的经验、也没有金融的经验，而是真正具有充分想象力、了解年轻人心态与需求的人才。不过最后这三分之一的计划最终未能实现。

作为监管部门首批批准建立的民营银行，网商银行被寄予做好普惠金融服务的期望，这也成为蚂蚁金服与网商银行努力的方向。网商银行通过互联网技术，轻松触达海量小微企业与个人用户，并通过大数据、云计算的运用，大大降低了运营成本、征信成本、坏账成本，使得普惠金融从一句口号变成了现实。

而要完全实现普惠金融的梦想，网商银行并非只凭一己之力。从筹建之始，网商银行的方向就非常明确：延续蚂蚁金服的平台化思路，搭建同业平台，联手更多的金融机构，共同为用户提供服务。在此过程中，网商银行会采取“自营＋平台”的方式，首先做深做透阿里巴巴、蚂蚁金服的整个生态圈，待培养出过硬的能力之后，再慢慢走出去，把自身的技术和数据能力分享给更多的金融机构，真正促进普惠金融的实现和发展。

截至 2017 年 1 月，运营一年多的网商银行交出了一份成绩单：服务小微企业和经营者的数量达到 271 万户，覆盖全国 23 个省（自治区、直辖市），与中型股份制银行相当；累计放款金额 1 151 亿元，贷款余额 331.93 亿元，户均贷款余额为 1.7 万元，贷款频次远高于同业。不良贷款率低于 1%，信用风险远低于商业银行平均水平。

2016 年末，网商银行信贷余额中的 11%为涉农贷款，农村金融的明星产品旺农贷已经覆盖了全国将近 2.5 万个村庄；赋能小微企业的“网商有数”，也成为 50 万家小微企业的 CFO。

更值得关注的是，在 2016 年民间投资乏力的背景下，传统金融机构将大量信贷投放于房贷，网商银行则全年没有一笔贷款投向房贷，而是全部流入小微商户企业。2016 年，网商银行客户数增加 4 倍，信贷规模较 2015 年增加 3 倍。

◎ 小银行，大生态

存款一向是商业银行的立行之本。网络银行由于不设线下物理网点，无法采用传统银行执行的面签开户流程来获取存款，因此，其出路只能是运用人工智能技术来解决远程开户问题。

蚂蚁金服与世界领先的人脸识别平台 Face++Financial 合作研发人脸识别技术，在内部的阶段性测试中，人脸识别的准确率达到了99.8%。早在申请筹建阶段，网商银行就第一时间向监管机构申报了一套远程开户解决方案。2015 年初，仍在测试阶段的微众银行也通过人脸识别技术，帮助卡车司机徐军远程获得了 3.5 万元的贷款。

然而，互联网银行“刷脸开户”的方案却一直未能获监管层批准实施。监管部门之所以不愿轻易表态，原因之一是对潜在风险抱有顾虑，之二则在于标准尚未统一。事关银行远程开户的政策问题，绝非只是针对一两家试点互联网银行的特殊需求给予“开闸”这么简单。

由于远程开户仍没有任何破冰迹象，资金来源成为网络银行的最大掣肘。除去 40 亿元的注册资金，网商银行也拓宽了资金来源渠道：一是基金公司以及保险公司存款，二是同业拆借，三是资产证券化。2016 年，网商银行已获得同业存单发行资格。资产证券化成为网商银行下一个重要的资金渠道，其第一款资产证券化产品将很快推出。

同时，由于网商银行无法通过远程开户建立个人账户体系，因此无法提供传统银行顺理成章给出的支付结算、资金增值以及链接企业与金融机构等服务。账户体系的建立是一家银行能够高效运转并且发展综合业务的重点，从某种角度讲，没有账户体系，就一定不是一家银行。

“不允许网上开户，互联网银行只能叫有牌照的技术公司。”招商银行前行长马蔚华曾这样评价。能否放开远程开户，是未来互联网银行能否发展起来的关键。否则，网商银行、微众银行等互联网银行只能开设Ⅱ类或Ⅲ类账户，很多业务都要借助其他银行开展。

面对这道迈不过去的槛，网商银行眼下能做的也只有先启动那些脱离账户体系的贷款业务，执行“轻资产，交易型，平台化”的运营策略。

所谓轻资产，不仅指不再设立物理网点、节省从柜员到房租等过重的成本投入，更希望强调的是，不再依赖过去传统银行的资本金模式。

所谓交易型，是指不以做大资产规模、追求商业利润为目标，更快速地实现资金的循环流动。既然暂时无法通过吸储来获得成本最低的资本金，网商银行索性放弃追求存贷款利差这样的传统银行盈利模式，转而从交易当中获取一定的服务费。目前，各类银行，包括国有大行、股份制银行、城商行和农信社都在和网商银行进行接洽，共同商定风险与收益的分担机制。

所谓平台化，则是网商银行将风险管理能力、技术支撑能力、场景化的客户服务能力，开放共享给同业金融机构，进而更高效地实现金融服务需求与供给的匹配，形成开放式、生态化的平台。

网商银行的目标是，5 年内服务 1 000 万家企业客户和数以亿计的个人用户，这当然不仅局限于阿里与蚂蚁平台上的现有用户。这一庞大的目标数量，单靠网商银行是无法实现的，因此，它将延续阿里巴巴与蚂蚁金服的平台化运营思路，将存款和贷款两头都放在外面，将目标设定为“小银行，大生态”。

阿里一方面呼吁未来应该有更多的社会化数据、政府的公共数据向银行业开放，以补充其体系外的信用数据；同时其内部也在加速扩大整个电商生态体系的覆盖范围。这其中，一个最重要的方向就是乡镇农村市场纵深挺进。

农村金融是网商银行重要的战略方向。面对一片农村金融市场的蓝海，网商银行不会在线下布局网点，但会搭上阿里集团下乡的顺风车。阿里巴巴的农村电商"千县万村"村淘计划，在农村铺设了电商网络、物流网络，网商银行则会随着这张大网的铺设来提供农村金融服务的解决方案。

然而，无论是交易数据的沉淀还是整个农村信用体系的搭建，都注定是一个漫长的过程，在这个过程中，无论是政府、社会还是商业的资源，网商银行都会积极与其沟通，利用其征信资源或者资金资源，寻找合作的空间。

网商银行的客户不会仅仅局限于阿里的生态，但是，网商银行必须有客户的数据才能开展信贷业务，因此它在开办初期以阿里生态内的用户作为主要目标，比如阿里巴巴、淘宝、天猫等平台上的小微企业、口碑商家、支付宝用户等。目前，阿里巴巴整个生态体系内的用户，在所有场景中都能享受到网商银行的服务，然而这个生态的活跃商家有700万～800万家，真正能够得到信贷服务的也就400万～500万家，所以需要外部拓展。

例如，网商银行联合美团为其平台上的商家提供"网商贷"，到2016年底已达到10亿元的规模。除此之外，网商银行与二十多家物流公司以及饿了么、滴滴等50多个平台展开合作，覆盖餐饮、出行、货运、租房、汽车、母婴等各个行业。到2016年底，体系外的贷款大概占到网商银行贷款总额的10%。

另外，诸如支付宝、花呗、借呗等产品，正在走出阿里，和更多的平台合作。对于网商银行而言，这些合作形成的数据也在扩大潜在的客户群体。

网商银行在2016年5月设立了外部平台合作部，首先与外部平台进行前期沟通交流，之后与产品团队结合，一起开发适合这一平台的产品，然后再由风险团队（也就是数据团队）跟进开展数据落地与建立风险模型的工作。这三步都完成以后，就进入技术开发的环节，实现双方系统对接，然后产品才算真正落地，可以开展业务了。最后能否开展业务、做成多大规模，均由风险和数据团队来定，如果风险不可控，也就无法再推进。

与外部平台合作，一个最大的难点是时间周期比较长。从网商银行与一家平台开始接触直到最后落地，没有半年是不够的。网商银行要把这个平台的经营模式、客户特征搞清楚，因为风控完全数据化了，要看数据质量如何、风控模型怎么建，这就有一个训练的过程。所以合作协议签完以后，首先要把数据转化成金融所需的数据，之后还要单独为其建立个性化的风控模型，比如电商平台与货运平台的模型是不同的。模型建起来以后，业务还需要逐步嵌入，比如先为1 000个用户提供信贷服务，来测试模型的有效程度，试的过程中一定要有还款记录，随后两三个月再根据还款表现来完善风控模型。所以风控模型基本上要用五六个月的时间来不断完善，最后才能真正形成一个适合这个平台的模型。从这个角度讲，网商银行一开始会比传统银行推进更慢，因为传统银行只要线下调查完成就能审批放贷。

当然，与外部平台的合作仍处于探索的过程当中，一家平台、一家平台地去做，并不是网商银行的方向。从外部看，再难有像阿里巴巴这么大的平台了，用户达到百万级以上可能就算得上是很大的平台，但这些用户并不会全部转化成网商银行的客户，转化 10%就是 10 万，转化 5%则只有 5 万。而且，这些平台是否能够发展壮大，来支持网商银行的业务发展，也是一个未知数。

因此，网商银行希望能跳出圈子，在更大的范围内考虑自身的服务对象。事实上，其最大的服务群体是大量但又分散的个体工商户。现在全国工商注册登记的企业或者个体工商户有 6 000 多万家，其中个体工商户就有 4 000 多万家，只要有 10%转化成客户，就是 400 多万家。但是网商银行对这些个体工商户并不了解。

因此，网商银行数据团队正在做的一件事情，就是去和各个地方政府谈，来获取当地个体工商户的社保、工商、税务信息，只要这三个信息真实、有效、稳定，就可以先为其提供一个小额授信。在申请贷款的过程当中，再要求其提供经营范围、交易量等简单信息，通过初步的筛选判断，进而实现自动化授信。首次授信实现零突破后，随着信贷次数增多，信贷额度也会慢慢提升。

想法虽好，落地却很艰难。很多地方政府官员热情很高，期望借此改善当地的金融服务，但是在各部门各自为政的情况下，要真正落地却没有那么容易。目前网商银行正在寻找一个突破口，一旦突破，就能够很容易地在更大的范围内复制。

第五章

ANT FINANCIAL

让信用等于财富

免押金租车、免押金租房、免押金入住酒店、凭信用极速申请贷款……短短两年间，信用的便利、普惠已经悄然进入人们的生活。蚂蚁金服通过免押金、先享后付的利器，在诸多行业打开楔口，让人和机构之间的商业关系发生颠覆性的改变。

与支付宝“因为信任 所以简单”一脉相承，芝麻信用以科技的力量助力社会信用体系，通过构建覆盖多元生活与商业场景的信用闭环，在普惠民生、创新金融发展的同时，也真正让守信者一路畅通，失信者寸步难行。

“让信用等于财富”——以此为愿景的蚂蚁金服正悄然掀起一场信用变革。

第一节　芝麻信用：建立个人信用账户

◎ 信用的种子落地发芽

“我们在阿里小微金融服务方面做了很多工作，但我们想做的不是金融，是信用体系。”在2013年中国首家网络保险公司众安在线的成立仪式上，马云在谈及信用时说：中国缺的不是一个金融机构，而是一个完善的信用体系。

从最初通过支付宝解决买卖双方的信任问题，到后来在互联网信贷、消费信贷中逐步建立起信用体系，蚂蚁金服一直在这条路上探索着。

在此过程中，蚂蚁金服一直在思考，能不能把自身沉淀下来的数据资源、技术能力、经验贡献出来，服务于更广泛的人群，进而赋能整个社会，使得金融更加普惠、商业更加智能、社会更加高效。

早在2012年，开展信用服务的想法就已经开始酝酿。从2013年着手实施，到2014年步入筹备期，恰逢国家政策支持，芝麻信用团队通过与监管层积极沟通，终于在2015年初获得了一张宝贵的通行证。这一年，也被业界称为中国个人征信市场化的元年。

2015年，对芝麻信用管理有限公司总经理胡滔来说也是其职业生涯的新起点。作为昔日谈判桌上的对手，胡滔早已与蚂蚁金服结下了不解之缘。

胡滔在招商银行工作时就和阿里巴巴打了近十年的交道，但决定加入芝麻信用，还得益于她的初心：由于注重风险管理，银行给小微企业放贷时只能采取线下尽职调查的方法，这种方法成本太高且无法确定客户的还款概率。她觉得，芝麻信用给了一个用更低成本做好信用风险识别、帮助银行更好地去做普惠金融的机会。

2015年1月4日，胡滔离开供职多年的招商银行零售网络银行部，加入了蚂蚁金服旗下的芝麻信用。

第二天，央行就下发了《关于做好个人征信业务准备工作的通知》，要求芝麻信用、腾讯征信、前海征信等8家机构做好个人征信业务的准备工作，并给了6个月的准备期。

纵观8家机构的名称，几乎都冠以“征信”之名，只有芝麻信用钟情于“信用”。“我们初始的情怀是要去解决人和人之间的信用问题，让人和人之间更加信任，所以我们叫芝麻信用管理公司，也是希望芝麻可以帮每个人做好个人信用的管理。”胡滔这样介绍。

而对于芝麻这一名称的来历，井贤栋如此阐释：“芝麻与信用颇为相似，看似小，但营养出色且重要，更需积少成多。以芝麻命名，是希望传达‘信用是点滴珍贵，重在积累’的理念。我们期望，芝麻信用可为中国人带来全新的信用名片，引导推动全民信用意识的提升，助力社会诚信体系的建设。”

◎ 征信体系发展方向有待厘清

在中国，P2P网贷、消费金融近几年乘着互联网的东风，呈爆发式增长态势，一度受到抑制的个人信贷也成为新的金融热潮。

然而，在中国大约8亿的潜在消费信贷用户当中，只有3亿人有征信数据，大多数人尚没有征信记录。传统征信数据以现金流水、借贷等金融数据为主，没有办法覆盖那些没有信贷记录的人群，因此，对于首次涉足信贷的人群，无法做出信用评估。而对于我国来说，首次信贷正是未来所需要的增量经济的助推力。

央行征信系统作为我国最权威的征信数据，是金融机构信用评估时的首选数据来源，主要服务于银行业金融机构等传统意义上的信贷机构，而互联网金融公司等新型信贷平台的信贷数据游离于征信体系之外，无法利用征信系统共享和使用传统征信信息。

征信体系不健全，信用数据呈碎片化，使得金融机构难以更为客观地衡量个人信用水平和还款能力，同时也会加大金融机构的经营压力，导致坏账率升高、风险加大，间接提高了借款人的资金成本。

以美国为代表的发达国家，经过数百年的发展和建设，已经形成了浓厚的信用文化与高度市场化的征信体系。而同时期的中国，征信体系依然处于发展的初级阶段，存在立法滞后、监管缺位、服务不规范等问题，发展方向还有待厘清。

对美国居民而言，信用影响着生活的各个方面，若信用记录不好，可能买房贷不到款、申请信用卡被拒。由于很多机票代理公司要求客户必须用信用卡支付，因此没有信用卡或信用卡被冻结，会寸步难行。反之，信用记录优良的客户，按揭贷款利率低，能够享有各种优惠、折扣等。

提到美国的个人消费信用评估公司 FICO，在征信和大数据领域可谓大名鼎鼎，其每一步发展都在影响着美国征信体系的建设与完善，经过三十年的发展，目前 FICO 个人信用评分体系已经成为美国使用最广泛的征信模型，覆盖了美国 85%的人群。美国三大民营征信机构——益百利（Experian）、艾可菲（Equifax）和全联（TransUnion），在搜集美国消费者的信用资料后，均使用 FICO 推出的信用评分模型对消费者信用进行评分，分数在 300～850 分，分数越高，代表消费者的信用程度越高。

FICO 中国区总裁陈建介绍，在美国，也有约 5 000 万成年人没有征信局的记录，因此，FICO 推出了 FICO XD 产品，通过电信运营商数据、水电煤数据、金融交易数据等判断个人的征信状况。在中国，类似的“盲区”更大，因此，大数据征信、云评分的方式，将成为中国普惠金融的必然选择。

也正因为如此，个人征信体系向民间机构开闸成为大势所趋。

◎ 每人都拥有一个芝麻分

获得开展业务准备资格 3 天后，2015 年 1 月 8 日，芝麻信用管理有限公司在浙江省工商行政管理局登记成立。1 月 28 日，芝麻信用以“急行军”的速度率先开始了公测，推出中国首个个人信用评分——芝麻分。最初芝麻信用只是邀请部分用户进行公测，但还是引起了用户的极大关注和朋友圈的“晒分”热潮。

在推出芝麻分之前，芝麻信用团队也非常忐忑，因为以前中国人从来没有过信用评分，很多人会有两点质疑：第一，你是谁？凭什么给我打分？第二，你打的分到底靠不靠谱？

所以，芝麻信用当时做了灰度测试，第一天放开了 100 万人，发现没有太多负面的声音，第二天就放开了 500 万人，结果发现用户并没有以特别挑剔的眼光来看待芝麻分，反而很多用户特别兴奋，大家的感觉都是，我们中国人终于有了一个信用分！很多客户对芝麻信用特别喜欢，对其寄予厚望，有些人主动出谋划策，有才的网友甚至创作了芝麻信用版的《沁园春·雪》《好了歌》，这些都让芝麻信用团队大为感动。

这些故事说明，在中国虽然失信的现象比比皆是，但大家内心仍保有一颗信用的种子。所以芝麻分甫一推出，很多人就觉得，这正是自己想要的东西。

在火速推出芝麻分的行动背后，是芝麻信用团队近两年的精心准备。蚂蚁金服多年来积累的技术和数据能力，为芝麻信用的发展打下了坚实基础。

芝麻信用所覆盖的网民群体，很多是传统征信机构未能覆盖到的草根人群，如从未有过借贷的人、未申请过信用卡的人、学生、蓝领工人、个体户、自由职业者等，为大量零征信人群填补了信用空白。

除了应用于金融信贷服务和部分依赖身份验证、反欺诈、信用决策的场景中，芝麻信用还陆续在上百个场景为用户、商户提供信用服务，诸如芝麻分数高于600，就有机会享受免押金租房、免押金租车、免押金住酒店、凭信用极速申请贷款……越来越多的用户开始享受到信用的便利，失信带来的违约成本也在不断增高。

芝麻信用自诞生以来一路高歌猛进，发展得风生水起，然而不为人所知的是，它的团队自身也经历了很多迷茫、纠结和思考。

一开始，大家对信用的理解非常宽泛。例如有人提出，如果客户在淘宝购物时总是不去主动确认收货，是否会影响芝麻分？芝麻信用团队对此意见不一，但后来大家觉得，像自己这样的平时工作很忙的人，可能收完货也不记得及时确认，而且很重要的一点是，知道即便因为忙而忘记了确认，系统也会默认自动收货并划账。己所不欲，勿施于人，于是没有把这个指标纳入信用评价标准。当然，这只是众多案例之一。

在推出芝麻分之后的半年时间里，芝麻团队一直在思考一个问题，芝麻这个评分是到底用来解决什么问题的？很多人觉得中国是一个诚信社会，应该有一个指标来评价每个人的信用程度。但是中国文化博大精深，“信用”这两个字背后的含义到底是什么呢？这就仁者见仁、智者见智了。

做很多事情，如果没有一个目标，就会被泛化。胡滔坦陈，当时对她影响最大的人是中国人民大学的吴晶妹教授。吴教授写了一本《信用三维论》，书中提出，信用应该分三个维度，第一个是人的诚信度，实际是道德意义上的信用。第二个是合规度，即人在社会当中，是否按照各个行业的行规来规范自己行为处事的方式方法。第三个是践约度，就是说是否很好地履行在负债方面的约定，也就是俗话说的借钱还钱的行为。

据此厘清三个维度的信用之后，芝麻信用团队经过讨论，认为经济信用的践约度可以作为可靠的信用指标。一是因为经济信用可以数据化并进行量化分析，二是其确实有比较好的预测性。而道德则很难量化、以分数评判，而且很难预测，因为人的道德行为可能会受他周围的环境影响。合规度更多的是与政府的一些规章和制度相关，但制度的不合理也会使得一个好的行为变成不合规。最终，团队明确，芝麻分解决的就是经济信用的评价问题，即基于广泛的数据，作出用户经济违约率的预判。芝麻信用在生活领域的应用也不是泛生活，而是在生活领域里跟钱相关，以及由于对个人信用不了解所带来的押金服务。

在互联网时代，如何建立交易信任、进行风险管理是新型商业模式必须面对的核心挑战。以前，企业只能依靠收取押金来制约用户行为，控制风险，但押金模式交易成本高、用户体验差，收多了用户不愿意，收少了无法覆盖风险，遇到不在乎押金的用户，制约作用更是无法生效。

信用体系的引入能有效解决用户的真实性、靠谱度问题。一方面，交易双方根据信用分就能简单筛选出更好的商家或服务对象，迅速建立起信任，提升交易效率，优化资源配置，降低交易成本；另一方面，每一次的规范使用都能积累信用，而每一次的“犯规”也会影响信用，不良行为则会造成长久影响。

“对信用体系，我们思考得越深，越觉得超出了自己的能力边界，我们的信用团队，需要去找人类学家、社会学家、心理学家，当然，金融经济的专家也需要。”彭蕾曾发出这样一番感慨。

◎ 芝麻分是怎么来的

芝麻信用的初心是：让世界因为信用，所以简单。

明确初心与方向之后，就要筛选哪些数据对经济信用的评价是有价值的、是相关的。蚂蚁金服在五六年间依赖大数据技术开展的小微贷款业务，已经很好地锻炼了这方面的能力。蚂蚁金服结合多年积累、总结出来的违约概率等关键指标，很快孵化出一个非常有力的模型。

传统征信模型主要依赖历史信贷等强相关数据的可获得性，而中国约 10 亿人口没有历史信贷数据，这使得传统征信模型找不到用武之地。为此，芝麻信用依据用户在互联网上的各类消费及行为数据，结合传统金融借贷信息，通过挖掘和信用表现有稳定关联的特征，来发现大数据中蕴含的个人信用评估价值。

之前，大家对大数据的理解有一个误区，以为大数据就是数据大，数据越多越好，又以为任何事情都可以用大数据来预测。芝麻信用的数据团队通过借鉴国外的经验，并利用大数据平台进行分析比对，发现这一市场普遍流行的观点其实并不正确。大数据最终是为商业服务的，只有与要解决的问题相关的数据才是越全面越好。这个强大的数据团队有130人，其中2/3是数据和技术骨干，包括从国外引入的FICO首席科学家、美国三大征信局之一艾可菲专门做产品和业务的专家等。

芝麻信用的数据来源非常广泛。目前，除了阿里系的淘宝、天猫、支付宝、花呗、飞猪旅行等为芝麻信用提供源源不断的数据，还拓展了数百个数据合作伙伴，超过90％都在蚂蚁金服、阿里巴巴体系之外。其中，正面数据有教育部的学历学籍、各地的水电气缴纳、社保、公积金、税务缴纳等；负面数据包括最高法认定的“老赖”、法院涉及经济纠纷的判案裁决、合作伙伴反馈的违约信息等。这些数据涵盖了信用卡还款、网购、转账、理财、水电气缴费、租房、住址搬迁、社交关系等各个方面。可以说，实时、多维的数据是评分科学客观公正的关键。没有一个单项信息能够直接或完全决定个人的芝麻分，但一点一滴累积起来的海量数据，就能够很清晰地显示出一个人的信用状况。

数据的准确性至关重要。如果数据不准确，就无法客观公正地进行评分。和信用卡等支付工具等可以随意更换不同，信用评分是根据每个人的行为记录保存下来的，完全取决于用户自己，并且比较稳定。

随着外部合作伙伴越来越多，芝麻信用面临一个很大的挑战：如何保证数据的质量？数据合作伙伴们从各个地方用各种方式采集多种数据提供给芝麻信用，但如果不能保证数据质量，就会对信用评价造成损伤。因此，芝麻信用设立专门团队制定数据存放标准，并跟合作伙伴核对数据质量，只有符合标准的数据才会入库，不合法的数据来源会被拦截，不合标准的数据也无法进入。

而且，用户还会非常积极地自主上传学历学籍、工作单位、拥有车辆等信息。在这种情况下，芝麻信用会与官方渠道沟通或通过已有模型进行交叉验证，采信确定信息，惩戒虚假信息。比如，很多用户提供的邮箱信息中含有公司信息，如@alipay. com，邮箱验证通过后，芝麻信用可以解析出用户所在公司的情况，这个数据源就非常重要。

基于对海量数据的整理加工，芝麻团队发现，只有五个维度的数据与个人的经济信用强相关——信用历史、行为偏好、履约能力、身份特质、人脉关系。相关性最弱的是社交关系，除基于资金往来的社交关系外，普通的亲友关系并未纳入信用分，因为很难从数据上证明亲友信用的好坏与自己的信用好坏直接相关，每个人的信用与自身行为特征才是最为相关的。比如，有些人非常自律、量入为出，有些人则愿意超前消费，但基本上在可还的限度之内，还有一些人则是过度消费。用于做样本测试的借贷交易数据是千万级的海量数据，一些不太相关的信息都会被剔除掉。

不同维度数据在芝麻分中的占比也不同，当然，具体占比也会不断动态调整和优化。信用历史在芝麻分构成中占比最大，其次分别是行为偏好、履约能力、身份特质、人脉关系。如图 5－1 所示。

芝麻分的产生过程是：用户授权、信息采集、数据加工、模型计

图 5-1　芝麻分的构成

算、输出芝麻分。每个芝麻分的诞生都是毫秒级的。

在用户授权的情况下，把基本信息、注册信息、账户行为、支付和资金、人脉关系、黑名单信息、外部应用等征信对象特征的数据，输入到五个信用维度中，包括信用历史、行为偏好、履约能力、身份特质和人脉关系，每一个维度代表征信对象的某一信用特征。

芝麻信用借鉴美国著名征信机构 FICO 的做法，根据上述五个信用维度的数据，建立了刻画个人信用全貌的模型，基于 7×24 小时在线运算能力，运用机器学习算法和大数据分析挖掘等技术，得出芝麻分，直观地表现信用水平的高低。需要强调的是，芝麻信用评分不是一个内部评分，而是一个普适性评分，追求准确性、可解释性和稳定性。如图 5－2 所示。

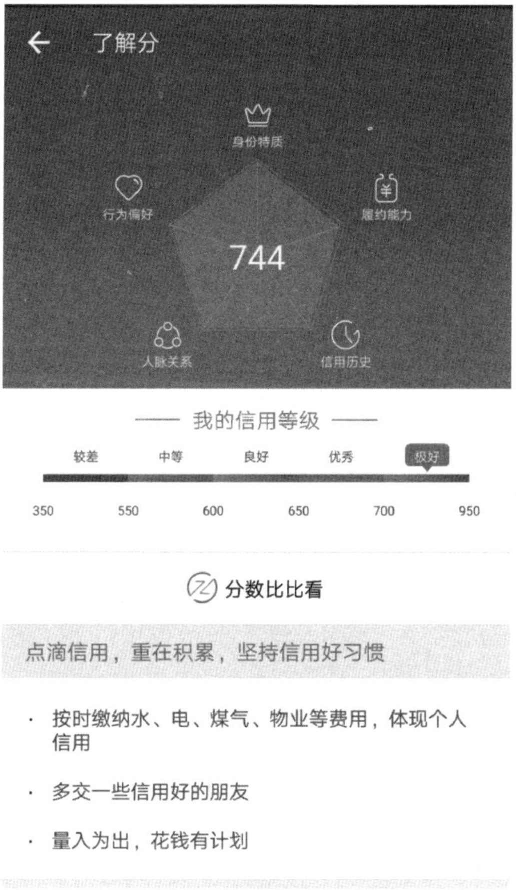

图 5－2　芝麻分的评分依据

芝麻分最低 350 分，最高 950 分，分数越高，表明信用程度越好，违约可能性越小。比如 600～650 分段为信用良好、650～700 为优秀、700～950 就是极好了。而一旦有失信行为，芝麻分则会调降。芝麻分的负面记录是供用户查看的，如果对记录存有异议，用户可提出辩护，其辩护内容也会同步展示在负面记录中。

芝麻信用所采集的负面数据，例如违约时间、金额、场景等，用户都可以通过手机随时查看。这样一种监督机制的存在，使得芝麻信用及其数据合作伙伴必须非常认真地处理数据，以保证分数的准确性，因为一旦出现差错，客户就会来投诉。而且芝麻信用对异议处理的承诺是：保证在用户投诉的 20 个工作日内给出准确答复。经过芝麻与合作伙伴共同排查，如果真的有问题，就要把错误数据消除掉。

比如芝麻信用从 2015 年 7 月开始和最高法建立专线对接，“老赖”数据库的更新 T+1 日就会反馈到芝麻信用。自从双方合作关系建立之后，每个月都会有几个客户投诉数据有误，有一些是客户自己搞错了，个别则是因为最高法的数据在各地法院录入、上传的过程中出了错，比如身份证录入错误或者重名等，经核查后，数据会被订正。通过与消费者之间的互动，芝麻信用得以对数据质量形成有效的监督机制。

随着芝麻分在贷款、信用卡等场景的使用越来越多，网络上也出现了关于“刷分”的秘籍，在一些论坛中甚至出现了“帮助提高芝麻分”的广告。尽管不少诱骗性广告是第三方非法中介的所作所为，但是芝麻信用的数据真实性和权威性也成为讨论的焦点。

对此，芝麻信用相关人士澄清，所谓刷分秘籍都是假的。芝麻信用评分是个人信用的综合评分，是单一维度的，无论是疯狂购物还是反复的转账汇款，对分数的提升作用都可以忽略不计。如果投机的话，还会被数据模型识别，给信用历史带来负面影响。所以，信用评分没有快速提高评分的方法，也没有互相加好友刷分的可能。此外，恶意刷分的行为，不仅不能提高分数，反而有可能减分。

第二节　“信用即财富”时代到来

◎ 消费金融盛宴背后的风控

2016年“双11”购物狂欢节进入第8个年头。与往年不同的是，当天创纪录的1 207亿元单日全球零售巨额成绩单背后，互联网消费金融产品成为撬动年度消费大促的重要利器。

蚂蚁金服旗下的消费金融产品“花呗”便是其中的领军者之一。蚂蚁花呗是类似于信用卡功能的可透支的新支付方式，消费者可以使用蚂蚁花呗在淘宝或者天猫上购物，在确认收货后的下个月10日还款即可。这次“双11”之前，几乎每个花呗用户都收到了关于提额的提醒，临时提额总额高达100亿元，个人最高可提额5.5万元。与此同时，蚂蚁花呗还宣布在其天猫“双11”预售会场，消费者可享受最高12期蚂蚁花呗分期免息优惠。

这样做的效果立竿见影。2016年只是花呗参加“双11”的第二年，但已有超过1亿人开通了花呗，其中90后用户占到将近一半。阿里巴巴集团披露的数据显示，“双11”全天花呗支付超2.1亿笔，承担了20%的支付量，增速是上年的3倍多。

与多年前互联网金融的一夜走红相似，消费金融成为当下的热词。尽管其已不是一个新概念，但不可否认的是，互联网金融的发展无疑是掀起消费金融热潮的最大功臣。互联网巨头在消费金融领域持续发力，成为改变游戏规则和搅起业态变化的引领者。

2014年2月，电商巨头京东商城正式公测个人消费贷款服务业务“京东白条”，当年9月上线，向用户提供零手续费、零首付的分期消费服务。京东白条上线仅半年时间，月订单数量就增长了33%。尝到了甜头的京东又陆续推出了“校园白条”“汽车白条”“白居易”“首付游”等依托消费场景的消费金融服务。

在京东白条掀起赊账网购热潮的同时，蚂蚁金服也开始布局消费金融领域，2014年12月底开始推出花呗公测，除了覆盖淘宝系电商平台，还拓展到线上线下各类消费场景。随后，2015年4月推出了“借呗”，作为一款可以取现的消费信贷产品，同时通过嵌入租房、装修、汽车等多个消费场景，满足更多消费者的各类消费需求。2014年7月，天猫又推出了“天猫分期”。

除了京东金融旗下的白条和蚂蚁金服旗下的花呗两大派系，依托垂直电商和O2O起家的分期消费平台也在迅速发展。盯住大学生消费金融市场的“分期乐”与“趣分期”几乎垄断了整个大学生消费信贷市场；百度金融则向教育领域进军，联合上百家教育培训机构推出教育信贷；微众银行推出小额现金贷“微粒贷”；还有苏宁的“任性付”、唯品会的“唯品花”、58赶集网的“58月付”、途牛旅游的“首付出发”、土巴兔的“装修贷”、优信二手车的“优信金融”，中邮消费金融公司甚至推出了“二胎贷”。可以说，几乎是变着花样也要搭上消费金融这趟列车。

尽管消费金融市场一片火热，但是值得警惕的是，征信记录不完整、消费场景有限、资金成本过高等发展障碍并未因市场的火热而消失，消费金融潜藏的风险不容小觑。

消费金融归根结底是金融产品，应坚持风控为王。但是，互联网企业容易追逐热点，往往忽略了底层的风控建设。前几年一度狂飙猛进、随后却频繁爆发卷款跑路和平台倒闭事件的 P2P 网贷行业，就是前车之鉴。

由于许多人并不在央行的征信系统中，各家消费金融平台信息相对隔离，多头授信的情况在消费金融领域十分严重。尤其是许多消费金融平台将目标用户定位在未被信用卡覆盖的人群，例如学生、蓝领、农民、次贷人群，而这样的群体多属于中低消费群体，这部分人群既没有足够的征信记录，又不具备有效的偿还能力，随着越来越多消费金融平台的出现，这一行业风险存在被放大的可能。

实际上，部分消费金融平台已开始出现腐坏变质的征兆。据媒体报道，一家金融公司的创始人曾派人去“卧底”当时在中国做得最好的几家消费金融公司，结果让他出乎意料：一线平台的实际坏账率已高达 10%，且仍在持续攀升，大部分坏账率来自内部人员的造假。一些互联网平台，逾期率甚至超过 50%。大部分公司根本就没有风控，对于它们来说，唯一重要的是急速将用户量累积起来，以便在进行下一轮融资时“讲故事”。

阿里和京东两大电商巨头，凭借花呗和白条业务，在互联网消费金融领域“领跑”，其风控核心就是运用多年积累的用户线上消费数据，通过大数据运算，结合风控模型，搭建起一套信用评级体系，据此发放消费贷款。

蚂蚁花呗的身后一个至关重要的角色就是芝麻信用，花呗的开通需要芝麻分达到一定的数值，额度的提升也与芝麻分相关联。如果逾期还款，用户的信用评分将降低，其在支付宝平台上的应用场景当中也会受到限制，严重时，个人在银行的贷款、信用卡的申请也会受到影响。

蚂蚁花呗的用户中，有 60%的人从来没有使用过信用卡，只有通过大数据技术，才能对这些在传统征信系统中信用记录比较薄的人群进行信用评估，并将信用转化成财富。一个蚂蚁花呗背后有 10 万多个风控维度指标、100 个预测模型，虽然用户中有大量年轻人，但坏账率却远低于行业平均水平。

而对于一般的公司来说，很难依靠自有数据进行信用评级。在某些领域中，消费金融可能极难成功，比如说相对泛人群、泛地域、场景可控性较差、借贷利率较高的一些蓝领消费贷，类似群体和类似场景的风控，都太难。而在这样的情况下，芝麻信用提供的信用服务，则可弥补大片空白。

时至今日，芝麻信用已经识别各类互联网金融欺诈行为超 1 500 万人次，帮助消费金融、互联网金融等机构减少损失不少于 450 亿元。

◎ 联合神州租车：让“老赖”主动还钱

芝麻分作为一个强金融属性的评价指标，团队并不担忧它在金融借贷领域的表现。但由于没有足够多的生活场景样本，它在生活场景中的表现如何，最初的芝麻团队是没有底气的。

2015 年 4 月，胡滔带着芝麻信用的技术团队走访了美国多家主流征信公司。他们发现，不管国外还是国内，没有一家公司把从金融场景开发出来的模型直接应用到生活场景中去。

芝麻团队认为，生活场景的应用缺乏直接影响信用价值被大家感知的程度，对失信人的威慑力和惩戒力不足，也就很难培养出良好的信用意识，而惩戒失信、培养信用意识正是团队希望从生活场景尝试的主要原因。

因此，芝麻分一经推出就有了应用场景，神州租车成为第一个“尝鲜”的合作方。

芝麻分刚推出时，并不容易找到合作伙伴，因为芝麻信用对此并不提供风险兜底，一切风险都要由商户自己承担。当芝麻信用向神州租车建议信用好的客户可以免押金租车时，尽管该公司的一位副总经理有一些担心，但觉得向客户收取押金是一种迫不得已的行为，如果客户信用好，完全可以不收押金。

在传统行业，押金是很多企业惯用的商业模式之一。收取押金不仅可以制约用户行为、控制风险，押金本身还可以用来进行短期经营、理财等，因此，很多企业认为即便客户信用好，也不应该免押金。这时，能出现一个“有情怀”的人，愿意突破多年来的行业通行规则，尝试冒一些风险来提升客户体验，就非常重要。而像这样的有情怀的人，在芝麻信用此后突破各领域的关节点中，都起到了关键的作用。

2015 年 1 月 30 日，神州租车牵手芝麻信用免预授权的租车服务正式启动。芝麻分在 600 分以上的用户，无须交押金或者刷预授权，就可在全国 700 多家神州租车直营门店预定押金在 5 000 元及以下的短租自驾产品，三分钟以内就可以走完租车流程。因为这是芝麻分的第一次试水，不知道该把门槛设置到哪里，所以双方商定的是宽泛的600分以上。

方案启动不到两个月，双方发现，免押租车和不免押租车相比，坏账率明显上升了。双方协商后快速调整策略，把门槛抬到了650分，可问题依然存在。尽管经过催收会有部分返还，但是对神州租车来讲，整体运营成本太高了。

胡滔当时非常忐忑。她深知，如果坏账率居高不下，这种商业模式是不能持续的。和神州租车开始合作的时候，双方一直在讨论、磨合，研究最佳方案，芝麻信用甚至考虑给神州租车专门定制一个“租车行业分”，但在论证时发现可操作性很差。

恰在此时，芝麻信用与最高人民法院于2015年7月建立了合作关系，最高法通过专线将“老赖”名单共享给芝麻信用，“老赖”们的失信违约记录T+1日将同步到其个人芝麻信用账户中。芝麻信用通过支付宝App对其进行信息推送，敦促其履行法律义务，“老赖”们不仅芝麻分被扣，在芝麻信用合作商户处的消费购物行为也将依法受到约束。

一两个月之后，芝麻信用团队意外发现，有15 000多个“老赖”还钱了，其中大概有三分之一的人已经拖欠了两三年。北京海淀的一名“老赖”长达五年不履约，一次去神州租车被拒，才知道自己被列入了最高法“老赖”名单，订酒店、订机票等多种行为都会受限，于是马上凑款还钱，以尽量减少失信带来的不良后果。联合惩戒对“老赖”形成了有效的威慑。截至2017年5月，芝麻信用联合惩戒人数超过120万人，超过5.4万名个人“老赖”在此期间还清了债务，其中1万余名是长达两三年拒不履行判决的“老赖”。

这一结果也让最高法执行局感到震撼。因为以前，最高法也想了很多办法来惩戒“老赖”，比如限制乘飞机、乘坐高铁一等座以及银行借贷，但是很多“老赖”都置之不理。当“老赖”们看到自己的芝麻分被调低，而且很多行为受限时，就把钱还掉了，之后还会打电话给芝麻信用，询问能不能消除征信不良的记录。

受这件事情的启发，芝麻信用和神州租车商量，把客户在神州租车没有还车或者租金的记录通过手机通知客户。除此之外，客户去银行申请贷款的时候，银行也可以查到这条记录。这种措施在租车行业以前从来都没有采用过，神州租车有自己的黑名单，可是他们不会在行业内外共享黑名单。

芝麻信用通过共享黑名单，打破信息孤岛、构筑信用闭环以后，神州租车的坏账率下降非常明显。后来，芝麻信用又对模型做了很多调整，按照不同客群的不同特点调优模型，同时把一些外部数据加进来强化信用评估。到2016年底，神州租车的坏账率已经低于2‰，现在神州所有的线下门店都已经推广免押金服务，这是一个让双方都非常欣慰的成绩。

神州租车把“免押金租车”这条路走通之后，一嗨租车也积极地与芝麻信用谈判，商量合作事宜，因其担心如果没有免押金的服务，信用好的客户就会大大流失。

如今，芝麻信用已经为租车行业的客户免押金超过66亿元，大大减少了资金沉淀，释放了巨大的消费潜力。免掉押金的同时，租车时间缩短了60%～80%，行业租金欠款率下降52%，违章罚款欠款率下降 27%，丢车率下降 46%。芝麻信用的引入给整个租车行业带来了“惊喜”。

◎ 免押先享后付成“标配”

几乎与神州租车合作的同时，在芝麻信用正式公测一日后，阿里旅行·去啊（现已更名为飞猪旅行）于 2015 年 1 月 29 日推出了基于芝麻信用的“信用住”酒店服务计划。通过去啊平台预订酒店时，芝麻分 600 分以上的用户可以选择先入住后付款，无须押金，离店时也无须排队或者等待查房，只需把门卡放到前台，系统会自动从用户的支付宝账户里扣除房费。一家酒店引入芝麻分后，信用评分良好的消费者申请入住时间由平均 3 分钟缩短到 45 秒，申请退房用时由平均 2 分钟缩短至 18 秒，大大节约了等待时间，客户体验和酒店运营效率同步获得提升。阿里旅行在合作之前也曾经担心过结账效果，但在试运行过程中，并未出现过一次跑单。

半年的实践表明，生活场景数据和金融场景数据有非常强的一致性，这是因为，一个人的行为表现具有一贯性和稳定性。比如在租车领域有不良表现的用户，在金融领域通常也会有逾期。只要研发出的模型能够洞察人性，即使开发所采用的样本是以金融借贷场景为基础的，模型在生活场景的信用服务过程中同样能够有效适用。

在租房领域，此前通行的“押一付三”的租房方式，对刚步入社会、尚无积蓄的大学毕业生而言，是一个很大的负担。2015 年 4 月，芝麻信用和链家旗下的自如展开合作，宣布芝麻分在 600 分以上的，有机会享受押金减免、房租月付的待遇，这让很多年轻人受益良多。

渐渐地，几乎所有房屋租赁中介都会来找芝麻信用，希望把这一合作方式嵌入进去，其中也包括一些新出现的公寓民宿、短租民宿平台。甚至经常有个人在朋友圈发布租房信息的时候，会附加这样一句："芝麻分×××以上优先。"

2016 年，作为共享经济的产物、主打"最后一公里"的共享单车，在资本的倾注下，如雨后春笋般在各大城市迅速普及。共享单车普遍采用押金模式，骑车前需缴纳 99～299 元不等的押金，随着用户数量的激增，押金的雪球越滚越大，巨额沉淀押金的去向一直存在争议，并日益受到业界和用户的关注与诟病。

事实上，芝麻信用早在 2015 年 9 月就与永安公共自行车联合推出自行车信用租赁服务，芝麻分 600 分以上的用户可以免押金，通过扫二维码就能随借随还，租车费用通过支付宝自动扣除。永安自行车此前在政府补贴之下开展运营，投入很大，在和芝麻信用合作之后，在大半年的时间内有 3 000 万人次骑行，只有大概 40 辆车不见了，相当于百万分之一的坏账率。免押金骑车给很多人带来了极大的便利。

随着共享单车的火爆，已有丰富经验的芝麻信用自然盯上了这一沉淀巨额押金的行业。继 2016 年 11 月与"骑呗"展开合作之后，2017 年 3 月 16 日，国内最大的共享单车平台 ofo 宣布与芝麻信用达成战略合作，上海用户只要芝麻分在 650 分以上，无须交纳 99 元押金，即可享受 ofo 的骑行服务。未来"信用解锁"也会在包括北京在内的更多城市推广。

作为同样有情怀的关键人物，ofo 联合创始人张巳丁并不担心押金免除后会不会影响企业现金流："我们最早做共享单车是在学校里，老师和学生都是用学生证和教师证就可以使用共享单车服务，不需要交纳押金。押金对于我们来说一直都不是大问题，我们希望通过与芝麻信用的合作，为用户带来更低的用车门槛和更好的骑行体验。”

紧随其后，小蓝单车也接入了芝麻分，规定700分以上可以免押骑走。而在此之前，永安行、骑呗、优拜、北京公共自行车等共享单车企业均已引入芝麻信用，芝麻分在一定标准以上可以免押金骑车。目前，该模式已覆盖全国210多个城市。

就像曾经发生在租车行业的故事一样，芝麻信用通过免押金这一利器打开一个楔口，对整个行业产生了颠覆性的作用。

更具社会意义的是，看似“归零”的押金，实则将使文明骑行贯彻到每个用户生活的方方面面。每个消费者的每一次骑行都会积累在本人的信用账户上，违约行为也会积累在信用里面，违约者不仅可能丧失免押金用车的资格，甚至会在更多的场景和平台中受到惩罚和制约。通过这样的方式，可以让积极的软性信用约束帮助大家更好地规范骑行，让不文明使用共享单车的行为不再肆意横行。在完成了从“押金骑行”到“信用骑行”的升级后，共享单车的运营成本也会降至更低，行业未来可持续发展变得更可期待。而信用积累，也使得利用大数据探索出一条智慧城市新治理模式的可行路径成为可能。

除了押金行业，芝麻信用也将信用服务的触角延伸到更多生活场景当中。

2016年2月，芝麻信用联手广州妇女儿童医疗中心开通国内首家信用医院，推出“先诊疗后付费”服务，650分以上的芝麻用户可以免除所有排队付费环节，直接挂号、诊疗、检查检验、拿药，在医院可以安心看病，回家后再完成支付，平均节省患者60%的就诊时间。服务推出一年时间，没有一名患者违约。

有趣的是，芝麻信用还和领英、赤兔等职场社交网站，以及百合网、世纪佳缘等婚恋网站建立了合作，通过芝麻诚信认证服务的嵌入，促进大家在虚拟网络交流过程中建立初期印象的互信关系，堵住骗婚现象等漏洞。当然，由于芝麻分主要衡量的是经济行为方面的信用，不能指望其全面反映出一个人的诚信度。

此外，芝麻信用还在不断拓展生活场景。比如，芝麻分600分以上的用户有资格在信用借还服务点或线上平台，免押金借用雨伞、充电宝、婴儿车、拐杖、轮椅以及农业设备。同时，玩具、净化器、无人机、手机、图书、衣服等也陆续列入信用借还的目录。

芝麻信用还宣布正式推出“信用+”联盟，与合作伙伴一起共创信用服务模式，优化商业服务流程，提升用户服务体验，共享、共创信用产品、信用能力和大数据技术平台。联盟成员可免费享受一年的芝麻信用产品。

2017年3月，芝麻信用发布了《全国城市信用免押服务报告》，首度披露了全国城市的信用地图。数据显示，信用免押服务已经覆盖到全国381个城市，所有的地级市都已成为“信用城市”。

报告显示，信用免押模式已深入酒店、租房、民宿、租车、共享单车、医疗、便民服务、农业设备租赁等8大行业，数千万人已经享受过免押金服务的便利，合计免除押金已经超过340亿元。

“凡是跟信用有关的，要交押金、预授权的领域，我们都要去谈。”胡滔说，“10年后，所有城市都将成为信用城市。”这样的城市，其特征一是信用信息流动顺畅，打破信息孤岛，成为未来信用城市高效运营的基础；二是信用评价体系健全，人人拥有信用记录；三是信用便利人人可享，先享后付处处可见；四是人人得守信用机制，守信激励、失信惩戒的信用机制将成为信用社会的通行规则。

在芝麻信用勾画的未来信用城市图景中，“先享后付”将成为标配，老百姓的生活方式也将发生很大改变。未来人们可能会先乘车，下车后，再自动扣费；停车场抬杆走人快速离场后自动扣费；办手机套餐只要承诺在网就可免除高昂预存款；公共事务也将可以先办事后补资料。

多元场景的联通，让芝麻信用成为一个“连接器”，其从经济领域到生活场景的拓展，一方面丰富了数据来源，另一方面又和很多场景形成了协同效应。在这样一个普罗大众的生活场景之中，每天点点滴滴的履约行为就起到了信用积累的作用，这使得普通老百姓感受到了信用的力量和价值，使其在生活中注意培养信用意识。同时，有利于在全社会营造信用文化，真正实现让守信者一路畅通、失信者寸步难行。

◎ 芝麻信用：不只有一个芝麻分

作为社会信用评估，只有一个信用分是不够的。事实上，芝麻信用已经形成了从个人征信到企业征信的一系列产品。

目前，芝麻信用的产品有两大类（见图 5－3）。第一类是实人认证服务以及反欺诈产品，包括人脸、眼纹、虹膜等生物识别技术，也有基于常用手机的短信验证码，以及常见问题交叉确认等方式，对用

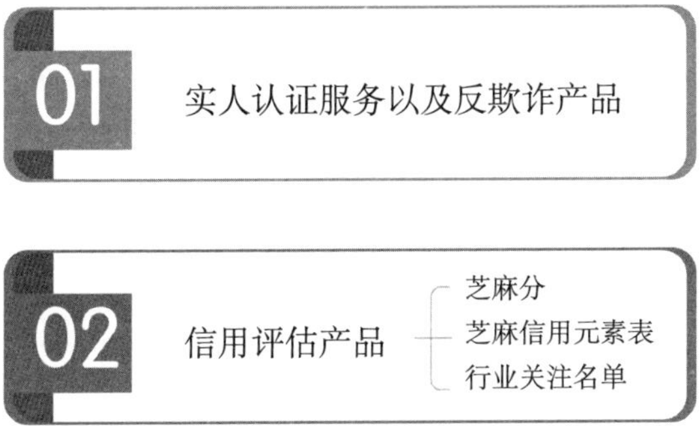

图 5-3 芝麻信用产品

户相关信息的真实性进行评估，识别伪冒申请和潜在恶意逾期客户，这处于信用评价的前端。第二类是信用评估产品，除了芝麻分，还有芝麻信用元素表（包含联系信息的稳定性、消费的整体能力、履约情况等)，以及用户在各类生活和金融场景下的违约信息组成的行业关注名单等。之所以叫行业关注名单而非“黑名单”，是因为芝麻信用认为自身作为一家信用机构，应该只呈现违约的事实，而不把自己定位成卫士、警察，给客户贴标签。至于合作机构是否为有违约行为的用户提供服务，则由机构自己来决定，这样做也避免了信用惩戒过度。此外，芝麻信用对阿里系机构及所有合作伙伴一视同仁，输出的产品和服务别无二致。

继芝麻分之后，芝麻蚁盾反欺诈服务已经在金融、手机 3C 产品网络直销平台、O2O、出行、团购等行业得到广泛应用。

热门手机的销售经常采用定期网上预约抢购的方式，然而大量的黄牛账户能够通过技术手段比正常账户更快地抢购成功，导致正常优质用户很难买到手机。这种行为，一方面扰乱了市场秩序，另一方面也给手机品牌带来负面影响。为打击互联网黄牛倒卖行为，魅族上线了芝麻信用蚁盾反欺诈产品，双方在数据与技术方面相互沟通、共同推进，使得黄牛订单比例大幅下降到10%以内，有效提升了客户的网购体验。

在消费金融、互联网金融领域，欺诈、反欺诈是永恒的话题。芝麻信用在为互联网金融公司提供服务的过程中发现，10%的贷款申请有欺诈嫌疑，身份冒用类欺诈占比最高，其次是团伙欺诈，其他还有账户盗用、恶意违约等。很多互联网金融公司的坏账损失中，超过50%来源于欺诈，甚至某互联网消费信贷公司在开展业务的第一周中，在申请人群中发现了70%的疑似团伙欺诈申请。

由于非法集资等伪互联网金融造成行业混乱，芝麻信用对涉足互联网金融行业一直非常审慎。在2016年7月之前，芝麻信用在互联网金融领域的合作伙伴不超过15家。2016年互联网金融整治工作开展后，行业由鱼龙混杂走向有序发展，芝麻信用才开始全面开放，互联网金融合作伙伴快速增长到500多家。此外，互联网金融行业多头借贷现象非常普遍，芝麻信用数据显示，11%的P2P类消费金融用户最近6个月在互联网渠道向10家及以上的机构申请过贷款，申请消费信贷的人群的不稳定因素也很多，例如手机号码频繁更换等。为此，芝麻信用商家服务平台专门提供了互联网金融风控解决方案，提供的产品和服务包括贷前准入、贷中风险预警、贷后催收管理等。

从2015年2月开始，芝麻信用与传统金融机构以及部分P2P和消费信贷机构等展开全面的测试与合作，比如，利用芝麻信用产品进行信用卡申请场景中的授信补充。芝麻信用评分显示了很高的准确度，高分段的信用卡违约率低，低分段的违约率较高，芝麻分高于600分的，有机会通过蚂蚁花呗、招联金融等获得贷款。另外，芝麻的信用和反欺诈产品已经和趣店、积木盒子、玖富、融360等互联网金融公司进行对接，这些公司不仅借用芝麻信用完善风控体系，部分公司还会在得到用户授权的情况下向芝麻信用开放自己的数据。

基于蚂蚁金服在企业征信领域的丰富经验，芝麻信用于2015年年底通过了企业征信备案，在半年多的产品研发后，于2016年7月推出了专注于小微企业信用评价和预测的“灵芝”系统。

很多小微企业处于创业起步阶段，金融场景中的活动足迹不多，由于缺乏完备的信用信息，它们在金融市场上往往寸步难行：难以从银行借到贷款、难以得到大公司的认可与合作机会等。灵芝系统就是要为这些企业提供征信服务，同时让那些把污点隐藏得很深的“老赖”或不良企业曝光，提高其违约成本。

灵芝系统的数据采集来源非常广泛。除了来自阿里巴巴和蚂蚁金服的数据，还有来自政府的数据，包括工商、司法、海关、企业纳税数据等，以及来自商业伙伴的数据，包括运营企业数据、合作机构反馈数据、企业经营数据等。这些数据是多维度、大体量的，仅仅天猫和淘宝上跟小微企业甚至个体经营户相关的信息就达到千万的量级。

目前，芝麻信用针对小微企业的征信产品体系包括企业信用报告、企业风险云图、企业信用评价、企业关注名单和风险监控预警五部分，其中，风险云图是首次运用于征信领域。企业的风险有时像感冒一样会传染，一家企业的风险很容易引发一批企业的风险。风险云图根据传染病传播模型，通过投资关系、经营关系、行业地域关联等多个维度对企业关联风险进行评估，不仅罗列出目标企业所有的关联企业和个人，还能计算出风险概率，量化目标企业的关联风险大小，预警小微关联企业潜在的信用风险。目前，在灵芝系统数据库的知识图谱当中，这样的关联关系有数百亿对。

有些“老赖”企业会通过各种投资或重组手段，将自己改头换面成另一家刚成立或者信用背景良好的企业，风险云图也可以通过识别错综复杂的企业、股东间关系等，给出风险概率，进行提示、预警，避免向其发放贷款或与之合作从而导致违约风险。

例如，2015 年，深圳一家刚成立一年的科技公司向银行申请贷款 190 多万元，银行在做资料审核时没有发现任何异常，因而向其放了款。但在贷款到期后，这家企业拒不支付本息，甚至在法院判决后仍拒不执行。后来证实，这是一家隐藏很深的“老赖”公司。单从工商信息和涉诉信息来看，找不到任何的蛛丝马迹，但是灵芝系统的企业风险云图可以深挖出更多的信息。首先，这家公司的总经理同时是杭州另一家信息工程公司的法定代表人，而那家公司涉及金融纠纷并作为被告的有 16 起，2013—2014 年间被纳为失信被执行人有 5 次。其次，这家公司的监事同时是杭州一家科技公司的监事，其涉及金融纠纷并作为被告的有 33 起，2013—2015 年间被纳为失信被执行人有 15 次。如果银行向芝麻信用调用这家企业的征信画像，芝麻征信的云图模型会显示：这家公司的风险指数达到 0.65（风险指数在 0～1 之间，指数越高，风险越高），这个分数说明，这家公司的潜在风险很高，很可能出现违约。

芝麻信用不仅能够多维度地在第一时间发现风险，也能够通过与场景的互动，起到惩戒失信企业和个人、促使它们履行义务的作用。

第三节 刚刚上路的中国信用体系建设

◎ 黑匣子：没人能看到你的隐私

在芝麻信用不断拓展数据来源和应用场景的同时，一个问题随之而来：个人信息被征信机构使用，安全吗？会不会泄露个人隐私？

在胡滔看来，信息安全是芝麻信用的生命线，即使投入成本、改变流程，也要尽最大努力保护用户的个人信息和隐私安全。芝麻信用用实际行动践行了这一承诺，它所有信息的保存采用符合行业标准的最高要求，比如公安部信息安全等级保护三级，这是金融行业最高的安全等级。

此外，2016 年 4 月，芝麻信用通过英国标准协会（BSI）权威评估认证，成为国内首家获得 ISO27001:2013 国际信息安全管理体系认证证书的征信机构，这也是中国征信行业首度获得 ISO 信息安全权威认证。该标准被公认为全球最权威、最严格，也是全球最被广泛接受和应用的信息安全领域的体系认证标准。

在个人信息和隐私保护广受关注的今天，芝麻信用除了积极满足监管的要求，还主动采用国际标准和国际最佳实践完善企业管理，向最严苛的要求看齐，即便牺牲一些商业上的便利性，也要把信息安全放在第一位。

芝麻信用从信息的调用、运算、应用等方面，全流程严格保护用户个人隐私安全，为隐私数据设置了数道“防火墙”。24 小时信息安全自动监控系统具备自动预警功能，也是为了确保信息安全。

在数据采集方面，即便在大数据概念如此火爆的今天，芝麻信用还是采取了非常克制的态度，并非无所不采。芝麻信用要解决的问题是经济信用风险的评价，承诺只采集跟经济信用评价相关的数据，对客户的通话与聊天记录、地理位置等隐私信息则承诺不会采集。调取信息之前，芝麻信用会明确提示用户，而非设置为默认同意。只有得到用户的授权，芝麻信用的系统才会调用各数据源中与用户相关的数据，调用过程没有人工参与，都由系统独立运营完成，而且数据不会存储在芝麻信用中。最关键的是，所有数据来源必须是合法的，如果不合法，即便一些数据对于信用评价很有价值，也坚决不会采用。

在数据处理过程中，芝麻信用采用了脱敏技术，也就是把具体的隐私数据打上了马赛克，系统会通过运算规则的设置，生成不含用户敏感数据的芝麻分等产品。整个数据开发团队有很好的防护墙，工程师们根本看不见自己处理的完整信息，只有核心成员知道系统运营的内核是什么，但即使他们知道运营规则，也不能接触到用户的信息，整个计算过程如同在“黑匣子”里进行。

最后，只有用户到合作机构的对应场景中申请有关业务时，授权商家需要查看其芝麻信用的相关信息，第三方才可以调用用户的芝麻分等脱敏后的信用数据。

◎ 个人征信牌照一证难求，在挑战中探索前行

在金融与互联网急剧碰撞交融的当下，普遍存在“业务走在立法

之前”与“创新倒逼监管”的现象，但央行对待“个人征信牌照”这个涉及数亿国民个人信息采集、使用与保护的领域，则慎之又慎。

自2015年1月5日公布首批8家试点公司名单后，已过去两年有余，个人征信牌照仍然“难产”。

对此，央行征信局局长万存知在2017年4月21日的“个人信息保护与征信管理国际研讨会”上回应称，这些试点机构至今未获得牌照，存在三大原因：互联网金融整顿仍在进行中；社会公众对个人信息保护的意识空前高涨；8家机构实际开业准备的情况与市场需求、离监管要求仍存在较大差距。

对于一些呼吁“先放行后监管”的市场声音，万存知直接否定了这个策略，并表示“这会成为笑话”。

万存知表示，目前开展个人征信业务的8家机构没有一家是合格的。对此，万存知概括了三个共性问题：第一，每家机构都想形成自己的业务闭环，客观上分割了市场的信息链，信息覆盖范围受到了限制，导致产品的有效性不足；第二，8家机构各自依托某一个企业或集团发起创建，在治理结构上不具备第三方征信的独立性；第三，8家机构对征信的基本理念和基本规则了解不够，存在信息误采误用的问题。“在达不到监管标准的情况下，不能把牌照发出去。”万存知说。

央行的这一表态，令业界与公众颇为错愕。某首批试点公司高管说：“这一棒打得我们措手不及。”

当前，我国信息滥用的现象非常严重，隐私泄露成为中国整个大环境下普遍存在的一个严峻问题，很多机构或者个人在没有经过授权的情况下，就进行信息采集、强制授权采用信息、一次性授权终身使用这些信息。

我国目前尚没有专门的法律法规对个人隐私进行保护，整个征信业只有一部行政管理条例——《征信业管理条例》——用以约束商户行为。在监管缺位和自我约束能力不足的情况下，很多运用各种途径采集数据的公司掌握了大量个人隐私信息，随时可能成为一个定时炸弹。

这也是央行作为监管方，在推进征信业发展过程中最大的疑虑。加之互联网金融行业在迅猛发展两三年之后暴露出大量风险，也让监管层不得不停下来认真审视其中的风险点。

在信息采集环节，芝麻信用可谓如履薄冰，通过获得首个征信行业的 ISO 信息安全权威认证来约束自己。

在信息使用环节，芝麻信用此前在摸索过程中确实走过一些弯路。2015 年 9 月，芝麻分曾经面向 750 分及以上的用户开展营销，这些用户可以享受首都机场国内快速安检通道（CIP 安检通道）。活动展开不久，央行对这个营销活动进行窗口指导，这项服务不得不终止。

之后，支付宝于 2016 年 10 月推出的社交产品“圈子”，引发了舆论的轩然大波。在部分圈子设置的门槛中，只允许女性发帖，男性用户只能打赏和评论，芝麻分低于 750 分的用户甚至不能评论，只能打赏。这一规定让芝麻信用站到了风口浪尖，许多用户纷纷更新支付宝版本，并讨论如何提高芝麻信用的分数，甚至出现了一些“刷分”的攻略，也有行业人士认为蚂蚁金服涉嫌滥用征信数据。

尽管支付宝立即关闭了一些打擦边球并引起批评的圈子，然而对于芝麻信用来说，征信使用的边界在哪里，依然需要探索。

鉴于以往的机场快速通道营销事件、社交平台“圈子”事件带来的争议，芝麻信用已经开始有意识地规避带有营销性质的信息使用行为。而在监管方看来，个人征信只能共享债务人（不含政府和金融机构）的债务信息，主要目的是防范信用违约风险。征信产品的运用场景应该主要在借钱还钱的信贷领域，这显然与芝麻信用此前在生活场景的广泛应用形成了反差。

最难的是监管提出的“主体独立性”，这个“独立性”包括股权关系、治理结构、业务和风险建模的独立。包括芝麻信用在内，各家机构分别都依托于某个企业或集团发起创建，尽管芝麻信用曾在2016年7月时表示，已从公司主体独立性、组织机构独立性、办公场所独立性、财务独立性、系统独立性、关联交易管控、业务开展独立性、数据独立性、内控流程和制度保障的独立、内外部审计、引入独立董事等方面确保公司的第三方独立性，不过现在来看，仍然未能达到监管要求。对于如何保证独立性，不少业内人士感到疑惑，也存在不同意见。

这三棒打下来，8家征信试点机构从主体资质到业务开展，一下子似乎遭到全盘否定。

然而，征信与信用，在中国一向是个充满争议的领域。在当前立法缺失的环境之中，对于如何建设与发展个人征信机构，从监管方到业界、学界，都存在不同的理解和认识。相比美国等发达国家在数百年的发展与建设之后已经形成较为完善的征信体系，中国则可谓刚刚上路，在未来较长的时间里仍将摸索前进。

“人无信不立，业无信不兴，国无信则衰。”党的十八大以来，党中央、国务院从顶层设计的高度对加强社会信用体系建设提出了一系列要求，在大力推进信用社会的背景下，市场需求高涨，信用评价和监督也被推向极致。然而，我国的信用体系建设因为受到既有框架的束缚，多年来没有走上正轨。

不可否认的是，中国在信用体系建设的过程中仍然存在一些问题，以芝麻信用为代表的试点征信机构也存在继续改进完善的空间，但是如果将征信与信用区分来看，8 家试点机构所做的实际探索并非没有可圈可点之处，“新信用”为社会带来的客观价值也具有广泛的意义，有助于实现国务院在《社会信用体系建设规划纲要（2014—2020 年）》中提出的“以信用信息合规应用和信用服务体系为支撑，以树立诚信文化理念、弘扬诚信传统美德为内在要求，以守信激励和失信约束为奖惩机制，提高全社会的诚信意识和信用水平”的目标。

最终，监管部门是坚持让试点机构彻底合规，还是根据实际情况在实践中调整要求，目前尚不得而知，但是在对征信机构发展的讨论中，引发了社会公众对个人信息保护的高度关注，并且越来越多的信贷类机构正在完善自己的征信数据来源，那些试点征信机构也在不断向监管与公众所要求的方向靠拢，这无疑是个好势头。

而且，很重要的一点是，打通信息孤岛对于征信市场的完善成熟至关重要。如果征信机构不共享数据，就会造成同一个人或企业的信用状况表现出差异。未来，大机构之间联合、开放、共享数据、共同提高征信数据的精准性，可能会是征信行业的一个发展方向。

征信体系的建设，不是靠一两家机构能够完成的，需要监管方与各方共同努力，踏踏实实地探索出一条新路来。

“人民银行征信中心的业务无论是现在还是将来，都难以对持牌金融机构以外的债务人负债信息做到全覆盖。这就客观上要求在人民银行征信中心之外，再培育一些社会征信机构，主要在持牌金融机构之外，采集债务人的信用信息提供征信服务，实现与人民银行征信中心错位发展、功能互补。”万存知撰文指出，“只有形成这样一个完整的征信体系，才能满足社会全方位、多层次、多元化的征信需求。”

第三部分>>>

重构大金融版图

第六章

ANT FINANCIAL

一只蚂蚁构建的新金融生态圈

对于很多普通民众来说，支付宝就约等于蚂蚁金服，甚至很多人只知有支付宝，而不知有蚂蚁金服。

蚂蚁金服是支付宝的“爹”——或许我们可以这么简单粗暴地解释二者之间的关系，但却很难用几句话简洁地说明“蚂蚁金服到底是做什么的”。

想知道这个问题的答案，最直观的方法是打开手机上的支付宝App。支付、转账、余额宝、蚂蚁聚宝、蚂蚁借呗、花呗、芝麻信用、蚂蚁森林、各种生活服务……所有这些你能看到的，都是蚂蚁金服在做的事情。

但还有很多是你看不到的，比如为金融机构和商家提供的各种数据、安全、营销、融资的解决方案……这些才是蚂蚁金服最核心的能力。在此之上，这只蚂蚁构建了一个完整的新金融生态圈。

第一节　蚂蚁的前世

2014年10月16日下午，在一年一度的支付宝“小微分享日”上，彭蕾、井贤栋、程立、樊治铭、俞胜法等11人身穿统一的黑色T恤，在舞台上一字排开——这是这些人首次以蚂蚁金服高管团队的身份在公众面前亮相（见图6—1）。这一天，筹建一年多的小微金融

图 6-1　蚂蚁金服集团高管团队首次公开亮相

（从左到右依次为：陈亮、韩歆毅、樊治铭、彭翼捷、袁雷鸣、彭蕾、井贤栋、俞胜法、曾松柏、陆杰讯、程立）

服务集团正式更名为蚂蚁金融服务集团。

为什么选择蚂蚁这种小动物作为公司的象征，甚至将其作为集团的名字？“之所以选择这个名字，是因为我们是从小微做起，从支付宝到蚂蚁金服，一直专注于小微的世界，以服务广大草根消费者和小微企业为己任。我们只对小微的世界感兴趣，就像蚂蚁一样，虽然渺小，但它们齐心协力，焕发出惊人的力量，在去目的地的道路上永不放弃。”彭蕾曾不止一次在公开场合这样解释“蚂蚁”的内涵。

彼时，这只初生的“蚂蚁”已经对接了 200 多家金融机构，拥有超过 3 亿的活跃用户，接入了 100 多家保险机构。

◎“莫干山会议”

2012年9月，马云在网商大会上宣布，阿里巴巴集团将从2013年1月1日起开始转型，重塑平台、金融和数据三大业务——阿里巴巴要重建一个金融信用体系。

作为阿里巴巴架构重要一环的支付宝，无疑是集团金融战略的主力军。但实际上，包括彭蕾在内的支付宝高管层对于当时支付宝该做些什么却心下茫然。他们去了美国，想看看发达国家的支付公司在干什么。SQUARE——美国的一家移动支付公司，也是*MIT Technology Review*评出的“全球最聪明的50家公司”之一，热情地接待了这群中国客人，并用炫目的PPT向他们展示了SQUARE的核心优势：2.75%的低支付服务手续费。

在回忆这段经历时，陈亮一度陷入无语——不仅因为这个费率是当时中国国内支付通道费率的十多倍，更重要的是，一旦有公司抛出更低的费率，这个所谓的“核心优势”就会荡然无存。

“千里迢迢飞过来，你就给我们看这个？”极度郁闷的高管们回到国内，决定坐下来好好聊聊支付宝接下来该干些什么。2013年初，在莫干山裸心谷，他们重点敲定了支付宝未来想做的8个项目。其中，2号项目得以最先、最快推进，并在2013年夏天一战成名，它就是声名赫赫的余额宝。

“余额宝为什么是2号项目？因为是2012年12月22日讨论出来的，好多个2嘛。”陈亮回忆道。其他七个项目亦各有指代，比如芝麻信用、网商银行、招财宝……这些都成为日后蚂蚁金服的主要业务板块。

今天看来，正是这次“莫干山会议”勾勒出蚂蚁金服最初的样子。

2013年3月7日，阿里巴巴集团正式宣布，将筹备成立阿里小微金融服务集团，负责阿里巴巴集团旗下所有面向小微企业以及消费者个人服务的金融创新业务，并任命彭蕾出任小微金融服务集团CEO。

然而，集团步入筹建正轨是在当年的10月。余额宝的成功让整个支付宝管理团队找到了方向，在这之后，其他项目开始陆续推进，小微金服集团的基本框架和思路也开始逐渐成形。

◎ 最初的模样

在2014年10月16日的分享日上，蚂蚁金服除了正式由小微金服改名之外，还宣布了旗下的产品品牌、业务范围和人事、股权架构等。

人事方面，彭蕾担任公司董事长兼CEO，同时也是公司法人代表。井贤栋任首席财务官，程立任首席技术官，樊治铭任国内事业群总裁，俞胜法任副总裁……现任首席战略官陈龙、微贷及消费者金融事业群总裁黄浩、保险事业群总裁尹铭、芝麻信用总经理胡滔等高管，则在此后一两年才陆续加盟蚂蚁金服。

“原有管理团队人力吃紧，并不是说人手不够，而是我们的经验与新铺开的业务、市场不匹配。引进新人则是一个很漫长的过程。”陈亮说。

目前，无论从估值还是从牌照来看，蚂蚁金服都是当之无愧的国内最大的金融科技公司。而几乎在成立伊始，这只蚂蚁就已经拥有了“大象”的体量，其业务板块基本涵盖了金融的各个领域，包括银行、保险、支付、理财、征信等。

具体到业务品牌可以看到，刚刚成立的蚂蚁金服集团业务中，包括此前支付宝公司的业务，还包括此前阿里原金融部门的业务，以及蚂蚁金服刚刚参与申请筹办的浙江网商银行。具体而言，这些业务品牌包括：支付宝、支付宝钱包、余额宝、招财宝、阿里小贷以及网商银行。

我们不妨按照时间线再来梳理一遍蚂蚁金服“前世”的金融创新之路：

- 2003 年，为解决买卖双方线上交易的支付“痛点”，担保交易作为一种支付工具在淘宝网推出，并很快发展为支付宝。随着移动互联网技术的迅速发展，支付宝开始重点布局无线业务，支付宝钱包应运而生。
- 2007 年，阿里金融开始与建设银行、工商银行合作，为阿里电商平台上的商家提供贷款服务。
- 2010 年和 2011 年，阿里金融分别于浙江和重庆设立小额贷款公司（阿里小贷），为阿里巴巴 B2B 业务、淘宝、天猫三个平台的商家提供额度在 100 万元以下的订单贷款和信用贷款。
- 2013 年 6 月，余额宝上线。经历了支付宝的“汇”和阿里小贷的“贷”，彼时的阿里小微金服开始尝试“理财”。这个低门槛的理财产品几乎一炮走红，四个半月后，用户数量超过 1 600 万，余额宝背后的天弘增利宝货币基金也一跃成为国内资产规模最大的货币基金。与此同时，阿里小微金服还与平安保险、腾讯联手，出资筹建互联网保险企业众安在线。

- 2014年4月，阿里小微金服推出投资理财开放平台——招财宝。
- 2014年10月，网商银行获批。虽然网商银行来得有些晚，但一切仍在阿里高层的掌控之中。在小微金服的官方描述中，网商银行是一家纯网络银行，其基本原理是利用十几年来电子商务在互联网上积累的庞大数据，还原个体消费者及小微企业的信用状况，并据此为它们提供金融服务。网商银行的这套方案在当时被不少业内人士评价为“真正意义上的互联网金融”。而在那之前，中国的绝大多数互联网金融产品几乎都是徒有其表的互联网与传统金融的简单叠加。

至此，最初成形的蚂蚁金服，其金融触角已经涵盖支付、小贷、保险、担保、信托以及银行等领域。

◎ 脱胎于阿里

2014年8月，阿里巴巴集团发布协议，厘清了与小微金服的业务界限。这份协议约定，在取得监管批准及符合惯常交割条件的前提下，阿里将向小微金服出售仍持有的中小企业贷款业务，售价为现金32.19亿元。阿里还将以专有技术和相关知识产权费用的名义，向小微金服收取为期七年的年费。

调整完现有业务框架后，阿里巴巴和小微金服还对未来做出不竞争的承诺。根据协议规定，小微金服不可以从事阿里巴巴所从事经营的任何业务及其逻辑外延覆盖的业务，而阿里巴巴也被限制从事某些与小微金服有关的特定活动，包括提供和分销信贷和保险，提供投资管理和银行服务，支付处理服务，租赁、融资租赁和相关服务，与外汇产品有关的交易、做市、经纪服务，证券、商品期货、基金、衍生品及其他金融产品的分销，以及提供信用评级、信用报告。

或许，正是业务层面与阿里巴巴的复杂关联影响了小微金服公司架构的理顺，成为小微金服一直处于筹办阶段而未能注册的原因之一。但至此，一切已经水到渠成。

根据 2014 年 10 月 16 日蚂蚁金服成立发布会上的官方表述，蚂蚁金服与阿里巴巴集团仍是关联公司的关系，只是双方之间并没有股权关系，是两个独立的法人实体。

但所有人都知道，独立运作的蚂蚁金服跟阿里巴巴有着天然的、深刻的联系。蚂蚁金服股权架构图见图 6－2。

如前所述，阿里小微金融服务集团是由浙江阿里巴巴电子商务有限公司（以下简称浙江阿里）筹建而成，而小微金服正是蚂蚁金服的前身。2000 年 10 月，阿里巴巴（中国）网络技术有限公司因业务需要，投建浙江阿里，主营业务为设计、制作、加工网络信息产品并提供相应的技术服务和咨询等，公司法人代表、执行董事及经理均为马云。浙江阿里的注册地点为杭州市西湖区文三路 477 号华星科技大厦九层，最早注册资本 50 万元，其中马云出资 5 万元，伟业（杭州）网络信息技术有限公司（以下简称伟业公司）出资 45 万元。伟业公司是一家以计算机软件开发相关技术咨询服务为主营业务的企业，彼时的法人代表是技术出身、后来一度出任阿里巴巴集团首席运营官的李琪。

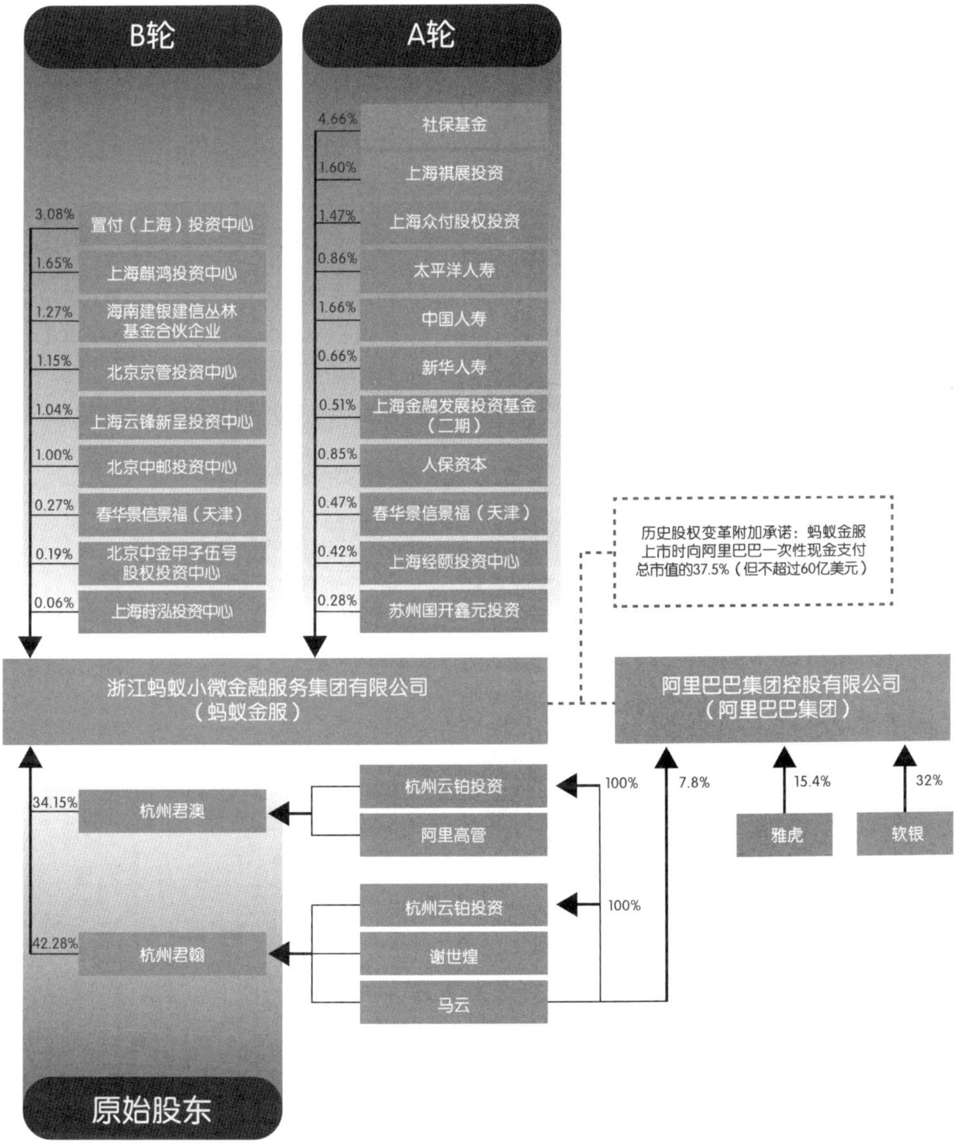

图 6-2　蚂蚁金服股权架构图

2005 年 3 月，马云与伟业公司分别增资 45 万元和 5 万元，浙江阿里的注册资本增至 100 万元，前述两者各占一半股份。

同年 7 月，伟业公司从浙江阿里撤出：30%的股份以 30 万元的总价转让给了马云，其余 20%则转入阿里巴巴集团 18 位创始人之一的谢世煌名下。

此后，历经数度变更，2011 年的浙江阿里，注册资本达到 7.11 亿元，但股权结构不变，马云与谢世煌仍旧分占 80%和 20%的股份。

在此期间，支付宝股权事件爆发。为确保支付宝取得第三方支付牌照，2009 年 6 月与 2010 年 8 月，马云分两次将支付宝从阿里巴巴集团剥离，转入浙江阿里。交易完成后，浙江阿里总共支付 3.3 亿元，将当时的支付宝收为全资子公司。马云因此遭受质疑。2011 年下半年，阿里巴巴与其两大外资股东雅虎、软银签署三方协议，支付宝股权转让风波告一段落。

被剥离的支付宝以及以支付宝为核心的阿里金融该怎么办？马云在一年后给出了答案：2012 年 9 月，马云在网商大会上表示，阿里巴巴集团将转型重塑平台、金融和数据三大业务。金融方面，2013 年 3 月 7 日，阿里巴巴集团以支付宝的母公司浙江阿里为主体，筹建阿里小微金服。

2014 年 6 月 11 日，浙江阿里更名为蚂蚁金服；同年 10 月，蚂蚁金服宣告成立。

实际上，2013 年 10 月，蚂蚁金服对外发布公告，解释未来的股权安排，即 40%的股份作为对全体员工的分享和激励，剩余 60%股权将用来逐步引入战略投资者。

公告特别提到马云的目标持股状况——不高于其在阿里巴巴集团中的持股比例。此前，阿里巴巴集团提交的招股说明书披露，马云持股8.9%。

今天，我们或许可以来个事后总结：有关蚂蚁金服的布局，早在2009年将支付宝剥离阿里巴巴集团时就已开始。支付宝分拆、支付宝股权调整、支付宝与阿里集团利润分享协议变更……伴随着蚂蚁金服的正式成立，上述所有金融业务有了统一的管理架构和品牌标识。

值得注意的是，蚂蚁金服目前在企业性质上属于内资，这在一定程度上反映了阿里在金融业务层面对监管政策和风险的考量。

第二节　蚂蚁的使命

◎ 拿牌照是为了沉淀能力

当我们谈论一家公司时，首要的问题或许是：这家公司是干什么的？

蚂蚁金服是干什么的？这个问题在上一节似乎已经回答过了——支付宝、余额宝、招财宝、网商银行、芝麻信用……更直观地，我们可以看一下蚂蚁金服都拥有哪些业务牌照。

公开资料显示，蚂蚁金服目前拥有国内最全的金融牌照（见表6-1），除了传统行业的基金销售、民营银行、保险，还有传统金融机构没有的第三方支付以及正在审批中的个人征信，业务触角几乎面面俱到。

表 6－1　蚂蚁金服获得的牌照

牌照类型	牌照名	牌照主体	占有方式	占股	牌照获取时间
支付	第三方支付 基金第三方支付	支付宝	自有		2011.05 2012.05
基金	基金管理	天弘基金	控股	51%	2013.06
	基金销售资质	数米基金	控股	61%	2015.04
保险	财险、车险 寿险（暂无）	众安保险	发起人	16%	2013.03
	财险	国泰产险	控股	60%	2015.09
银行	民营银行	浙江网商银行	发起人	30%	2014.09
	小额贷款	蚂蚁微贷（前阿里小贷）	自有		2010.04
其他	个人征信牌照（暂无）	芝麻信用	自有		

说明：根据公开信息整理。

但实际上，这些业务（或者说全牌照）只是蚂蚁金服浮在水面上的部分。真实的蚂蚁金服隐藏在水下，包括信用体系、风控能力、云服务等，由技术驱动，为其他金融机构提供服务。

对于今天的蚂蚁金服来说，表 6－1 中的牌照所对应的金融业务正是其要服务的对象。取得牌照是为了自营业务的合规，而当初之所以选择自营，是因为没有其他机构愿做“第一个吃螃蟹的人”，比如第三方支付、小额贷款……更重要的是，这些自营金融业务就像是一块块试验田，为蚂蚁金服的底层技术能力积累数据，提供深度学习的空间。

2014 年 5 月 9 日是阿里小微金融服务集团筹建一周年之日。当天，在小微金服年会上，彭蕾首次披露了小微金服的战略规划——搭建互联网金融生态开放系统。

对于当时大热、颠覆了基金行业乃至传统金融业的余额宝，彭蕾再次强调，其并不是小微金服的战略级产品，更不是小微金服的全部，互联网金融生态开放系统才是小微金服的目标。“小微金服未来会搭建一个开放平台，让所有金融机构到这个平台上跳舞。与此同时，拥有海量数据和强大云计算能力的小微金服，会不断向合作伙伴输出自己的云计算能力和大数据能力，帮助合作金融机构进行 IT 系统升级转型，降低成本，提升效率。”

当天，马云也现身年会现场，他的表述更加直接。他说，阿里巴巴用平台策略成就了淘宝网和天猫，他相信平台化思路同样适用于小微金服。阿里小微金服的目标是用互联网的思想、技术打造出一个开放平台，去做未来社会金融的支撑，而不是“自己冲到前面直接提供金融服务”。

在几个月后的蚂蚁金服成立发布会上，时任蚂蚁金服首席财务官的井贤栋进一步阐释了“互联网金融生态开放系统”的概念：在未来的金融生态中，合作将多过竞争，“生态开放系统”将成为一种商业模式。如同电商领域的阿里巴巴生态系统一样，金融业也会出现类似的生态系统，它以云计算、大数据为底层设施，以信用体系为基础，支撑多种平台业务，如支付、投融资、理财、保险、银行等，“蚂蚁生态对所有金融机构开放”。

此后蚂蚁金服推出的“互联网推进器计划”“春雨计划”“蚂云计划”等等，无一不是上述理念的体现。由此，我们也不难理解为何马云后来会直接表态说，蚂蚁金服是一家 TechFin 公司——姓“技术”，而非姓“金融”。

利他、共享、开放，是这个网络时代呈现出的不同于以往时代的新商业特征，而脱胎于互联网公司阿里巴巴的蚂蚁金服在诞生之初就具有了与传统金融机构截然不同的基因，也正因为如此，蚂蚁金服在构建自身的金融生态时遵循着独特的生存哲学。

◎ 利他——蚂蚁金服的终极价值

Enabler——这是井贤栋对蚂蚁金服终极目标的总结，字面意思为“赋能者”，但他更倾向于翻译成“利他者”。也就是说，蚂蚁金服应该追求的终极价值，就是为他人创造价值，而这种利他主义的最大公约数，即让服务客户、基业长青、为股东创造价值融为一体。由此再延伸出去，则是服务好所在的产业生态，最终让这个社会变得更好。

蚂蚁金服对待传统金融机构的态度就是利他主义的体现。余额宝呈现出的理财普惠特征，曾将彼时的支付宝公司推上行业的风口浪尖，被视作传统金融的“颠覆者”。很多传统金融机构在当时感到了不安，害怕互联网金融的入侵损害它们的利益。

在究竟如何定位蚂蚁金服和传统金融机构之间关系这个问题上，井贤栋在接受媒体采访时曾表示：“我们不是金融机构，不愿意做具体的金融业务，作为一个平台的提供者，我们并不是要和金融机构直接竞争。”这意味着蚂蚁金服选择了采用与传统金融机构互利共赢的战略。

时至今日，蚂蚁金服旗下的支付宝已和超过 200 家银行成为合作伙伴，蚂蚁聚宝和招财宝上也分别聚集了超过 90 家的基金公司和超过 70 家的金融机构。蚂蚁金服将自身定义为一个平台提供者，通过开放的平台让所有有投资和融资需求的个人、企业、机构都能从中获得所需，从而形成一个互利互惠、开放多元的金融生态系统。

在正式成立一年后，蚂蚁金服于2015年10月启动了“互联网推进器计划”，宣布未来将在渠道、技术、数据、征信乃至资本层面上与金融机构合作，预计在5年内助力超过1 000家金融机构向适应互联网时代的新型金融机构转型升级。

“其实我们做的不是一家传统意义上的公司，而更像是一个经济体。”倪行军如是总结。作为利益共同体中的一员，成就了用户和合作伙伴，蚂蚁金服自己也无疑将分享红利。但更重要的是，蚂蚁金服相信，“利他”将是未来企业生存发展的必然选择。

在弱肉强食的商业世界中，“利他”很多时候只是企业商业伦理的考量，或者获取利润的一种手段。但马云在他著名的“DT时代”理论中提出，现在正由IT时代转向DT（data technology）时代，在DT时代，数据成为最核心的资源，就像水、电、石油等资源之于现代工业一样重要。未来的生产力就是计算能力，而数据将会成为最重要的生产资料，成为像水、电、石油一样的公共资源。

“以前每个人把自己的机遇放在自己的口袋里面，今天你已经没有任何机会和可能把这些机会藏在自己家的保险箱里，天下所有东西都是透明的。”马云认为，互联网思维就是要从以自己为中心，变成以他人为中心，做到开放、透明、分享和承担责任——这才是未来互联网的思考。

从这个意义上说，从前那种你死我活的传统企业间关系，势必将被互利共赢的新型企业间关系所取代。利他，实际上是阿里巴巴以及蚂蚁金服的顺应潮流之举。

◎ 群雄逐鹿，技术为王

然而，通过平台化引入更多的同业伙伴，仍不足以让蚂蚁金服成为整个新金融生态的基础设施构建者、培育者和滋养者。利他，并不是一个嘴上说说的概念，这种带有“乌托邦”意味的愿景如何实现？

井贤栋认为，蚂蚁金服最大的优势，是十多年来在信用体系构建方面的数据资产和能力的沉淀。在蚂蚁金服的合作伙伴之间，可以实现征信数据的互通共享，通过协同降低投融资成本和风险，更便捷地为用户服务。

比如，传统金融机构将小微企业的贷款看做是赔钱的买卖，尽管政府部门出台政策鼓励向小微企业贷款，但很多金融机构依然不为所动。金融的本质就在于信用，传统金融机构由于缺乏相应的数据，很难对一家小微企业的信用给出准确的评价，即使能够做出评价，也要付出很大的代价。而以蚂蚁金服为代表的互联网金融机构却可以利用大数据技术来解决这一困扰着金融机构的难题。

蚂蚁金服的技术部门通过对海量的用户行为和关系数据网络进行建模与预测，实现交易和账户的实时监控和预先识别，从而为第三方金融机构判断小微企业的信用水平提供一个有效的参考。随着未来大数据技术的广泛应用，金融机构将会更多地向小微企业开放金融服务，让金融进入一个新阶段，真正让金融机构能够起到向小微企业输血的作用，从而激发企业的活力，推动社会发展。

蚂蚁金融云也是从金融专业主义的维度来实现技术和资源共享的。传统 IT 架构难以适应金融业务呈现出的随时、小额、频发等新特点，云计算技术则能有效地解决这一难题。同样是在 2015 年 10 月，蚂蚁金服宣布正式向金融机构开放云计算服务——蚂蚁金融云，它将 5 000 台机器连成一个集群，金融机构可以根据需要采购服务，在短时间内搭建起一套廉价且适合自身需要的系统。金融云的另一优势在于可以帮助金融机构快速获得先进的技术能力，这样不但节省了研发成本，还能让金融机构的服务质量与安全性上升到一个新高度。

“云端”的想象空间在 2016 年 10 月 13 日实现了更进一步的拓展。这一天，蚂蚁金服在云栖大会现场宣布启动“蚂云计划”。该计划未来将升级金融云战略，通过全面整合蚂蚁金服、阿里巴巴积累十余年的金融科技与服务能力，实现阿里金融云在基础技术、金融核心服务组件和场景连接能力的三大升级，服务全球 5 万家金融机构。

信息时代，金融机构的转型升级势在必行，借助外部先进的技术力量可以大大降低转型所需的人力、物力和财力，甚至减少试错次数，降低时间成本。蚂蚁金服开放其技术和数据能力，正契合了金融机构谋求生存发展的需要。

这也恰恰是在社交领域一度屡屡碰壁的蚂蚁金服在痛定思痛之后，选择安定心神做好“技术”的原因——对于蚂蚁金服来说，“护城河”不是所谓的高频或社交，它从来都只是技术。

◎ 技术背后的人性温度

“蚂蚁金服必须坚持理想主义，支持未来、创造未来。”2016 年 10 月 16 日，马云在蚂蚁金服年会现场说。

什么是蚂蚁金服的理想主义？

服务小微企业算一个。中国有数以亿计的小微商家，它们的贷款需求可能只有几千、几百甚至几十元，只是周转几天，但这些人和企业在传统金融环境下从未获得过优质的金融服务。出于成本太高、风险控制等原因，传统金融机构并没有为这些利润微薄的群体提供服务的意愿。

自成立之初，阿里巴巴就将帮助小微企业发展作为公司的首要使命，脱胎于阿里的蚂蚁金服自然也继承了这一信条。可是，蚂蚁金服为什么愿意承担上述所有风险，为小微企业提供服务？抛开愿景不谈，主要是因为它具备了这样的能力——大数据和深度学习技术。

与传统银行不同的是，在蚂蚁的风险管理模型开发过程中包含了海量的互联网数据，数据挖掘和模型开发的方法也不再局限于传统的统计方法，越来越多的机器学习方法被引入其中。不仅如此，数据分析不再只是对业务的数据支持，更多的是由数据来发现业务的本质，从而驱动业务全流程。

由数据驱动的业务模式，不仅使蚂蚁能够更准确地识别和管理风险，也大大提高了服务的效率，降低了服务成本。与传统银行动辄数周的审批和放贷周期相比，蚂蚁可以事先对借款人进行风险评估和授信，借款人在线提出申请后，机器只需 1 秒钟就可以完成放款，全程没有人工干预。传统信贷模式下单笔信贷操作成本大约是 2 000 元，蚂蚁基于数据的信贷模式将单笔操作成本控制在 2 元左右。过去 6 年，蚂蚁金服为超过 600 万家小微企业和创业人士提供了小额贷款。

蚂蚁金服的另一个重要服务对象就是个人。蚂蚁倡导普惠的理财理念，致力于降低理财门槛，让每一个人都能享受到金融带来的收益。

彭蕾曾用“微小而美好的，有安全感、信赖感和幸福感的金融”来描述蚂蚁金服能够为用户创造的价值。井贤栋补充说，每个人都需要一种长期的资产配置和更稳健的投资，以实现人生各个阶段的目标，比如养老、子女教育、买房子，等等。“小微客户需要的是稳稳的幸福，而不是一夜暴富。这是我们秉持的信仰，也希望把正确的财富观念传递给大众。”

实际上，蚂蚁金服希望传递的不只是正确的资产配置理念。在蚂蚁金服工作 9 年，让陈亮印象最深刻的是他刚入职时发生的一件事。2008 年 5 月 12 日，8 级强震猝袭汶川地区，重创约 50 万平方公里的土地，举国震惊。地震发生的那一刻，正在杭州华星时代广场 22 楼开会的陈亮一阵眩晕，他以为自己“晕烟”了。

“直到当天傍晚，大家才意识到这次地震有多严重。”陈亮等人开始紧急策划线上捐赠，第二天凌晨三四点钟，一个粗糙简陋的捐赠页面上线了——这是国内第一个网上直接捐赠项目。此后，仅仅通过支付宝给灾区捐赠的资金就有 2 000 多万元，而当时支付宝账户的数量刚刚达到千万量级。

中国互联网公益从那时开始真正起步，蚂蚁金服也逐渐形成了自身完整的公益平台。其中有“金融＋公益”，比如可以随时随地在支付宝内选择喜欢的公益项目进行捐赠，并通过个人中心查看项目的执行反馈，或者在使用余额宝每天获得收益的同时，将收益的一部分捐赠给公益项目；“健康＋公益”，比如通过“行走捐”，将每天 5 000 步兑换成企业捐赠；“城市＋公益”，比如在支付宝城市服务中引入志愿者活动报名及IPE环境数据查询，可以轻松选择参与公益活动以及关注所在城市的环境质量；“无障碍支付”，比如为包括残障人士在内的每一名用户平等分享技术带来的便捷，凡是可以通过手机支付宝钱包移动支付的消费，视障人士都能听声完成……

近来，一个为大众所熟知的蚂蚁金服公益项目是2016年8月上线的蚂蚁森林——用户在支付宝里的各种低碳行为会积累“绿色能量”，收集“绿色能量”到一定数额以后，就可以种下一棵虚拟的树，而用户每种下一棵虚拟的树，蚂蚁金服与其在内蒙古的合作伙伴“阿拉善SEE基金会”就会在沙漠里种下一棵真实的梭梭树。

从产品的角度来说，蚂蚁森林基于“碳交易”主题，为用户开设了一个“碳账户”，用户对其持续不断的使用就相当于持续不断地作出贡献。此外，蚂蚁森林将严肃的传统公益充分互联网化了，让它变得简单有趣，参与门槛很低，不需要阅读复杂的操作说明，以社交互动小游戏的形式就能完成所有流程。

蚂蚁森林推出后，外界一度将其解读为蚂蚁金服的又一社交尝试，但事实上，蚂蚁森林的想法从一开始就是大家在讨论推广个人碳交易、设计碳账户时出炉的。设计部的一位设计师提议用一棵虚拟的树将碳交易的概念可视化，让用户每天节约下来的碳能量帮助这棵树“长大”；公关部则有人提出加入游戏元素，让整个产品变得“更好玩”——在种树的同时，还可以偷取好友的绿色能量，这对于用户来说是新奇的，曾在2008年大火的偷菜游戏虽然最终走向衰落，但网民的偷菜情结依然存在。

最终将蚂蚁森林推向火爆的是2017年春节“浇水得福卡”的活

动，短短十来天，蚂蚁森林增加了 1 亿多用户。值得一提的是，“浇水得福卡”的点子是陈亮提出的，公关部本来提交给他的方案是“加好友得福卡”。“那个方案被我否掉了，我们不搞社交。”陈亮强调。

根据蚂蚁金服方面提供的资料，从 2016 年 8 月上线到 2017 年 1 月，蚂蚁森林的用户超过 2 亿人，累计种树 111 万棵。通过用户绿色的金融行为“积攒能量”，让绿色等同于财富，同时还能落地为真实的植树行为——这一逻辑被联合国“点赞”，蚂蚁金服也因此成为签署联合国环境规划署可持续金融倡议的第一家互联网企业。

“在合适的市场机制下，数字金融将能激励和帮助消费者和中小企业选择更绿色的生活方式和经济组织方式，我们称之为‘自下而上的绿色金融’，蚂蚁金服乐于在这一过程中成为引领者。”陈龙说，蚂蚁金服所做的一切都可以在更宽广的层面上定义为“绿色金融”。

2017 年 5 月，蚂蚁金服发布了首份可持续发展报告，交出了这家金融科技公司对社会公益事业的成绩单。在上述报告的卷首致辞中，井贤栋说:“科技，是这个时代最大的公益。”在他看来，蚂蚁森林、“听支付宝”功能和区块链公益平台等产品，都体现了技术背后人性的温度。

◎ 科技是这个时代最大的公益

在《蚂蚁金服 2016 可持续发展报告》中，CEO 井贤栋很好地诠释了这个理念：[①]

① 引用时略有调整。

最近，在一次越洋面试快结束时，我问那位在硅谷工作的工程师：为什么想回国？他说，太多不可思议的事情正在中国出现，相比之下，现在的生活有点无聊。

我说，欢迎加入蚂蚁，一起 make a difference！

我还给他讲了几个故事，也想分享给大家。

一位卖牛肉干的淘宝店主，过去5年通过网商银行贷了3 794笔款，平均每天贷两笔，最少的3元，最多的56 000元。她很可能创造了全球金融史上的两项新纪录：最“小微”和最“频繁”。

一位公司老板去南极旅游，买返程机票时被告知买不了，因为他刚被列入法院“老赖”黑名单，不但芝麻分大跌，所有接入芝麻信用的平台都不会给他提供服务。这位老板只好紧急抵押三套房产还钱，才得以回国。

还有两个劫匪花几千元坐飞机到杭州抢劫，连抢几家便利店，结果一共就只抢到了一千多元，被抓后他们愤恨地问：“你们杭州人不用现金吗？”

我为什么要在蚂蚁金服社会责任报告的开篇去讲这些看似不相干的话？

因为在这些充满魔幻感的故事背后，是科技的力量。而科技，正是我们对社会最大的诚意。

回顾人类的进化史和文明史，最简单地说，就是通过发展认知、农业和科技，从一个地球上的边缘物种迅速上升到生态链顶端的进阶史。

眼下，人类正处于一个所谓第三次工业革命的黄金时代，作为一家科技公司，我们想做、在做的事情，是用科技推动社会“往后退”，一直退回到人类最初的模样：简单、平等、自由。

我们日常办事，是不是能不排队、不求人甚至不出门，自己轻松搞定？这是简单。

一个隔壁家老奶奶和一个银行行长，能不能享受到一样好、一样方便的金融服务？这是平等。

我们是不是能告别烦琐的密码，告别现金，甚至告别身份证和护照，走到哪里仅凭“一张脸”和它背后的信用数据就能轻松埋单？这是自由的应有之义。

以上这些，有的我们已经做到，有的正在从未来赶来的路上。

有人担心使用技术的门槛，会给这个世界带来更多的鸿沟。但在我看来，越是一家科技公司，人越重要，人性越重要。因为技术本身是中立的，但它是一个学习系统，会逐渐体现出技术背后的人的价值观和人性。只要我们的每一位工程师、产品经理保持人性中最美好的那些部分，保持爱和同理心，技术就会对这个世界展现出最大的善意。

还有人问我，2016年这一年，我最满意的自家产品是什么？

我的答案是：蚂蚁森林为视障人士开发的“听支付宝”功能，以及我们区块链团队选择的第一个应用场景——为一群听障孩子筹到的一笔“史上最透明”的善款。

它们体现了科技背后人性的温度，以及一个事实：科技，是这个时代最大的公益。

第三节　投融资的逻辑

◎ 被低估的蚂蚁金服

2016 年 4 月 26 日，蚂蚁金服的 B 轮融资事宜尘埃落定：融资规模达到 45 亿美元，成为全球互联网行业迄今为止最大的单笔私募融资。至此，蚂蚁金服的整体估值被外界评估达到约 600 亿美元，成为全世界估值名列前茅的非上市互联网公司，也是国内估值最高的非上市公司。

但对于蚂蚁金服来说，高估值从来不是目标，更不是全部。两轮融资，均是蚂蚁金服出于长期发展的考量。过早的高估值相当于更多地透支了未来的增长，其压力传导至业务团队，很容易导致大家只盯着 KPI，这对企业长期发展弊大于利。

而蚂蚁金服作为一家公司，此时才只是刚刚两岁的幼儿。

◎ A 轮融资：引社保基金，做国民企业

2015 年 7 月 3 日，蚂蚁金服宣布完成首轮融资，其中，社保基金占股 5%，成为蚂蚁金服迄今持股比例最高的外部股东。这一结果并不令人意外，事实上，引入社保基金的念头由来已久。

这是一个有关“心结”的故事——阿里巴巴集团在国内上市遇阻，最终于 2014 年 9 月 19 日在美国上市，这对中国的普通投资者构成了限制，收益无法与国内老百姓共享，这件事一直让马云耿耿于

怀。为此，马云早在2013年就曾向社保基金伸出了橄榄枝：“你们背后是全国老百姓的钱，是不是可以考虑入股阿里小微?”对于社保基金来说，蚂蚁金服是具有高成长性的新经济企业，无疑是一个好的投资对象，双方一拍即合。

2014年，社保基金入股蚂蚁金服一事被提上日程，但仍有两个难题未解：

其一，估值怎么算？此前，社保的投资对象都是诸如银行、中石油、中石化等现金流状况极好的传统行业企业，从未有过对新经济的估值。其二，当时，国家规定社保基金只能投资国有企业，而且只能是国资委和财政部直属的部分国有企业。“我们从2014年开始谈，但A轮融资2015年才启动，其实就是在等待难题破解。”蚂蚁金服负责投融资事务的副总裁韩歆毅透露。

2015年4月1日，国务院常务会议批准了《关于适当扩大全国社会保障基金投资范围的意见》。该意见的其中一条就是，将社保基金“直接股权投资”的范围，从中央管理企业的改制或改革试点项目，扩大到中央企业及其一级子公司，以及地方具有核心竞争力的行业龙头企业，包括优质民营企业。治理结构运营较好的民营企业属于投资范围。

入股蚂蚁金服，成为社保基金直接投资民营企业的第一单。上述新政策的出台，也使得社保基金今后能够分享经济结构转型升级带来的改革红利。

“对于我们来说，就是希望通过全国社保基金的战略投资，使蚂蚁金服成为真正的国民企业。老百姓在享受蚂蚁金服提供的各项便利服务的同时，更能够分享蚂蚁金服的成长及收益。”韩歆毅说。

◎ 谁成了蚂蚁金服的股东

在两轮融资中，“国字号”机构成为大赢家，如社保基金、建设银行、邮储银行、国开金融及四大保险机构，包括中国人寿、太平洋人寿、新华人寿、人保资本。代表中国主权财富基金的中投公司亦斥巨资捧场。参见前面的图 6-2。

为什么是这些机构成为蚂蚁金服的外部股东?

井贤栋介绍，在外部投资者的选择上，蚂蚁金服主要有四大考量标准：一是参与认购的投资者应是市场化机构；二是对方应与蚂蚁金服有共同的愿景，即共同致力于解决实体经济问题、致力于服务小微企业和消费者；三是相关机构能够代表广大消费者的利益；四是入股机构能够与蚂蚁金服在业务上产生战略协同效应。

其中，第四点尤其关键。换句话说，蚂蚁金服两轮融资所引入的投资者，主要是基于战略投资的考量，而非单纯的财务投资。

比如，蚂蚁金服引入的人保、人寿、太保、新华等国内多家大型保险机构，有助于其在互联网保险领域开疆拓土。

又如与中国邮政深度合作，双方交叉持股，中国邮政通过旗下中邮资本持有蚂蚁金服少于 5%的股份，反过来，蚂蚁金服也投资入股中国邮政储蓄银行。蚂蚁金服引入中国邮政，为普惠金融、农村小额贷款等合作打下基础，同时双方在农村电商、物流配送等领域也展开合作。

蚂蚁金服与中投公司的合作也大有可为。中投多年海外投资的经验、优势，契合了蚂蚁金服加速全球化布局的战略构想。

除了为战略投资布长线，蚂蚁金服也十分看重投资者的声誉，这也是外部股东多为“国字号”的原因。“我们不希望股东打着蚂蚁金服的旗号到处去‘忽悠’。反过来，这些国资机构也很爱惜自己的羽毛，它们也担心投资企业会不会拿它们在外面说事儿。在这一点上，我们跟这些国资机构是一致的。”韩歆毅还透露，蚂蚁金服曾找各种各样的理由拒掉了很多基金，“坦白说，人民币投资市场当前乱象重重，有一些机构背后的股权很复杂，我们不想掺和到这些麻烦事儿里。”

◎ 战略型投资布局未来——全球化与农村金融

2015 年，蚂蚁金服先后两次投资印度手机增值服务商 One 97，全面输出技术和经验，推进 One 97 旗下移动支付端 Paytm 的发展；2014 年 12 月，蚂蚁金服以 228.74 亿元对中国邮政储蓄银行进行战略投资。看似不搭的两起投资，实则反映出蚂蚁金服当时的两个战略布局方向：全球化和农村金融，本质还是普惠金融服务的推进。

在全球化方面，突破口是印度。

2015 年 1 月和 9 月，蚂蚁金服对 Paytm 开展两轮投资，媒体披露合计金额达 9 亿多美元，占股 40%。在 Paytm 9 月的 B 轮融资中，阿里巴巴与蚂蚁金服作出了联合投资。

大部分发展中国家对外资投资本国金融机构持谨慎态度，但印度的政策较为宽松，允许第三方支付平台 49%的股份为外资所持有，还允许全业务银行 74%的股份由外资持有。这也是蚂蚁金服选择印度作为全球化首站的主要原因之一。

由于法律限制外资无法控股第三方支付平台，蚂蚁金服与阿里巴巴的这次投资选择了“投资＋深度合作”的方式。两者不仅以资金支持Paytm，更推动双方从技术到运营展开全面深度合作。蚂蚁金服委派了技术运营团队常驻印度，负责项目对接，Paytm也会不定期派驻整个高管团队来杭州交流学习。一年后，Paytm用户数已经超过1.4亿，其中有超过1亿用户是与蚂蚁金服展开合作后的新增用户。原本Paytm只有支付和手机充值功能，但在支付宝的启发下，也加入了本地生活服务、电影票、打车等多个场景。

在投资Paytm时，韩歆毅曾表示，蚂蚁金服会在全球各个市场挑选像Paytm一样的优秀伙伴，支付宝未来打算做技术标准输出，新兴市场的创业企业不用再从头开始做技术架构，包括弹性可扩容的云平台、风控系统、大数据应用。

在那之后，蚂蚁金服的海外战略投资如同“开了挂”一般，接连告捷，而“战略投资＋技术经验输出”的深度合作模式，是其全球化布局中的“独门法宝”。

2015年11月，蚂蚁金服宣布联手韩国电信等公司共同发起设立互联网银行K Bank，这是韩国政府时隔23年之后首次发放银行牌照。2016年11月，蚂蚁金服旗下的支付宝（香港）正式认购泰国Ascend Money增发的股份，占增发后总股权的20%。2017年2月，蚂蚁金服分别向菲律宾数字金融公司Mynt和韩国移动金融公司Kakao Pay注资，4月又与印尼Emtek集团合资成立移动支付公司。至此，蚂蚁金服在东南亚地区的业务版图得到极大的扩展。

在农村金融方面，蚂蚁金服与邮储银行的合作意在下沉渠道，挖掘信用价值。邮储银行的招股说明书中写道，蚂蚁金服将根据适用情况，在适用且可行范围内与邮储银行共同研究制定支付结算、场景开拓、商户服务和信贷等合作方案。蚂蚁金服将对邮储银行提供给蚂蚁金服平台的金融服务开展研究，支持邮储银行研发适合蚂蚁金服平台的理财产品。

这一合作背后的政策背景不容忽视——自 2004 年以来，中央 1 号文件连续 14 次聚焦“三农”工作，其中 11 次对邮政储蓄、邮储银行提出明确要求。

通过战略投资来补足农村金融的线下能力，最典型的当属蚂蚁金服与中和农信的合作。2016 年 12 月，蚂蚁金服对中和农信项目管理有限公司进行了战略投资，后者由中国扶贫基金会发起成立，专注于农村金融服务。

中和农信是目前中国最大的公益性小额信贷专业机构，覆盖了 229 个县，其中 85％为国家级或者省级贫困县，在全国拥有 2 800 名信贷员。截至 2016 年 11 月底，中和农信已经累计发放贷款 184 亿元，覆盖 300 万农户。

中国扶贫基金会执行副会长、中和农信董事长王行最表示，中和农信的贷款质量较好，累计损失率为 0.13％。据媒体报道，中和农信之所以能够保持较好的还款率，第一因为其采取了联保模式，即单一农户无法贷款，必须是 3～5 户农户联合贷款。

第二，中和农信限制单笔贷款的金额，目前小组贷款的单笔贷款上限为 2 万元。2016 年，中和农信平均单笔贷款在 1 万～6 万元，这样可以与农户的还款能力更加匹配，不会导致过度负债。

第三，中和农信采取整贷零还的模式，即借款后先给两个月左右的期限，从第三个月开始还，每个月只需还原来贷款额的十分之一，再加上利息，这样风险就被分散了。

实际上，刚开始和中和农信谈合作时，韩歆毅的内心是犹豫的。“农村贷款情况很复杂，我从来没有看到过一个做农村小微贷款的公司可以规模化，我担心他们（中和农信）没有控制坏账的能力。”

但真正接触下来，韩歆毅彻底服气了。在去山西调研时，当地农民告诉他，就是跟亲戚朋友借钱也得把中和农信的钱还上，因为“在他那丢不起这个人”。这个所谓的“他”，指的就是中和农信的农村放贷员。韩歆毅发现，所有放贷员都是当地农村的“能人”，有的人原来是村小学教师，有的人曾是乡派出所所长，还有人是村里走街串巷的卖货郎……他们的共同特点就是对当地情况极为熟悉，在当地也很受尊敬。“农民兄弟重面子。如果给他放贷的是他很尊敬的人，他就会千方百计把钱按时还上。中和农信是真的懂农民，它有一套独特的风控模式。”韩歆毅说。

换言之，农村地理、经济和人群的特征，共同导致了农村金融在征信管理、风险控制、业务流程等方面存在不足，中和农信则可以较好地补足蚂蚁金服在这方面的欠缺。

中和农信目前的综合贷款利率约为12%，即贷款1万元，利息1 200元，利率较高，与之形成鲜明对比的是，目前银行贷款的基准利率在5%以下。所以此次蚂蚁金服的战略投资，对于中和农信而言很重要的一点就是降低融资成本。

此外，中和农信目前只有信贷产品，而蚂蚁金服可以提供理财、支付等多层次的金融产品。而且，引入新技术，也可降低风险、控制成本，提高服务触达率。

◎ 强化优势型投资

蚂蚁金服最早的一笔投资，要追溯至其前身——阿里小微金服阶段。

2013 年 10 月，小微金服以 11.8 亿元认购天弘基金管理有限公司 2.623 亿元的注册资本，持股 51%，成为天弘基金最大的控股股东。

天弘基金对小微金服的重要性不言而喻，当时由于支付宝的担保交易模式，导致大量资金沉淀在其中，天弘基金为支付宝盘活资金起到了关键作用，日后也成为蚂蚁金服理财业务板块的核心支柱。天弘基金亦是蚂蚁金服在未独立之前做过的两起重要对外投资之一。

此前，2013 年 6 月，支付宝与天弘基金合作推出余额宝，将其嵌入支付宝账户内，使得天弘基金的规模在五个月内变成了 1 000 亿元，一跃成为国内规模最大的货币基金。

余额宝的成功，一方面显示出普通客户群体强大的投资理财需求，另一方面也证明了支付宝的渠道销售能力。这给了蚂蚁金服独立存在的理由：依托渠道、数据及技术平台优势，为小微企业和普通大众提供普惠金融服务，是有市场的。蚂蚁金服此后的投资布局多是在强化自身的平台优势。

另一项重要的对外投资则是其 2014 年对恒生电子的投资。这笔投资至今依然是蚂蚁金服数十起投资中金额最大的一例。

2014 年 4 月，恒生电子的控股股东恒生集团以 32.99 亿元转让 100％ 的股权给浙江融信，交易完成后，浙江融信将通过恒生集团持有恒生电子 20.62％的股权。

2015 年 6 月，蚂蚁金服通过认购浙江融信新增股本并收购现有股东剩余股权的方式，获得浙江融信 100％的股权。

恒生电子是中国最大的面向金融行业的 IT 解决方案提供商，其客户主要是各类证券公司、公募基金、私募基金、保险公司等。恒生电子在证券集中交易系统的市场占有率为 44％，在基金、保险、信托投资交易管理系统的市场占有率分别为 90％、88％、86％，在银行综合理财平台的市场占有率为 75％，是目前中国拥有“全领域”的龙头金融 IT 企业。

据媒体报道，金融机构的底层系统早期很多是恒生电子开发的，蚂蚁金服入股恒生电子，意味着切入了金融行业的后端。正如当初阿里巴巴集团围绕淘宝的布局，今天来看，最有价值的就是阿里巴巴对淘宝底层基础设施的布局。

2014 年 10 月蚂蚁金服正式成立后，随即加快了对外投资的脚步，其在 2014 年剩余的两个月内完成了 2 起对外投资，在 2015 年完成了 14 起，2016 年截至 9 月 26 日完成了 12 起。这 28 起投资覆盖行业非常广泛，包括银行、股票、证券、保险、基金、消费金融等金融领域，还涉及餐饮、媒体、影视等非金融领域。

与此同时，蚂蚁金服将自己定位为互联网金融服务生态系统，通过对外投资与内生性发展，逐步形成了五大业务板块：支付、理财、融资、综合金融与金融基础设施。

按照里昂证券的估值模型，蚂蚁金服87%的价值来自支付、理财和融资三大业务，这些业务绝大多数是蚂蚁金服自有的，比如理财业务中的招财宝与蚂蚁聚宝，融资业务中的花呗、借呗等。在其投资布局中，涉及这三大核心业务的只有天弘基金和消费金融公司趣分期，而蚂蚁金服所投资的项目更是主要集中在后两块。

趣分期于2015年8月获2亿美元E轮融资，由蚂蚁金服领投。一位业内人士指出，蚂蚁金服看重的是其作为大学生分期购物平台，可弥补蚂蚁金服在校园贷市场上的空白，以此对抗京东金融的校园白条，当时京东已经投资了校园贷另一家公司分期乐。但随着一系列校园贷公共事件的爆发，政策逐渐缩紧，趣分期将目光投向校园之外的消费金融市场，并更名为“趣店集团”。外界评价，蚂蚁金服希望借此构筑在消费金融领域的“护城河”。

从委派董事的角度看，据工商资料显示，蚂蚁金服派往趣分期的董事为投融资部的朱超，并非相关业务线的负责人，这也可以反映出双方的合作更多着眼于战略层面。

在五大业务板块中，蚂蚁金服投资的项目主要集中在综合金融业务与金融基础设施，这两个板块将为未来蚂蚁金服的增长提供动力。

在综合金融业务中，蚂蚁金服分别投资了互联网金融资产交易平台网金社、开放式基金在线销售平台数米基金网、台资财产保险公司国泰产险、股权类互联网金融平台36Kr、以不良资产为主的权益类资产交易平台天津金融资产交易所、社交组合证券投资平台金贝塔，其中数米基金网与国泰产险由蚂蚁金服控股。

2014年11月，恒生电子与中国投融资担保有限公司、蚂蚁金服等共同发起设立“浙江互联网金融资产交易中心”，即网金社，定位于资产交易平台，标准化程度低。蚂蚁金服方面委派的董事是时任蚂蚁金服副总裁、财富事业群总经理的黄浩①。

在非标资产方面，除了网金社，蚂蚁金服还于2015年10月斥资1.5亿美元投资了创投信息及股权投资平台36Kr。

蚂蚁金服本身作为一家科技公司，支撑其整个业务体系的是云计算、大数据和信用体系等底层平台，对外投资中自然少不了对高科技公司的青睐。2014年11月，蚂蚁金服以1 200万美元投资美国加州的移动安全软件开发商V-KEY；2016年9月，以7 000万美元收购美国生物识别技术公司EyeVerity，加强消费者在线交易数据和交易安全。2016年4月26日，蚂蚁金服完成B轮45亿美元的融资，重点之一就是要强化技术。到位、空付、蚂上等酷炫生活体验的实现，更是无一不需要技术的支撑。

◎ 场景拓展型投资

在蚂蚁金服的投资中，如果说那些与金融业务相关的投资是为了进攻、为了扩大业务版图，那么另一些看似与金融业务无关的投资，比如口碑网、饿了么、滴滴出行、淘宝电影、百盛中国等，则是为了投资场景，以巩固支付宝的市场地位。

蚂蚁金服在支付入口和场景方面的投资，主要跟随支付宝的变化而进行。

---

① 现任网商银行行长。

随着支付宝从担保交易工具逐渐发展为移动支付工具，更多想象空间被打开了。蚂蚁金服首席战略官陈龙曾在 2015 年 7 月表示："未来支付行业的竞争，在支付以外。"这意味着蚂蚁金服以支付宝为平台，开始构建更多的金融与生活支付场景。

"仅是支付工具，无法产生足够的用户黏性。"来自蚂蚁金服的人士说，支付宝正在尝试变成"线下淘宝"，即生活服务类平台，包括餐饮、娱乐、生活服务等商户都可以直接接入支付宝。

"衣食住行"是消费的四大支柱，其中"食"和"行"频次最高，是兵家必争之地。蚂蚁金服在 2016 年 4 月和 5 月密集进行了 3 起投资：联合阿里巴巴投资饿了么和滴滴出行，以及投资阿里影业旗下互联网售票平台淘票票。其中滴滴出行与淘票票出现在支付宝 9.9 版本的首页入口中。

蚂蚁金服亦在 2016 年 9 月与春华资本联合投资百盛中国 4.6 亿美元，不过蚂蚁金服在此宗交易中仅投资 5 000 万美元，若按百盛中国 100 亿美元预期估值计算（百盛中国的整体估值为 85 亿～105 亿美元），蚂蚁金服仅占股 0.5%。

在此宗交易发生前，肯德基与必胜客等百盛旗下品牌已经成为支付宝收单业务的一员，其财务投资意义可能大于扩展支付场景的意义。

不可否认的是，蚂蚁金服正在尝试深度介入餐饮行业场景。在 2015 年 6 月投资口碑网时，亦在同月投资了雅座在线（C 轮），雅座在线成立于 2006 年，为餐饮企业提供基于 SAAS 的餐饮会员营销服务。2016 年 7 月，蚂蚁金服又投资了二维火，二维火成立于 2013 年，专注于餐饮云收银系统。

雅座在线由于成立时间早，是以会员系统管理切入餐厅 SAAS 系统的，二维火则是以支付为切入点。除了蚂蚁金服，新美大[①]在餐饮行业的投资也深入到了 SAAS 层面，投资了类似的 SAAS 公司餐行健、屏芯科技和天财商龙。这一切反映出各家都希望获取更深度的场景和数据，也意味着餐饮行业的竞争开始从 C 端转向 B 端。

基于 SAAS 系统所搜集的经营流水数据，可以更加精准地判断商家的信用状况，这与蚂蚁金服相关小额贷款产品非常契合，新美大也将于近期推出基于数据的互联网债权类金融产品。先通过信息化绑定餐厅以获取经营流水数据，由此做金融衍生业务，再基于这种深度合作回馈到布局场景，这可能就是蚂蚁金服投资雅座在线与二维火的逻辑。

这些投资与蚂蚁金服的主营业务看似无关，但其首要意义在于布局和巩固场景。微信支付，尤其是基于社交关系链的微信红包，给支付宝带来了巨大的危机感。微信支付以红包场景切入，后续和滴滴打车、大众点评、京东合作，添加了出行、饮食、购物等丰富的支付场景。在移动互联网时代，工具类产品的可替代性非常高，所以支付宝必须从纯工具向平台转型。在此背景下，蚂蚁金服为了巩固支付宝的地位，在 2016 年上半年密集进行了 4 起场景类投资，由此，支付场景与生态之争将成为未来支付宝和微信支付的竞争主题。

---

① 大众点评网与美团网战略合作后的名称。

第四节　进击的蚂蚁

◎ 战略是打出来的，不是事先定好的

这是一个瞬息万变的时代——新技术不断地被创造、应用，人们的需求不断被发掘、满足……作为一家致力于用技术重构金融生态的企业，蚂蚁金服的战略方向也在不断调整。

根据公开资料梳理，蚂蚁金服的战略方向调整至少经历了三轮变化。

2014 年 10 月 16 日，刚刚成立的蚂蚁金服对外公布了“平台，农村，全球化”三大发展战略。这三大战略的核心，就是让更多的人口以及更多的应用场景被“卷入”。

以农村战略为例。蚂蚁金服所看重的支付宝钱包，在一二线城市人群中已经较为普及，因此，蚂蚁金服的重点是在三四线城市以及农村市场中推广，让更多的人口“卷入”移动支付场景。具体做法是，与数千家农村金融机构联通，一方面，为农村用户开通线上支付通道，满足他们线上、线下购买生活、农资用品的支付需求；另一方面，对接金融机构和农户，满足农户消费、农资购买等信贷需求，农村市场可以从现金支付直接跳到移动互联网支付。包括硬件方面，蚂蚁金服也通过与运营商的合作提升了农村市场的硬件水平。

这种关注农村人口的“卷入”是全面的。2014 年 10 月，阿里巴巴集团宣布启动“千县万村计划”，即在未来 3～5 年内，投资 100 亿

元，建立 1 000 个县级运营中心和 10 万个村级服务站，将其电子商务的网络覆盖到全国三分之一强的县以及六分之一的农村地区。阿里集团电商业务在农村的扩张，跟蚂蚁金服“向下”的扩张是“同步、同构”的。

人口和应用场景的“卷入”，其实就是金融服务的基础。尽管阿里表示自己跟谷歌是不同的，但它也很自豪地宣称自己是技术公司，只不过不是技术创新引导型，而是用技术拓宽商业边界。这一属性反映在蚂蚁金服身上，或许可以总结为“用技术拓宽金融边界”。

在接下来的两年多时间里，蚂蚁金服启动了“互联网推进器计划”，开放了蚂蚁金融云，后者最终在 2016 年 10 月升级为“蚂云计划”。

2016 年 4 月，蚂蚁金服在宣布完成 B 轮融资的同时，也公布了最新的战略方向，“绿色金融”位列其中。6 月 14 日，蚂蚁金服首度解读了“绿色金融”战略的内涵，该战略包括两个层次：用绿色方式发展新金融，调动普通民众参与低碳生活方式；用金融工具推动绿色经济发展，推动绿色意识普及。

具体来看，在用金融工具推动绿色经济发展方面，蚂蚁金服旗下的网商银行对绿色信用标签用户提供优惠信贷支持，包括向农村提供节能型车辆购置融资、为菜鸟物流合作伙伴提供优惠信贷以支持其更换环保电动车，未来还将持续支持绿色企业的生产经营活动。

同时，在蚂蚁聚宝的平台上已与超过 90 家基金公司合作，并协同基金公司合作伙伴推出锚定绿色股票指数的绿色公募基金产品，鼓励用户投资这些绿色基金。蚂蚁聚宝平台上的绿色环保主题基金超过

80 只，为绿色金融投资提供支持，未来还将引入大数据模型，以提高这些基金的回报。

在蚂蚁金服品牌与公众沟通部总经理陈亮看来，绿色金融实际上是一个更加广泛的概念，这种“泛绿色金融”的理念体现在蚂蚁金服生态平台上的方方面面。比如与城市公共自行车或共享单车共同推出“免押金扫码租车”服务、使得“碳账户”概念深入人心的蚂蚁森林、用五年时间推动中国进入“无现金社会”……

2016 年 10 月 16 日，在蚂蚁金服成立两周年的年会上，井贤栋正式接替彭蕾出任 CEO 一职。在这场年会上，蚂蚁金服未来的发展战略又有调整。

最新的战略包括：第一，全球化，未来 10 年蚂蚁金服将和合作伙伴一起服务全球 20 亿人；第二，全面升级小微金融服务，用井贤栋的话表述，即“用数据能力做 2 000 万小微企业的 CFO”；第三，完善信用体系，井贤栋称蚂蚁金服已用大数据孵化出一套信用体系，并将继续完善它。井贤栋同时说，这套体系并不只属于蚂蚁金服，而属于整个社会，它将帮助全社会解决信用、信任问题。

“蚂蚁和其他企业不同的地方在于，很多公司都是事先规划好一个战略，然后五年、十年地向前走。但蚂蚁金服的战略是打出来的，而不是事先定好的。”每次调整发展战略，都会引来外界对蚂蚁金服各种各样的解读，陈亮认为大家都“想多了”，“这个行业连两年以后的事情都无法预测，我们肯定是要不断修正、不断对焦的”。

事实上，战略调整并不代表对过往的否定，更多的时候是对既往战略内涵的扩大。

以最新的战略表述——“做小微企业的 CFO”为例，井贤栋解释，这一目标其实包括了农村金融所要服务的农村创业者和农村小微商户。“不提农村金融不是不做农村金融，只是我们现在换了一种视角去描述它。”

类似的变化还包括上文提到的“绿色金融”，“当你认识到你做的所有事情其实都可以用绿色来概括时，你还有反复强调它的必要吗?”陈亮说。

最终，蚂蚁金服的落脚点是打造一个以信用体系和风控体系为核心的共享平台，为世界带来平等的金融服务，即普惠金融。陈龙认为，这才是蚂蚁金服一以贯之的主线。

◎ 唯一不变的是变化

进击中的“蚂蚁”，唯一不变的就是变化。

2016 年 9 月 29 日，蚂蚁金服对内宣布原支付事业群升级为“支付宝事业群”，下设四个事业部，分别为用户及社区事业部、商家服务及开放平台事业部、支付宝技术部与农村金融事业部。如图 6－3 所示。

与之前相比，在这次业务架构升级中，支付宝事业群重新整合设立了商家服务及开放平台事业部和用户及社区事业部。支付宝内部邮件称，“唯有回归客户（消费者与商家）价值，才是我们的立足之本”。基于这个核心战略，支付宝事业群将原有的商户事业部、公共服务事业部、商家与平台服务中心等部门合并，成立商家服务及开放平台事业部。

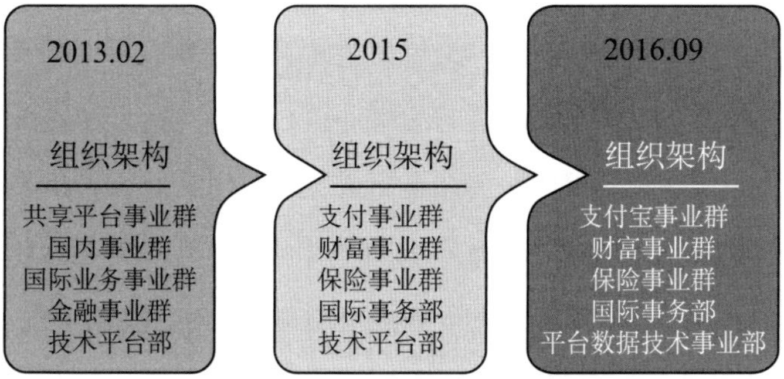

图 6-3　蚂蚁金服业务架构演变

商家服务与开放平台，即用开放平台的方式，赋能与激活生态合作伙伴，共同提升支付宝的商家覆盖面，给商家提供更加优质的服务体验，继而在更多的场景中服务用户，给用户提供方便的生活，它是支付宝第一优先级的战略。

此前一个月，即 2016 年 8 月 10 日，以支付宝为基础架构搭建的蚂蚁开放平台正式发布上线，全面开放支付、数据、信用、会员、营销、社交等 12 项能力，计划在 3 年内助力至少 100 万名开发者，服务 1 000 万家中小商户与机构，构建开放的生活服务生态。

用户及社区事业部负责支付宝用户端的产品研发与运营，包括支付宝 App 以及基础的支付产品等。但支付宝未来并不会将聊天、纯社交作为发展的方向，而是会依托共同爱好、共同身份等探索社区、社群的方向，为整体的生活服务平台的战略提供支撑。

“以支付宝为平台，搭建百花齐放的开放平台，整合纵深的商家服务解决方案，创新以金融生活和服务为主的社区平台，为用户和商家带去最优质和完善的服务，是我们最重要的使命和目标。”井贤栋在邮件中表示。

不难看出，支付宝从一个支付工具发展成为囊括用户各个生活场景的服务平台，支付早已不是它的唯一核心业务。这次更名仅一字之差，但支付宝事业群的叫法更贴合支付宝业务团队的现状及未来发展方向。

这一轮调整，正是为了配合蚂蚁金服最新战略定位的升级。

“以支付宝为底盘搭建稳健灵活的平台支撑体系，是蚂蚁金服实现全球化、小微企业金融服务和信用服务三大战略的重要基础。”同样是在上述邮件中，井贤栋这样阐述蚂蚁金服最新的战略方向。

2016 年 10 月 16 日，井贤栋从彭蕾手中接过了 CEO 的接力棒。这也是蚂蚁金服的首次 CEO 更替。

作为阿里巴巴 27 位合伙人之一，也是最早进入阿里的一批精英职业经理人，井贤栋在接任 CEO 之前，已历任蚂蚁金服 CFO、COO、总裁等职。彭蕾与井贤栋，已然成为蚂蚁金服集团的第一和第二号人物（见图 6-4）。

“我之前只是对数字感兴趣，并不敢尝试做业务。是 Lucy（彭蕾）把我从一个专业财务人士变成了 一名企业的管理者。在此过程中，她给了我很多信任和很大的帮助。”对于彭蕾，井贤栋心存敬佩与感激：“可以说，是 Lucy 塑造了我，她是我的导师。”

彭蕾，作为阿里巴巴集团 18 位创始人之一，也是马云最为器重的人，凭借其精准独到的用人眼光，一路带领支付宝和蚂蚁金服创造了一个又一个奇迹。在她的主导与力推之下，蚂蚁金服在成立前后陆续从传统金融机构挖来大批高管，如中国国际金融有限公司投资银行

图 6-4　彭蕾（左）与井贤栋（右）

部原执行总经理韩歆毅、杭州银行原行长俞胜法、招商银行零售部原总经理胡滔、中国人寿财险公司原副总裁尹铭、建设银行总行电子银行部原总经理黄浩等，为“摸着石头过河”的蚂蚁金服奠定了坚实的人才基础。2016 年，彭蕾登上福布斯最具影响力女性排行榜的榜首。

两个多月后，也就是 2016 年 12 月 17 日，蚂蚁金服成立两年多来的第一次组织架构和人才轮岗启动。

网商银行原行长俞胜法担任蚂蚁金服 CRO（首席风险官），全面负责整个蚂蚁金服的风险管理。此外，程立继续担任蚂蚁金服 CTO（首席技术官），同时兼任国际事业群 CTO。

与此同时，蚂蚁金服旗下的多个业务线“一把手”开始轮岗：原先负责财富事业群的黄浩将负责微贷及消费者金融事业群，樊治铭将从支付事业群调任负责财富事业群。变化最大的当属支付宝。支付宝事业群将尝试新的组织管理模式——班委制，由井贤栋担任班长，曾松柏与倪行军担任副班长，班委成员包括邹亮、袁雷鸣、陶莹，这几位眼下都是支付宝事业群的核心骨干。

这是在阿里巴巴实践过多次的班委制管理模式第一次引入蚂蚁金服。

班委制最早由俞永福引入阿里巴巴，并在随后整合 UC、高德等业务，组建阿里移动事业群的过程中发挥了重要作用。在俞永福成为阿里合伙人的公告中就曾称赞班委制对于阿里组织的创新。

井贤栋在内部邮件中表示，轮岗历来是蚂蚁金服组织成长和创新的一个优良传统，也是塑造新挑战下组织能力的一个重要里程碑，它将带动所有蚂蚁人更快、更好地成长。他同时希望大家要解放思想，去创造未来。

同时，蚂蚁金服还组建了全球核身平台业务。该平台由蚂蚁金服副总裁陆杰讯负责，领导生物识别、安全智能团队及相关板块团队。在蚂蚁金服的设想中，该平台将利用生物识别及 AI（人工智能）技术来构建全球核身平台，更好地为消费者解决“我是我”、为机构解决“你是谁”这个挑战。同时，这一平台也将成为未来全球信用体系及风控体系的重要基础能力。

在完成组织架构的调整后，脱胎于支付宝的蚂蚁金服准备开启自己的第五个 3 年。

从 2004 年成立开始，支付宝的第一个 3 年，以服务淘宝等阿里系公司为主，初步建立了网上的信任体系；第二个 3 年，开始服务更多的线上商家，为消费者提供更多不同场景的支付服务；第三个3年，实现全面的移动化，建立了一个全球服务人数最多的移动支付体系；第四个3年，以支付宝为基础，升级到蚂蚁金服集团，坚持以用户为中心、坚持开放，和所有合作伙伴一起为用户提供支付、理财、信用、保险以及小微企业融资等服务。2017年，脱胎于支付宝的蚂蚁金服开启第五个3年。

◎ 黄昏时起飞的猫头鹰

在经历了2016年一系列如“支付宝圈子”“招财宝违约”等负面事件后，2017年春节过后，蚂蚁金服召集全球所有业务线负责人以及核心管理层，召开了集团层面的战略会。在这次大会上，蚂蚁金服最终确定了“不做社交”这一重要战略。

“对商业和金融的理解力和洞察力，才是我们最大的优势。”倪行军在事后接受媒体采访时解释道，商业和金融一直在变化，而从支付宝至今，蚂蚁金服一直在以洞察力和科技能力去驱动商业和金融的创新，给用户带来大量新的体验，这些均与“高频”“社交”无关。

据内部人士透露，蚂蚁内部的“复盘”从2016年底就已开始，“大大小小的战略会不知道开了多少轮”。

在3月21日的“财富号”媒体沟通会上，蚂蚁金服释放了更加重磅的战略信号：“基于TechFin的定位，蚂蚁金服未来会只做Tech（技术），支持金融机构去做好Fin（金融）。”

在外界看来，这是蚂蚁金服“反思”后的回归初心。但井贤栋并不太认可“反思”的说法，“‘反思’这个词有点沉重，我们其实每天都在对镜子正衣冠，检视自己是否围绕我们的使命愿景、用户价值在做事。”他说，“人总是在跌跌撞撞中向前走，点滴的经历都是财富，给我们以启迪，滋养我们变得更加强壮。唯有风雨才能让花变得更香、更耐寒，绽放得更加持久。‘反思’这个词可以用，但是内心不要太沉重，我们是以一种敞亮、乐观的态度去迎接它，将其转换为前进的动能。”

“世人以落第为耻，我却以落第动心为耻”，井贤栋时刻以王阳明的这句话提醒自己，凡事都要向前看，没有必要纠结于过去。他不太愿意纠结于外界十分关注的“圈子”事件，作为一名管理者，他认为自己必须首先从这些负面事件中走出来，才可能带领企业向前发展。

“说实话，这件事在我心中早就过去了。我很少会回头看，不管过去有多少成就或者失败，都不要把它作为太大的事，已经过去的事情我们无法再改变。只有向前看，才能永远从一个新的起点往前走。所以，在我身上没有任何包袱。”井贤栋说，“市场环境瞬息万变，对于一个组织而言，是否能够敏锐捕捉到这些变化并迅即应对，把握好未来的不确定性，甚至主动去创造未来，这一能力非常重要。所以，相比回头看，更关键的是要向前看，拥有创造未来的能力。”

但不能否认的是，无论是 2010 年的骆驼大会，还是 2016 年底开始的一系列战略会，蚂蚁金服最独特的一种文化就是全面深刻地复盘、反思，其深刻程度甚至常常将员工逼至落泪。这一过程固然痛苦，但摆脱这种痛苦的唯一方法就是拨开过去错误的迷雾，继续向正确的方向迈进。

最能反映蚂蚁金服近期反思之深刻的，或许就是支付宝班委最新明确的两条原则：“管理层面三不要”和“业务层面三要三不要”。

管理层面三不要：

- 不要议而不决、决而不行、只决一半（充分讨论）；
- 不贴标签，不轻易画等号；
- 倾听完全，不随意打断，达成共识而不是只靠说服。

业务层面三要三不要：

- 要把选择权交给用户和客户（要让用户和客户有打钩和打叉的动能，不能反复打扰）；
- 要只做别人不想做、不能做、做不好又不得不做的事情（不绝人之路，而是共赢共生）；
- 要让数据成为决策的主要依据（不是靠拍脑袋做决定）。
- 不要以牺牲信任感、安全感为条件（信任感、安全感是最大的体验）；
- 不要上帝视角（永远要相信别人比我们聪明）；
- 不要没有取舍。

“密涅瓦的猫头鹰，要等到黄昏到来才会起飞。”黑格尔将反思活动比作密涅瓦的猫头鹰——它不在晨曦中迎旭日而飞，也不在午后的蓝天白云间自由飞翔，而只在黄昏降临的时候才悄然起飞。反思不是绑在脚上的锁链，而是助力飞行的双翼，是蚂蚁金服得以一次又一次摆脱困境、屡屡焕新的文化与制度基石。

第七章

ANT FINANCIAL

全球化发展的未来图景

在蚂蚁金服集团正式成立两周年的盛大晚会上，彭蕾动情地说："六年后的今天，舞台就绪了，幕拉开了，但是最精彩的演出还远远没有开始。我们的国际事业部，今天一切刚刚开始，还只是到了入海口，远远没有进入到海面上。"

"蚂蚁金服有一个全球化的愿景。我们致力于用技术在全球范围内提升对普通大众和小微企业的服务。蚂蚁金服的团队有全球化的视野和格局，拥有全球化的人才。面向未来，蚂蚁金服的目标，希望是在未来十年，可以跟合作伙伴一起，服务全球20亿的消费者。"同一天，接任蚂蚁金服集团CEO的井贤栋描绘了蚂蚁金服全球化发展的未来图景。

在鲜花与荆棘并存的全球化之路上，蚂蚁金服正奋力前行。

第一节 渐次铺开的全球化蓝图

2012年2月，蚂蚁金服集团的前身——小微金服正在紧锣密鼓的筹建之中。对于这个即将单飞的"孩子"，马云满怀希冀地表示，"希望小微金服未来能够用互联网的思想、互联网的技术，为中国乃至世界未来的金融提供支撑"。

从马云的表态中可以看出，成为中国支付行业乃至整个互联网金融行业的 No. 1，并不是蚂蚁金服梦想的全部。着眼未来、放眼全球、用技术促进全球金融进化，才是这只小蚂蚁的“大智慧”。

作为阿里巴巴大家庭中的一员，蚂蚁金服的全球化发展，并非按照设计好的路径按部就班地进行。或者说，根本就没有什么预设路径，用“摸着石头过河”来形容更为恰当。

◎ 关键的那两年

回顾支付宝的发展史，2012 年无疑是一个极为特殊的年份。这一年，支付宝的业务版图已经从最初的支付，逐渐进化到了囊括支付、小贷、保险、担保在内的多个领域。同在这一年，支付宝第一条海外资金渠道——中银香港信用卡快捷支付，和第一条境外（俄罗斯）资金渠道——QIWI 相继上线。业务范围的扩大、境外业务量的迅速增加，对支付宝的运营管理和组织建设提出了新要求。

千呼万唤始出来，支付宝国际事业部终于在 2012 年 11 月正式成立，由国内团队一肩挑起国内国际两条业务线的状态，终于在持续 5 年之后画上了句号。

组织架构的变动，往往意味着公司发展战略的调整。2013 年 2 月 22 日，支付宝再次宣布重大业务和人事决定，将支付宝原有业务拆分整合为平台事业群、金融事业群、国内事业群、国际业务事业群四个事业群，统称为金融业务四大事业群。原支付宝的线下、跨境业务规划拆分到国际业务事业群。

此次调整，将支付宝的前线业务置于基础支持地位，国际事业部的地位大大上升，资金、资源的接入使得国际业务拓展迎来了前所未有的有利局面。2013 年 6 月，支付宝外汇资金入境渠道建立，这为淘宝海外交易资金结算清除了后顾之忧。8 月，海外购物退税业务上线，实现了支付宝账户价值在海外延伸、落地的重要突破，大大刺激了中国游客海外购物的意愿。11 月，“国际版淘宝”速卖通实现本地货币报价，海外用户所见即所付，这为后续扩展出口业务提供了基础。

如果说 2013 年的突飞猛进为支付宝——后来的蚂蚁金服——的全球化蓝图勾勒了大致的轮廓，那么，随后阿里巴巴集团的上市、蚂蚁金服集团的正式成立则为这张蓝图涂上了浓墨重彩的一笔。

◎ 一脉相承的全球化梦想

2014 年 9 月 19 日，阿里巴巴集团顶着一连串“最大”的头衔——全球最大的 B2B 以及 B2C 平台、全球最大的电子商务公司、美国证券市场规模最大的 IPO——完成路演，在纽约证券交易所正式挂牌上市。阿里上市后的第一件事，就是将“全球化”确定为整个集团“大阿里商业生态系统”的重大发展战略。内地和香港证券市场落后的机制设计，根本无法满足阿里巴巴迫切的全球化发展需要，这也是选择在纽交所挂牌的核心原因。

马云在上市的公开信中写道：“很多年前，我们公司的创始人就渴望成立一家由中国人创办，但是属于全世界、属于整个时代的公司。”他认为，阿里巴巴不仅仅是一家电子商务公司，更是一个商业生态系统；阿里巴巴也不仅仅想做中国的互联网巨头，还希望与世界级的对手竞争。

作为“大阿里商业生态系统”中的重要成员，蚂蚁金服的全球化战略与阿里巴巴集团一脉相承。自 2014 年 10 月 16 日成立开始，蚂蚁金服便以自己最擅长的支付为入口，加大对各类海外线下场景的布局，提高海内外商户与用户间的互动频度。

2015 年，泰国皇权（King Power）免税店、新加坡圣淘沙名胜世界和环球影城、日本唐吉诃德连锁超市等知名线下商户接入了支付宝。2016 年 5 月，蚂蚁金服和 Uber 联合宣布达成全球范围内的合作；7 月，蚂蚁金服在新加坡宣布启动“Alipay＋”计划，在世界范围内寻找合作伙伴，打造以海外机场、百货和餐饮场景为中心的移动服务生态圈；8 月，蚂蚁金服与法国 Ingenico 合作，允许支付宝的用户接入 Ingenico 在欧洲的线下商户网络，Ingenico 还将负责处理支付宝跨境网络支付的部分服务。彼时，支付宝在日本、韩国、泰国、新加坡、法国等 70 多个国家或地区接入近 7 万个线下商户，涵盖餐饮、超市、百货、便利店、免税店等，并向海外退税、境外公交卡、Uber 海外打车等领域迅速渗透。

◎ 道格拉斯·费根加盟

一直将自己定位为全球性公司的蚂蚁金服，必然需要网罗全球最顶尖的人才。2016 年 6 月 15 日，前高盛资深合伙人道格拉斯·费根（Douglas L. Feagin）接替彭翼捷出任蚂蚁金服集团副总裁兼国际事业部总裁。

在加入蚂蚁金服之前，费根曾任高盛美国和拉美区、亚洲区（日本除外）金融机构团队负责人，在上述地区的银行、专业理财、技术与保险等行业拥有广泛的客户关系。他的经验和客户资源，势必将在蚂蚁金服的全球化进程中起到重要作用。

有心人不难看出，任用费根基本是在仿效阿里的做法。2015 年 8 月，阿里巴巴任命高盛前副董事长迈克尔·埃文斯（Michael Evans）担任公司总裁，负责阿里的全球化业务。巧合的是，埃文斯此前和费根在高盛香港办事处共事过。

费根的加盟，进一步昭示了蚂蚁金服全球化的决心。当年 10 月 24 日全球支付行业峰会 Money20/20 期间，费根宣布蚂蚁金服与美国最大的商户收单机构 First Data 和美国最大的支付读取器制造商 Verifone 正式达成合作。自 2016 年 11 月起，中国游客在美国纽约和加利福尼亚的部分机场免税店可以直接使用支付宝购物，不用再兑换美元。

至此，蚂蚁金服的全球化布局终于完全覆盖中国人出境旅游的主要目的地国家，其全球化蓝图全面展开。

第二节　普惠金融的全球实践

2016 年 10 月 16 日，蚂蚁金服迎来了又一个重要的里程碑时刻。在集团成立两周年年会上，彭蕾宣布辞去 CEO 一职，专任董事长。接替她出任 CEO 的井贤栋，在就职演讲中特别阐述了蚂蚁金服的全球化愿景。他说：“蚂蚁金服未来的目标是，四年内，蚂蚁金服的用户 50%在国内，50%在国外；未来十年，和合作伙伴一起服务 20 亿消费者。”

在如此重要的场合，井贤栋立下一个并不算遥遥无期的目标，当然不是好高骛远。用井贤栋自己的话来讲，他的自信来源于“我们有一个全球化的愿景，我们致力于用技术在全球范围内提升对普通大众和小微企业的服务”。此外，“我们的团队有全球化的视野和格局”，而且“我们有全球化的人才”。

井贤栋将支付宝和蚂蚁金服成功的模式形象地称为“蚂蚁模式”。从服务于淘宝网的支付工具脱胎而来、成为独立的第三方支付平台开始，支付宝一直致力于用技术给小微企业和普通消费者带来平等、普惠、透明的金融服务。然而，相较于美国、欧洲等监管严格、金融体系完备、金融基础设施发达的区域，中国的蚂蚁模式在技术、应用模式上并不领先。并且，欧美国家以现金和信用卡为主流支付方式，这种状况短期内不会发生大的改变，蚂蚁金服可拓展的空间并不大。此外，国内微信支付强有力的竞争让蚂蚁金服难以持续一家独大，蚂蚁必须寻找划算而行之有效的途径，迅速打开国际市场。

面对上述难题，蚂蚁金服给出的答案是：首先从新兴市场国家，也就是欠发达国家开始，迈出全球化发展的第一步。

◎ 技术输出，赋能当地

起步总是艰难的。蚂蚁金服很快发现，在面对广袤的国际市场时，他们最大的挑战，并不是微信支付等竞争者，而是当地用户积习已久的支付习惯和金融理念。

2014 年，蚂蚁金服集团还未正式成立，支付宝国际业务团队在拓展巴西市场时，就结结实实地遭遇了来自支付习惯的巨大冲击。在深入巴西市场之前，团队的成员们想当然地认为，巴西应该与很多西方国家一样，会将信用卡作为最常用的支付工具，只要解决好信用卡的支付问题，基本上就可以服务好当地用户了。但是，当支付宝信用卡在巴西上线以后，只有很少的用户使用。已经轻车熟路的成功模式遭遇滑铁卢，这让国际业务团队不得其解。

为什么会出现这种情况？通过与当地合作伙伴的共同调查，大家发现，在巴西能够用于跨境消费支付的信用卡非常少。很多巴西人根本没有信用卡，或者有信用卡也只能在本国使用，不能跨境支付。进一步的调研发现，巴西人大多使用一种叫做 Boleto 的支付方式，它类似于中国较早时期采用的“账单支付”，即用户在线上下单生成订单号，然后持订单号到邮储、银行等网点支付。这种“古老”的支付习惯，只有立足当地现实，同时借助合作伙伴的帮助，才可能真正了解到。而如何将这种根深蒂固的现金支付习惯转变为对电子支付、移动支付的依赖，让当地人民逐渐接受、熟悉并使用新型快捷的支付方式，正是蚂蚁金服全球化的难点和潜力所在。

对于蚂蚁金服而言，投资各个国家的支付入口，实现“全球收，全球付”，并通过这一战略级入口深入这些国家的电商、金融等业务，同时通过不断补足自身技术能力、进化商业模式，反哺新兴国家金融机构，为当地客户提供全方位的金融服务，是其在摸索全球化发展的道路上作出的重大转变，重点针对的是早年侧重跨境购买、退税等业务所遭遇的交易管制、金融合规、外汇风险等问题。

综合来看，蚂蚁金服在全球布局的一个重要方向是投资于技术类公司。早在 2014 年 11 月，蚂蚁金服便投资了新加坡移动安全和加密技术公司 V-Key，目的在于补足自身在移动支付安全方面的能力。2015 年 11 月，蚂蚁金服领投新加坡跨境证券交易服务商 M-DAQ 的融资，意在通过先进技术的引入，改进用户在跨境支付方面的体验。2016 年 9 月，蚂蚁金服宣布收购总部位于美国堪萨斯市的生物识别技术创业公司 EyeVerify，这是一笔着眼于未来的投资。蚂蚁金服相信，生物识别技术的广泛应用将对用户的账户安全和数据安全增加更多保护，“看一眼就能支付”的构想迟早将变成现实。

另一个重要方向即赋能当地。具体来说，就是瞄准新兴市场国家，寻找有同样愿景的当地合作伙伴，通过技术、商业模式的输出，让这些伙伴进化为当地的支付宝、当地的蚂蚁金服，共同服务全世界的普通大众和消费者。其中，与印度 Paytm 的合作堪称蚂蚁金服在全球范围实践普惠金融的典范。这种模式也可以称为“Paytm 模式”。

◎ 印度版支付宝——Paytm 模式

Paytm（全称 Pay Through Mobile）是印度最大的移动互联网公司之一 One 97 Communications 的旗下品牌。在成立之初，它只是一个手机预付网站，2014 年开始进入印度刚刚兴起的互联网金融领域，并推出了电子钱包。

蚂蚁金服、阿里巴巴与 Paytm 的合作始于 2014 年 10 月。彼时，阿里巴巴刚刚上市，Paytm 创始人 Vijay Sharma 来到杭州，向马云、张勇、彭蕾和井贤栋讲述他的普惠金融愿景。“我们要做印度最大的移动支付平台。”这个被蚂蚁金服副总裁韩歆毅认为“有一些马老师（马云）当年的影子”的男人讲出了 Paytm 的目标。

那时，蚂蚁金服正筹划深入印度金融领域，也在苦苦思索进入新兴市场的路径。而已有 2 000 万用户的 Paytm 已成长为印度最大的移动支付平台，无疑是非常理想的合作伙伴。双方一拍即合，蚂蚁金服率先投资，阿里随后分两次投资 Paytm 母公司 One 97 Communications，成为其关键小股东（占股 30%～50%，据外媒披露的数字，蚂蚁金服与阿里在 Paytm 中占股 40%）。

印度和中国是两个常常被人放在一起比较的国家。阿里巴巴和蚂蚁金服之所以选择印度作为切入点，正是看中了印度广阔但未开发的市场，以及当地比中国低几个档次的基础设施水平和金融服务普及率。印度总人口 12 亿，固话装机峰值却仅为 5 000 万部，并且近年逐步下滑，个人、商家的宽带接入率也相当低。印度政府也曾搞过“一人一张银行卡”活动，但由于贫困人口多、银行网点稀缺、支付场景少（目前印度全国仅 120 万商户有 POS 机）而宣告失败，全国信用卡、储蓄卡分别仅有 2 000 万张和 3 亿张，背后的活跃用户仅在千万量级。很明显，蚂蚁金服在印度的机会要比在美国、欧洲大得多。

此外，作为全球第二大发展中国家，印度的金融压抑状况十分严重，金融服务、金融基础设施落后的现状，同样成为诸如 Paytm 等移动互联网企业的机遇。以支付为例，到 2015 年，Visa、万事达进入印度已经几十个年头，但总发卡量不超过 1 800 万张。相比较而言，Paytm 只用短短几年时间就发展了 2.2 亿用户，是两大国际信用卡巨头总和的 10 倍，并且 Paytm 还定下了两年内普惠 5 亿印度人口的目标。当然，想实现这些目标，离不开资本的大量投入和技术的快速进步。

你无我有，你有我优——怎么看，这都是一笔双赢的交易。由于蚂蚁金服在移动支付领域的成功在全世界范围内无出其右，Paytm 从业务布局、产品架构到企业文化都进行了全方位借鉴。Paytm 女高管 Kiran 回忆说，接受蚂蚁金服投资半年后，她被安排到杭州交流学习，讨论从上午 9 点持续到次日凌晨 4 点，她当即“崩溃”离席。

从创立背景、业务模式来看，Paytm 堪称印度版的支付宝，两者之间的共性远大于差异。然而 Paytm 与支付宝最初的发展路径却完全相反。Paytm 从做网上支付起家，如网上缴纳话费、增值服务费等，直到移动互联网兴起后，才开始寻找线下支付场景，如加油站、便利店、电影院等。概括地说，就是“拿着工具找场景”。支付宝则先为场景找工具，然后衍生出基金、理财、保险等业务，进入移动互联时代后又开始丰富线下应用场景。幸运的是，二者虽起步有早晚，但最终殊途同归，并在合适的时机成功“牵手”。

与蚂蚁金服合作，对 Paytm 而言至少有两方面的意义：一是技术架构的更新。抛开复杂的技术原理不谈，支付宝后台处理的天量数据已经让其难望项背。按照支付宝目前的架构，在 2016 年“双 11”当天创下了 12 万笔/秒的支付峰值。如果没有蚂蚁金服，Paytm 只能按每天数百万笔的量段设计底层架构，届时扩容可就不是增加服务器这么简单了。

二是支付场景的借鉴。移动支付场景的获得不是拍脑袋的产物，需要在相当长的时间内进行大规模的实践探索。比如买电影票这个场景，Paytm 多次到蚂蚁金服取经，如今，在挚爱电影的印度，电影票购买成为 Paytm 移动支付的明星品类。

反过来，对于蚂蚁金服而言，选择投资 Paytm 的母公司，而不是在一个全新国度另起炉灶建立全资子公司，也有多重意义。从全方位介入印度移动支付服务的角度而言，中国独资公司的难度远远大于印中合资公司。当前，Paytm 已获得印度央行发放的首批支付银行牌照，允许其在印度开展支付、储蓄、汇款、转账等银行业务，为印度中小企业和低收入人群提供费率更低的在线金融服务。投资 Paytm 刚好能够助力蚂蚁金服抢占印度普惠金融的先机。

更重要的是，许多本土问题只有本土公司才能发现和解决。比如，Paytm 在印度做二维码支付采取的是“正向扫码”的方式，也就是由付款方（消费者）去扫商家的收款二维码。这样做有两大好处：一是减轻商家负担，有利于迅速推广。扫码设备及宽带接入对印度小商家构成不低的门槛，正向扫码时，商家只需出示打印在纸张上面的二维码，消费者即可用自己的手机完成扫码支付。二是符合用户心理。反向扫码的用户体验虽好，但毕竟扫一下钱就被划走，用户感觉心里不踏实。扫描商家二维码，输入金额，最后点击确认，这样的过程可以提高用户的安全感。本地的和尚好念经，在新兴市场、新式支付手段的推广普及阶段，类似的场景设计只有本土公司才能做出，非常值得蚂蚁金服这样的外来者借鉴、学习。

最有意义的地方在于，蚂蚁金服在印度探索出来的这种以投资参股、赋能当地企业为主的“Paytm 模式”为其他全球化布局提供了宝贵的范本。

2015 年 11 月，蚂蚁金服以技术入股的方式参与韩国第一家互联网银行 K-Bank 的筹建并最终获得开业批准，这是韩国政府时隔 23 年之后首次发放银行牌照，K-Bank 获准开展存款、贷款、信用卡、理财、外汇等所有银行业务。韩国政府希望通过引进互联网银行制度，为消费者提供更加便捷、优惠的普惠金融服务。而蚂蚁金服发起设立的网商银行在 2014 年便获得了中国首批民营银行牌照，其技术和实践经验正好与韩国政府的需求契合。对于蚂蚁自身而言，这次参股在意的不是自己股东的身份，而是意欲通过核心系统上云、身份识别等技术（KYC）的输出，获得更多的技术样本，为未来做储备。

2016 年 11 月，蚂蚁金服收购泰国支付和小贷公司 Ascend Money 20%的股份。Ascend Money 的子公司之一 Ascend Nano 主要在缅甸、印度尼西亚等地为无银行账户的民众普及电商和电子支付服务，另一家子公司 True Money 则提供现金支取卡和电子钱包服务。蚂蚁金服的入股及其在支付和小贷方面长久的优势，将助力 Ascend Money 在东南亚的在线支付和小额贷款业务。2017 年 2 月，蚂蚁金服分别向菲律宾数字金融公司 Mynt 和韩国移动金融公司 Kakao Pay 注资，4 月又与印尼 Emtek 集团合资成立移动支付公司。至此，蚂蚁金服在东南亚地区的业务版图大大扩展。

不仅如此，蚂蚁金服在不断的进步与反思中逐渐形成从单一的支付、转账等场景获取数据，到在大数据基础上提供金融、征信、信贷等服务，并以此盈利的商业模式，这种模式正通过 Paytm 这样的伙伴和“徒弟”输出海外。2017 年初，Paytm 宣布获得印度央行批准，将成立数字银行 Paytm Development Bank。3 月，Paytm 又将电商业务独立，成立 Paytm Mall。未来，Paytm 还计划推出类似余额宝、芝麻信用的产品，并扩展到购物、支付、银行、保险等综合性金融服务体系。用 Paytm 创始人 Vijay 的话来说，就是“以前我们总想着向硅谷学习，如今我们向中国学习”。

井贤栋在2016年6月首届FTCC（金融技术CTO俱乐部）峰会上曾这样总结蚂蚁金服的全球化策略：我们并非去每个国家设立分公司、子公司，而是赋能当地的合作伙伴，输出经验，输出技术，帮助它们在全球范围内提供普惠金融服务。正是基于自身技术和商业模式的优势，蚂蚁金服才能越来越多地赢得海外政府和机构的信任，通过合作迅速打开海外市场，加快全球扩张的步伐。反过来，也正是通过与当地伙伴的合作，蚂蚁金服才真正得以实践全球范围内的普惠金融梦想。

第三节 鲜花与荆棘并存的全球化之路

◎ 百度、腾讯的前车之鉴

当前，中国互联网经济已经进入下半场，加快推进全球化发展已成为BAT（指百度、阿里巴巴、腾讯）等互联网巨头的共同选择。全球化对互联网企业的显著意义在于，一方面，可以在全球范围内寻找新的增长点，以应对国内核心业务增长的瓶颈；另一方面，可以在全球范围内整合资源、人才、技术，用全球化思维提升自身在全球的战斗力。

然而从历史来看，中国的互联网企业在全球化道路上并非一帆风顺，甚至遭受过惨痛的打击。百度在日本和欧美、腾讯在东南亚都曾折戟，这昭示着，在互联网企业全球化的道路上并非只有鲜花，同样也有荆棘。

2006年，百度选定日本作为其拓展海外业务的第一站。当时，谷歌的全球化扩张已经进行多年，在大多数国家的市场份额都在90%以上。但在中国、俄罗斯、韩国、日本和捷克五个国家，谷歌却落后于本土搜索公司，中国有百度，俄罗斯有Yandex，韩国有Naver，捷克有Seznam，这几个都是所在国自主的搜索引擎。唯独日本是特例，前两大搜索引擎是雅虎和谷歌。

百度进军日本市场的逻辑是：既然已经在中国市场上成功击退了雅虎中国和谷歌，百度一样能在日本市场上复制这种成功。百度CEO李彦宏当时自信地说："日本市场的竞争并不是那么激烈，日本市场的格局多年来没有变动，就是雅虎和谷歌这两家非日本公司在做。从日本消费者的角度来考虑，多一个选择是有好处的。""既然百度在中国市场知道怎么打败它们，在日本市场我们也很有信心。"

现实远不如李彦宏设想的那样美好。回头审视，百度当时用以进军日本市场的产品，竟没有一项具有排他性优势。它手中唯一可能的优势，只有多年的搜索技术的积累以及搜索产品运营的经验。而面对全球化经验更为丰富、技术更为领先的谷歌，以及多年抢夺市场份额未果的必应、雅虎等竞争对手时，百度几无胜算。

2011年，百度转而进军欧美，宣布成立百度美国研发中心，并聘请吴恩达担任首席科学家。然而，与新兴国家和中国市场相比，欧美是完全不同的市场，谷歌早已占据主导地位，百度的产品和技术与之相比并无优势，在这些市场立足十分困难，后来的现实也证明了这一点。并且，作为信息服务商的百度在欧美将面临谷歌在中国时遇到的同样的监管问题，尤其是在美国，监管常常对中国公司不利。这让百度在美国本土的业务推进雪上加霜。

到了2013年，随着360现身搅局，移动互联网的入口危机也在加剧，百度被迫在埃及推出安卓版手机浏览器，之后便不了了之。直到2016年中国公民境外游需求爆发式增长，使得百度地图在海外市场取得亮眼成绩，百度的全球化业务才算扳回一城。

BAT当中另外一个巨头——腾讯，其全球化战略起步更早。腾讯早在2005年便成立国际事业部，并早早在美国、印度、越南、意大利布下据点。2009年，腾讯以3亿美元注资俄罗斯互联网公司DST，但随后在俄罗斯市场收效甚微。第一代王牌产品QQ盘踞PC端之后，马化腾却没有将这款即时通讯之王推向国际市场的打算，腾讯因此错过了第一个走向国际市场的风口。

直到2011年微信出现，腾讯才重新开始积极筹划全球化运作之路。2013年8月，腾讯曾宣布微信海外用户突破1亿，彼时微信海外业务将独立运作成立海外事业部的消息盛传了一阵，后来却未见有动静。据统计，微信的海外市场仍集中在第三世界国家，欧美和日韩的即时通讯应用市场，依然被WhatsApp、Line、Facebook、Messenger等对手所霸占。目前，腾讯未再更新微信的海外用户数据，并且当前仍然是以抢占用户为主，还未到商业化变现或者树立品牌的阶段。微信能否助力腾讯成功实现全球化，目前来说仍然是未知数。

◎ 梦幻与沉重兼有，挑战与机遇并存

对于蚂蚁金服、阿里巴巴以及百度、腾讯等互联网企业来说，全球化在相当长的一段时间内，都将是一个梦幻与沉重兼有、挑战与机遇并存的命题。所谓梦幻，是指互联网天然的交流效率让世界变得更

加扁平，地域限制更易打破，资源交换更加快捷；所谓沉重，是指资源在自由聚拢的过程中更容易产生壁垒，出现割裂。

阿里巴巴作为国内早期的B2B贸易平台，为国内廉价商品流向海外提供了非常便捷的通道，因此在互联网浪潮中乘风破浪，顺势而起。后来阿里巴巴“移情别恋”，将大量精力投入个人消费市场，事实充分证明了马云的决策眼光。阿里巴巴依靠迅速成长的淘宝站稳脚跟，并过渡到天猫商城，成为电商巨擘，而依托有着外资背景的阿里巴巴，并受到淘宝、速卖通等直线需求支持的支付宝与蚂蚁金服，也借此东风获得了飞速的发展，一举奠定其在行业中的领先地位。

相比较而言，百度和腾讯没有这样的先天优势。在特殊的政治、经济环境成长起来的这两个互联网巨头，前者要面临产品核心竞争力在国际大熔炉中的不断考验；后者虽然早早拥有了用户数据优势，但是社会关系天然的凝聚特性，致使其要想在文化存在巨大差异的市场寻找突破，必然困难重重。在百度的数据分析和人工智能尚未成气候、腾讯6亿用户消费市场的运作模式尚不成熟的情形下，阿里巴巴和蚂蚁金服的全球化运作得以暂时领跑。

2017年4月17日，蚂蚁金服宣布加价36%至12亿美元，再次提出针对全球第二大国际汇款服务公司——美国速汇金（MoneyGram）的并购建议。这是蚂蚁金服力图构建全球生态系统的重要举措。如果收购顺利，不仅将大大增强蚂蚁生态体系的跨境汇款能力，更标志着其向欧美等发达国家支付市场的扩张更进一步。然而，美国当地企业Euronet Worldwide的半路杀出，以及漫长的交易审批流程，让这起收购交易一波三折。放眼世界，蚂蚁金服想要突破新兴市场国家的范围，打入发达国家，实现全面的全球化，必将面临十分严峻的挑战。

仅在支付领域，PayPal、Google Wallet 和 Apple Pay 等国际支付巨头早已群狼环伺。eBay 已于 2016 年将 PayPal 分拆出去，旨在寻求更广阔的发展空间；Google Wallet 则已经在移动支付领域小有所成，用户只要绑定银行卡或银行账户，就可以使用手机在任意一家支持 NFC 支付的商家付款。2017 年的苹果 WWDC 开发者大会，也向世人展示了 Apple Pay 赶超支付宝的决心。

此外，以美国为代表的欧美电子支付市场是在发展成熟的线下信用卡和 ACH 建设基础上延伸到互联网媒体上的，其前提是信用卡和银行支票已经是广大用户支付线下交易最熟悉的工具，在原先系统下建设的支付授权、业务流程、清算、行业标准、风险控制以及高容量信息系统都不需要做重大改造。与 PayPal、Google Checkout 和 Apple Pay 十分强调和现有金融系统的合作共赢不同，支付宝在中国与银行等金融机构竞争激烈，这类经验对美国等国际市场来说几乎派不上用场。对当地金融机构和监管的冲击，会否令其遭到冷遇甚至更为严厉的调查与处罚，目前仍是未知数。可以预见，在中国互联网支付产业蛮荒期累积起大量直连银行资源、打通多数银行支付系统经验的支付宝和蚂蚁金服，虽然针对中国金融体系的不足专门设计了多款成功产品，但想在游戏规则完全不同的国际市场上复制国内的成功绝非易事。

跨境数据流动及数据安全问题是另外一个不容忽视的挑战。当前，大量经济运行、社会服务乃至国家安全相关的数据向云计算和大数据技术领先的企业集中，大规模的数据跨境存储在全球各地的数据中心，存在较大的安全风险。欧盟和美国都加强了跨境数据流动管理的制度建设，在此背景下，蚂蚁金服若依然照搬 Visa 等机构仅在全球设立三四个数据节点的处理方式，势必会在各国处处碰壁。长期来看，数据在各国本地化是必然趋势。在成为一家不仅业务遍及中国的真正全球化企业的过程中，蚂蚁金服在技术能力、法律架构、业务整合和组织建设方面仍有很长的路要走。

全球化之路的确不好走，中国互联网企业的前车之鉴就在眼前。可对于蚂蚁金服来说，即便明知要面对国际市场的复杂性和各国政策的不确定性，但开弓已无回头箭。

第八章

ANT FINANCIAL

开垦农村金融的贫瘠之地

2014年，移动互联网的广泛普及让农村市场成为各大电商眼中的新宠。阿里集团开始实施“村淘计划”，将渠道下沉，着力开拓农村增量市场。配合村淘计划的实施，蚂蚁金服终于以支付服务撬开了农村金融的大门，那片被传统金融“遗忘”在角落里的广阔农村金融市场正在向蚂蚁金服招手。

然而，这片被外界视为新蓝海的农村金融市场同时也是一片贫瘠之地。如何在基础设施薄弱、信用记录缺失的农村市场，为“三农”用户提供有效的信贷服务，是蚂蚁金服一直在思考的问题。

在蚂蚁金服副总裁袁雷鸣看来，这需要“坚定的决心和巨大的责任”，“除了依靠生态系统、合作伙伴，更需要的是真心服务农业、农村、农民的意识”。

第一节　支付先行

◎ 农村金融之殇

2013年，河北省邯郸市大名县万堤镇孙村村民王红亮用十几年的积蓄在该县王村乡店北村村南流转了300亩土地，成立了家庭农场。本想通过贷款把其余的承包土地都做成大棚，但银行说抵押物不合格，不给贷款，这让王红亮不得不放弃扩大规模的想法。

用该村58岁的村支书孙振山的话说，“现在农民贷款太难了，别说是贷款，就是跑手续也能把人搞晕喽。要是真有点事儿，宁愿向亲戚朋友借点钱，也不会向银行贷款。”

王红亮只是中国亿万农民的一个缩影，孙振山的话则说出了备受贷款难困扰的广大农民的心声。农村金融在中国历来就是一片贫瘠之地。

中国人民银行发布的《中国农村金融服务报告（2014）》显示，截至2014年底，全国农户贷款余额5.4万亿元，仅占各项贷款余额比重的6.4%。农村家庭正常信贷获批率只有27.6%，远远低于40.5%的全国平均水平。农村每万人拥有银行类金融服务人员的数量仅为城镇的1/329。

我们并非没有针对农村的金融服务机构。实际上，这些年来，我们已基本上形成了以受央行和银监会监管的各类金融机构组成的“正规军”为主导，以游离于监管之外的农村金融机构为补充的农村金融服务体系。

但是这一体系服务农村的能力并不强。在“正规军”中，中国农业银行在1996年后开始走上商业化道路，由于商业银行“盈利性、安全性、流动性”的经营原则与农业生产“分散性、波动性、长期性、高风险性”相悖，农业银行逐渐退出农村市场，在很多地区对“三农”的服务已成真空。农业发展银行的主要任务是承担国家规定的政策性金融业务，并代理财政性支农资金的拨付。但随着粮食流通体制改革的不断深入，农业发展银行将农业开发、技改、粮棉油加工、扶贫等贷款职能逐步剥离，只承担针对农村粮棉油收储企业的贷款这一单一业务职能。农村信用合作社本应是服务“三农”的主力军，但是由于自身产权不明晰，资金实力有限，贷款品种单一，也无法满足农村经济日益壮大过程中“三农”对融资数目和贷款种类的需求。非正规军则本身就具有高息揽储、盲目贷款、逃避监管的痼疾，对农村经济主体的服务不但不到位，还隐藏着巨大风险。

在这样的农村金融服务体系下，出现上述情景和数据也就不足为怪了。

但是，银行也有一肚子委屈，银行并不是不想给农户贷款，而是“想说爱你不容易”。因为农村社会信用体系缺失，农户信用难以在征信系统中体现，而且涉农贷款风险高、回报率低，农村社会担保体系也不健全，金融机构为了降低不良资产率，不倾向于直接对农户贷款。

“银行放贷怕收不回，农民求贷却没有信用。”这正是中国农村金融最真实的一面。农民的贷款难问题已成为中国农村金融之殇。

◎ 村淘淘出大市场

“这是最好的年代，也是最坏的年代”。用一百多年前狄更斯的这句话来描述当下农村金融的发展毫无违和感。农村金融巨大的供需缺口孕育着无限的机遇，无数双眼睛已经瞄准了农村金融市场，将其作为新的蓝海。

致力于提供普惠金融服务的蚂蚁金服自然不会忽视这个广阔的市场。自 2014 年 10 月成立伊始，蚂蚁金服便将农村作为重要的战略方向之一，其切入口便是阿里集团的“千县万村计划”（又称“村淘计划”）。

2014年，随着移动互联网的广泛普及，支付宝的各项业务也开始下沉。在蚂蚁金服集团成立前的半年时间里，支付宝和支付宝钱包的新增用户当中，三四线城市的增速均超越一二线城市。在网购市场中也呈现出城市增速日渐放缓、农村生机蓬勃的景象，《2014年农村互联网发展状况研究报告》显示，随着网络购物市场日益普及，网购已开始向全民扩散，其中农村受众正在加速扩大。截至2014年12月，中国农村网民网购用户规模为7 714万，年增长率高达40.6%；同期农村网民网购使用率为43.2%，较上年增加12.1个百分点。

农村网民数量的攀升以及互联网的普及增加了农村电商消费市场的潜力。众多电商纷纷将目标对准农村，阿里集团也不例外，开始力推农村电商，着力开拓需求增量市场。

阿里采纳了根据农村本地资源优势发展电商的“遂昌模式”，并于2014年10月正式启动“千县万村计划”。该计划准备在3～5年内投资100亿元，建立1 000个县级服务中心和10万个村级服务站，以服务农民、创新农业，让农村变得更美好。简单说来，就是通过与各地政府深度合作，以电子商务平台为基础，在县村各级设立农村淘宝服务站，并发展农村淘宝合伙人，充分发挥电子商务的优势，以实现“网货下乡”和“农产品进城”的双向流通功能，让互联网成为小村庄和外界联通的桥梁。

2014年10月29日，阿里巴巴集团“千县万村计划”中的全国第一个县级运营中心在杭州桐庐正式启动。随后，在第一个村级服务站——桐庐县富春江镇金家村服务站诞生了农村淘宝的第一单。截至2016年8月，农村淘宝覆盖全国29个省区，共设立300多个县级服务中心和近1.8万个村淘点，有村淘合伙人以及淘帮手近2万人。

如果你见证过“从淘宝到支付宝，再到蚂蚁金服”的发展历程，那么在村淘诞生之后，你对接下来在农村出现的支付与金融需求一定不会感到陌生。

依托“村淘计划”，蚂蚁金服的支付服务向农村渠道下沉。村淘合伙人可以通过支付宝帮助村民实现网上代买、代卖、代缴水电煤等费用，还可以代收发快递、预订酒店、购买出行车票等。

以支付宝为载体，蚂蚁金服用国际领先的支付解决方案助力智慧县域建设，大力推广和应用多元化的非现金支付工具，方便农户缴纳水费、电费、保险费、手机充值等各种费用，并将已经在城市互联网生活服务中积累的成功经验下沉到农村地区，把县政府已经建成的公共服务能力通过手机提供给农民。

支付宝的支付和民生缴费服务，帮助大量无信用记录的农民积累互联网信用，正在逐步为今后享受与城市同等的信贷服务奠定基础。

同时，蚂蚁金服把积累的线上能力反哺线下，为县域内线下商业提供展示和引流，以支付宝App为载体发展县域O2O，搭建了县域家庭农场、采摘游、农家乐等农家休闲场景宣传及预订平台，创新了农村商业模式，提高了农民收入。

截至2017年3月，支付宝“三农”用户已达1.63亿，极大地方便了农村地区的网购，推动了农村电商的发展。村淘计划的实施、支付宝在农村的大力普及已然为蚂蚁金服撬开了农村金融的大门，那片被传统金融“遗忘”在角落里的广阔的农村金融市场正在向蚂蚁金服招手。

第二节　抓住信贷命门

蚂蚁金服总裁井贤栋在2014年末时曾对蚂蚁金服进军农村金融市场作出清晰的规划：一方面，为农村用户开通线上支付通道，方便他们线上、线下购买生活、农资用品的支付需求；另一方面，对接金融机构和农户，为农户提供消费、农资购买等信贷需求。

信贷才是农村金融真正的难点。在2016年农村金融事业部成立3个半月后，时任统帅的袁雷鸣发现其服务的“三农”客户中，支付宝的涉农用户已达1.5亿，小额保险的涉农用户也达1.2亿，但信贷用户只有2 200万。而且中国有约9亿的农业人口，但农业生产总值却仅占GDP的10%。如何为“三农”提供有效的信贷服务，并不是一个简单的问题。

◎ 细分“三农”

“知己知彼，百战不殆”。要想为中国“三农”用户提供有效的金融服务，就必须深入了解“三农”的金融需求。蚂蚁金服农村金融事业部在对中国农业和农村发展的现状进行深入调研和思考后，将中国农村金融的服务对象细分为三层。如图8－1所示。

第一层是最普通的农民、小型种养殖户和回乡投身农村电商的大学生。其中普通农民的金融需求与城里人相似，偏向于消费信贷，其他人群的资金需求也不大（少则几千，多则几万）。这部分人群的特

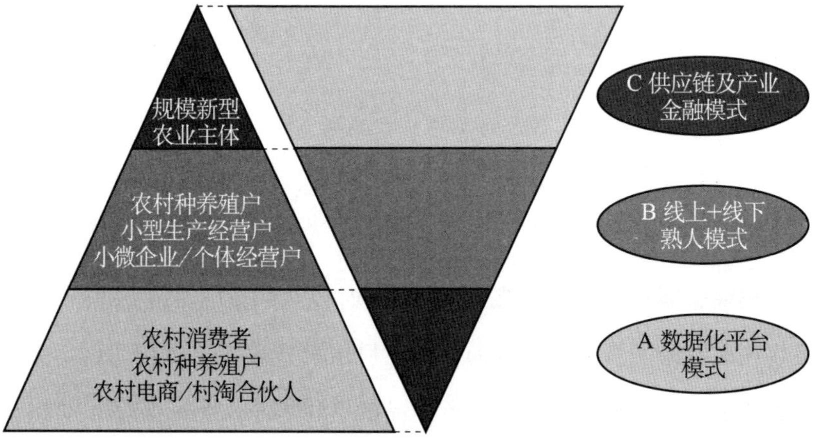

图 8-1　农村金融的服务对象与信贷模式

点是体量大（占农村人口的 80%以上），但资金需求小。

第二层是扎根农村的小微企业、个体经营户或者中型种养殖户。这部分人群的数量比第一层用户群要少一个层级，大约是百万或者千万量级，它们的资金需求虽然上了一个台阶，但是也没有达到规模化生产的程度（实际上有很多细分市场也不适合规模化的种养殖户）。所以，通过大数据征信的方式为其提供的授信额度可能无法满足第二层用户的需求，而且他们提供的线上信息也不足以让蚂蚁金服作出授信的判断。

第三层用户则是承担着中国农业向现代农业转型的重任、位于金字塔顶端的规模化种养殖户。他们的特点是数量少（只有几十万到几百万），但资金需求大。显然，这部分用户的信贷需求才是最迫切的。只有解决了这部分资金需求额占比 80%但人数仅占 20%的农村大客户的信贷难题，才能直击农村金融的痛点。

◎ 三大信贷模式

不同的客户群有不同的信贷需求，针对每一个客户群，蚂蚁的农村金融事业部设计了独特的信贷模式。

数据化平台授信模式

针对最底层的客户群，蚂蚁对其提供的金融服务以消费信贷为主，授信额度略小于经济发达地区。具体来说，就是依靠数据化的平台模式，通过大数据批量化的自动化方式授信。目前，蚂蚁金服给予淘宝电商以及村淘合伙人的贷款就是以这种模式发放的，网商银行启动的“大学生回乡回村创业扶持计划”也大多通过这种模式发放贷款。

“线上＋线下熟人”信贷模式

针对第二层用户，蚂蚁金服给出的解决方案是“线上＋线下熟人”信贷模式。

所谓线下熟人，主要由两部分组成。一是阿里集团“千县万村计划”下的村淘合伙人，二是合作伙伴——中和农信多年积累的农村信贷员队伍。线下熟人的作用在于帮助判断、评估借款人的还款风险，因为他们非常了解当地的各个农户，所以在信息化和金融服务欠缺的县域、乡村，这些熟人的作用就相当于“风控”，可以有效防止坏账的发生。特别对于中和农信来说，它的前身为中国扶贫基金会小额信贷部，在农村小额信贷领域有着 20 多年的丰富实践经验，如今其分支机构遍布全国 19 个省 245 个县的 3 700 多个乡镇。依靠独特的风控体系，中和农信大于 30 天的贷款不良率一直控制在 1%以下，而“熟人模式”正是其风控体系的核心价值。

线下熟人大大化解了农村信贷风险评估中常见的缺乏抵押物、担保不足、农民征信状况缺失等问题，从而大大增强了农村金融服务对贫困地区的支持力度。

线上方面，蚂蚁金服依然依靠互联网（尤其是移动互联网）、大数据、云计算等技术，去解决过去农村金融运营成本高、信息不对称、收入难核实的痛点，有效降低运营成本，实现大数据线上风控。蚂蚁金服小贷业务多年来积累的经验和数据也可运用于线上审核及贷后监控等环节。

2015 年 11 月 8 日上午，在全国著名的羊绒加工产地河北省邢台市清河县柳林村的农村淘宝服务站，村民董立芳用三个步骤完成了在线贷款，获得了网商银行的 2 万元授信。这是她五十多年的人生获得的第一笔银行贷款，所采用的信贷模式便是“线上＋线下熟人”信贷模式。

在线下，熟知董立芳家庭收入和信用状况的淘宝小二首先完成了对申请贷款者的第一道评估，然后负责将董立芳的身份信息、相应的土地、房屋或门店的资产证明等基础数据信息上传至线上，网商银行在线上运用数据分析，进行资质的审核和授信评估。就这样，董立芳不到一周便获得了贷款。如果在从前，这是她想都不敢想的事。

“金融＋电商＋农业生产”的农产品供应链金融模式

第三层用户承担着中国农业向现代农业转型的重任，虽然客群数量最少，但是资金需求却是最大的。对此，蚂蚁金服给出的解决方案是农产品供应链金融模式。

2016年5月25日，蚂蚁金服首次对外阐释了“金融＋电商＋农业生产”的闭环农产品供应链金融布局。所谓供应链金融，即把供应链上的所有成员（供应商、制造商、分销商、零售商和最终用户）看作一个整体，以核心企业为中心，借助大型核心企业对中小供应商的深入了解，选择资质良好的上下游企业作为融资对象，为供应链上的所有成员企业提供系统融资安排。

以蚂蚁金服与生鲜电商易果生鲜的合作为例。首先，阿里旗下的天猫超市生鲜区的供货电商易果生鲜与陕西周至县北吉果蔬专业合作社签订采购协议。蚂蚁金服基于采购订单，在对订单进行识别并确认后，由网商银行为合作社数百名果农社员提供低息贷款，果农拿到这笔贷款后，只能通过定向支付工具专项用于从农村淘宝购买指定的农药、农资、农具，蚂蚁金服还为这些产品提供保险，保证果农从淘宝上购买的农资、农具、农药是正品。最后，果品通过易果生鲜进驻天猫超市生鲜区进行销售。

这种基于采购订单的闭环信用贷款模式，可在贷款申请提交当天到款，放款效率高于其他贷款方式。此外，线上销售的农资、农具、农药有品质保证，电商购买途径也优化了农户的购买体验。而且这一模式可以促进每个地区发展地方特色产业，实现“产业脱贫”的目标。

这种基于产业链形成的闭环信贷模式，既掌握着买与卖的环节，又成功地在其中嵌入了金融服务。与传统金融机构的借款难相比，这类“三合一”平台突破了商业银行传统的评级授信要求，也无须另行提供抵押、质押、担保，提供的资金效率更高、环节更简单，利率则远低于民间借贷，因此可激发农村市场的勃勃生机。

2016 年 5 月以来，蚂蚁金服已经与易果生鲜、蒙羊集团、正邦集团、益客集团等数家农业龙头企业达成类似合作。

◎ 农村金融新方向的探索

三大信贷模式的逐层演进，标志着蚂蚁金服正在从之前的农村金融的数据化产品，向撬动更多生态合作伙伴的供应链模式转变，也标志着蚂蚁金服的农村金融在循序渐进地向纵深发展。但是，找到农业供应链模式并非袁雷鸣的灵光一现，而是蚂蚁深入思考并分析自身优劣势后的选择。

在农村金融事业部成立 3 个半月后，蚂蚁金服发现其服务的“三农”客户中，信贷用户只有 2 200 万，不足小额保险涉农用户的 1/5，不足支付宝涉农用户的 1/6，而且这部分信贷用户主要来自农村金融用户的金字塔底层。这显然不是袁雷鸣愿意看到的结果，农村金融事业部追求的是为信贷需求大的规模化种养殖户提供服务。虽然服务底层用户体现了蚂蚁金服普惠金融的价值理念，但是，促进中国农业的转型升级，为其提供有效的金融服务，也是蚂蚁金服发展农村金融的重要目的。而且，从一家市场化企业的角度出发，在一个刚刚开启的市场，蚂蚁金服如果毫无选择地只做底层用户的服务，不但会在资产端与负债端的利率承压，其资金也会缺乏效率。

如此一来，在原有的网商银行为农户提供信用贷款、支付宝为农民提供支付服务等零散业务的基础上，蚂蚁金服的农村金融事业部开始探索如何为规模化的种养殖户提供恰当有效且风险可控的金融服务，并以此作为农村金融事业部的重点发展方向。

蚂蚁金服拥有发达的互联网平台和高超的云计算服务，拥有高度垂直而又充满开放性的金融服务体系和开放的平台精神与生态思维，又有阿里嫡系的商业系统作为支撑，可谓实力强大。但蚂蚁金服并不是万能的，其短板在于资金。中国社会科学院 2016 年 8 月发布的《中国“三农”互联网金融发展报告（2016）》显示，2014 年，我国“三农”金融缺口超过 3 万亿元，这意味着我国“三农”领域的金融供给严重短缺。单靠蚂蚁金服自身的资金来源显然不足以弥补这一巨大的缺口。

据袁雷鸣介绍，目前蚂蚁金服投放在农村金融领域的信贷来源主要有三类。第一类来自网商银行信贷，其负债端很大一部分来源是同业拆借。但网商银行由于不能远程开户，也没有实体营业网点，所以它虽具有吸储功能，但对此不能过度依赖，若只针对一些大企业提供现场开户或上门开户服务则影响效率，而且网商银行不能开立用于结算的Ⅰ类账户，而Ⅱ类账户、Ⅲ类账户的功能受限，所以很难吸收到存款。第二类是社会资金，比如在招财宝上直接投资项目的社会资金。一些保险机构为这些融资项目提供信用保证保险，承保后，这些融资项目可发布到招财宝上，引导城市居民富余资金投向农村地区。第三类就是定向支付的平台开放后对接的诸多银行。随着金融机构的参与，资金来源的压力将得到缓解。

蚂蚁金服的优势并不在于懂得农户的微观诉求，而是在于通过研究获知中国农业的发展方向、产业趋势，并通过技术、大数据、征信、云计算、支付以及多重互联网与金融工具，为之提供服务支撑。

因此，必须找到能够撬动服务的产业“中间力量”，来解决农村金融金字塔顶层用户的金融供给难题。

袁雷鸣想到了活跃在中国农村市场的农业龙头企业。在中国，它们是农村规模化种养殖户生产经营的主要依托，也是这些种养殖户收入来源的主要依托。它们对农户的风险把控能力超过任何金融机构。

在 2016 年 1 月接手农村金融业务后，袁雷鸣把正大集团、温氏股份、中粮集团、中化集团等国内的农业龙头企业基本上走访了一圈，并印证了自己的判断——这些龙头企业拥有专业的人才和实践经验，更有广泛的合作关系网，但是在面向农户提供金融服务上存在很大欠缺。它们要么自己帮助农户找银行放贷，要么成立担保公司找小贷做服务，要么自己将羊羔、饲料或机械赊销给农户。如此一来，企业不但面临资金链的压力，还面临隐藏着的巨大风险。这显然不是一个良性的发展模式。

这些农业龙头企业非常渴望得到金融支持，蚂蚁金服的来访让它们感到欣喜，双方因为彼此的诉求契合而相见恨晚。蚂蚁金服“金融＋电商＋农业生产”的闭环农产品供应链金融模式就这样初具雏形。

第三节　风口中的农村金融

多少年来，金融这个“高大上”的行业在农村似乎一直水土不服。但是，移动互联网的飞速发展让农村金融在近几年迎来了历史性的破局机会。2016 年中央 1 号文件提出，要“引导互联网金融、移动金融在农村规范发展”。2016 年 10 月 27 日，国家发改委印发《全国农村经济发展“十三五”规划》，提出加快建设健全的农村金融体系等三项具体措施。2017 年中央 1 号文件继续聚焦农业领域，支持农村互联网金融的发展，提出鼓励金融机构利用互联网技术，为农业经营主体提供小额存贷款、支付结算和保险等金融服务。

农村市场存在巨大的潜在金融需求，同时金融资源又相对匮乏，这都给农村金融市场留下巨大的想象空间。农村金融已然站在风口浪尖，无数双眼睛都将目光对准了它。

◎ 蚂蚁的战略布局

农村金融涉及保险、支付、微贷等许多需求。要形成整体的金融解决方案，担负起促进农村金融发展的重任，蚂蚁金服必须成立一个既能撬动集团所有相关资源，又能专注为“三农”市场提供金融服务的部门。

2016 年 1 月，蚂蚁金服成立农村金融事业部，由之前担任财富事业群总裁的袁雷鸣任掌门人。农村金融事业部的定位就是打通原本独立的各条业务线，整合内外部资源，向“三农”用户提供包括信贷、支付、保险、理财等在内的综合金融服务。

但其实，早在农村金融事业部成立之前，蚂蚁金服就已在农村金融领域着手布局了。

早在阿里小贷时期，其服务领域就已经走向农村，在农村占据了一定的市场。后来，小微企业贷款业务并入网商银行，网商银行亦将农村金融作为重点业务方向。时任网商银行行长、蚂蚁金服副总裁的俞胜法很清楚网商银行的定位是服务长尾客户，尤其是其中的农村消费群体，因而，农村金融被列为网商银行的战略重点。对于其农村金融战略，俞胜法如是表述：第一，跟随阿里巴巴和蚂蚁金服的农村战略。第二，和所有的金融机构，尤其是为农村服务的一些金融机构加强合作，利用它们的能力，同时输出网商银行的能力（包括技术和风控手段），为更多的农村客户提供服务。第三，希望利用政府和社会的资源，利用商业化的渠道，把服务推向农村。

2015 年 6 月开业伊始，网商银行便宣布启动“大学生回乡回村创业扶持计划”——未来三年每年将投入 10 亿元的专项扶持资金，总计 30 亿元。开业 8 个月，网商银行已经为 14 000 多名回乡回村创业的大学生和有志于家乡发展的优秀青年累计发放了接近 4 亿元的贷款，而在这 4 亿元的贷款中，投向国家级和省级贫困县（乡）的占比约 40%。这一计划给乡村带来了人气与活力，也为农村经济注入了“造血干细胞”。

2016 年 3 月 28 日，蚂蚁金服在成立农村金融事业部之后宣布启动“千县万亿计划”，希望用 3～5 年的时间在全国 1 000 个县助推并完善“互联网＋”商业、公共服务和创业金融的平台。具体来说，就是要通过蚂蚁金服的大数据和技术能力与各地基层政府大数据相结合，以此撬动万亿社会信贷资源，目的是整合并提升基层政府公共服务水平，带动县域商业升级，为大众创业、万众创新保驾护航，为提升县域经济和居民生活提供“互联网＋”推进器。这个计划涵盖“互联网＋城市服务”“互联网＋生活商圈”“互联网＋创业金融”等一系列内容，它的推出，标志着蚂蚁金服的农村金融业务开始向纵深推进。

2016年12月20日，蚂蚁金服发布名为“谷雨”的农村金融计划，全面启动农村金融战略：以三大业务模式服务“三农”用户全面需求，推进普惠金融扎根农村。谷雨计划打算用三年时间，联合100家龙头企业，为大型种养殖户提供金融服务；与合作伙伴一起，为1 000个县提供综合金融服务，包括支付、信贷、保险等；面向国内所有“三农”用户，拉动合作伙伴及社会力量提供累计1万亿元信贷。

蚂蚁金服总裁井贤栋表示，蚂蚁金服将一如既往地坚持开放的策略，同合作伙伴一起服务农村，一起为消除城乡发展差距、实现平等金融服务而努力，“希望谷雨计划像春雨一样滋润农村，让农村经济茁壮成长。”

谷雨计划的宣布标志着蚂蚁金服在经过约1年的潜行与摸索后，其农村金融战略正式从纸上走向田间，成为经过实践检验的方法论。

◎ 蚂蚁的合作之道

深谙合作之道的蚂蚁金服在布局农村金融市场时，懂得充分利用各方优势与资源，达到合作共赢。

2015年9月11日，蚂蚁金服旗下的网商银行、支付宝联合安信农险推出了全国第一个互联网风力指数保险产品，为遭受台风“杜鹃”袭扰的农户提供24小时内线上申请和理赔，让农民切实得到了实惠。

2015年12月，蚂蚁金服宣布入股中国邮政储蓄银行并与其达成战略合作。实际上，早在2014年6月，马云就曾亲自前往邮储银行北京总部，与邮储银行签订了战略合作框架协议。随后，双方在快捷支付、小微企业贷款、金融云计算等方面都展开了深度合作。

众所周知，邮储银行定位于服务“三农”、服务中小企业、服务社区，与蚂蚁金服相似，二者都注重金融服务的普惠性，同时，二者在技术、服务渠道、用户群体、业务模式等方面的互补性也为农村金融和小微企业金融两大领域提供了深度的可挖掘空间。蚂蚁金融入股邮储银行彰显了其在农村金融领域发力的雄心。

2016 年 6 月 20 日，在国家级贫困县湖南平江县三市镇淡水村的一个酿酒厂房里，蚂蚁金服与中和农信宣布“牵手”，就“互联网＋精准扶贫”正式达成战略合作关系，蚂蚁金服成为中和农信继中国扶贫基金会之后的第二大股东。中和农信是目前中国最大的公益性小额信贷专业机构，业务涉及国内 19 个省的 245 个县，其中 81％为国家级贫困县或省级贫困县。截至 2017 年 3 月底，中和农信累计放款 177.7 万笔，放款金额达到 212.4 亿元，其中 52.4％的贷款主要用于支持种养殖业的发展。与中和农信的牵手，意味着蚂蚁金服向农村金融的深水区又迈进了一步。

作为谷雨计划的开篇，2016 年 12 月 20 日，蚂蚁金服一并宣布对中和农信进行战略投资、与中华保险成立合资公司“农联中鑫科技股份有限公司”、与农业部合作开发新型经营主体直报系统等消息。

◎ 竞争悄然开始

在 2016 年中央 1 号文件首提“引导互联网金融、移动金融在农村规范发展”之后，农村金融俨然成为大佬眼中的新蓝海和市场的新风向。野心勃勃的大小玩家们，试图进入这些中国经济的毛细血管，寻求一切可能的机会。

目前，京东金融、宜信、苏宁金融等互联网巨头相继奔赴农村开发新市场。以农业起家的新希望集团和正大集团、可溯金融、翼龙贷、领鲜金融、什马金融也在农村金融领域“跑马圈地”，农村金融市场群雄逐鹿的大戏已经上演。

京东金融在2015年9月高调发布农村金融战略，表明要做全产业链和全产品链的农村金融。随后，京东金融专为农村市场打造的消费信贷产品“乡村白条”、农村信贷品牌“京农贷”和农村理财、农产品众筹业务相继上线。目前，京东已经建成1 500多家县级服务中心、1 500多家京东帮服务店，招募27万名乡村推广员，覆盖27万个行政村。

苏宁金融有遍布乡村的线下门店，先天拥有金融O2O的优势；新希望本身就是扎根农村的农牧业巨头，可以顺理成章地从饲料销售向养殖和消费扩展，刘永好还与雷军一起成立了“四川希望银行”，主打小微“三农”服务；互联网金融明星企业宜信也在90多个农村地区设立了贷款网点，陆续开发出宜农贷、农商贷、宜信农资租赁等农村金融产品；翼龙贷在乡镇地区设立了上万个贷款点，并向农村地区发放贷款百亿元；领鲜金融则专注于养殖领域的供应链金融，截至2016年6月，贷款规模达近万亿元。

无论巨头们以怎样的方式切入农村金融，最终都将在渠道上展开正面交锋。未来，互联网企业在农村金融领域的竞争会更加激烈。

◎ 风险无处不在

农村金融既是一片新蓝海，又是一块难啃的“硬骨头”。创新总是伴随着各种问题和风险，农村金融也不例外。传统金融在农村面临的诸多问题，互联网金融也一样会遇到。

首先，中国农村金融发展遇到的最大问题是各个地区业态差异性太大，没有一种模式可以解决全国问题，风控手段不能完全复制，只能根据各地具体情况开展相应的金融业务。所以，如何建立一个有效的风控体系将是欲在农村金融领域深耕的众机构需要共同面对的首要问题。更精细化、多样化的风控方式将是蚂蚁金服以及其他各家新金融机构的挖掘重点。

其次，相对于城市，农村市场整体信用记录的缺失给农村金融的信用风险控制带来挑战。无论蚂蚁金服还是京东金融，抑或其他涉足“三农”的新金融机构，均缺少基础信用数据的支持，它们在供应链金融、消费金融领域积累的数据记录、风控模型暂时无法应用于农村金融领域。而普惠金融的使命决定了蚂蚁永远都要争取覆盖更广泛的用户，因此数据问题将会一直存在。

此外，缺乏对当地农村情况的深入了解，无力派遣过多的金融专业人才到各个农村，需要广泛、多环节地寻求合作伙伴，这些都是各家机构需要面对的障碍。也正因为如此，目前各家机构，无论是自建的还是合作的，基本上都采取了广铺网点、一线人员尽调、产业链增值的方式。

农村普惠金融是一个全球性的难题，尤努斯在孟加拉国推行小额信贷三四十年才发放出相当于 1 000 多亿人民币的贷款，相对于全球农村普惠金融的需求量来说，这仅仅是九牛一毛。可见，农村普惠金融绝非一朝一夕可以实现。

第九章

ANT FINANCIAL

开放平台：用技术服务金融

蚂蚁金服的“TechFin”刚一提出，就有很多人认为是在“炒概念”，认为蚂蚁金服只是不想跟在别人“FinTech”的概念后面走，二者并没有什么本质差别。

不想跟在别人后面走是真，但“TechFin”与“FinTech”也的确存在区别，一个主要的判断标准就是：是否把自营金融业务关在了“笼子”里。

蚂蚁金服认为，自己在做的事情是用技术重塑金融。说这句话的底气来源于，“重塑”与“开放”就像是硬币的正反面，蚂蚁金服认为自己不仅有“重塑”的能力，更有“开放”的勇气。

第一节　互联网+保险的想象空间

◎“小而个性”的互联网保险

在“双 11”迈过第 7 个年头时，这个属于消费者与商家的狂欢节迎来了一个新玩家——保险业。2016 年的“双 11”，保险行业成了一个大赢家。来自蚂蚁保险平台的数据显示，在千亿销售额的背后，是各类消费保险在为消费者的购物体验提供保障。截至 2016 年 11 月 11 日 24 时，消费保险突破 6 亿笔，相当于平均每分钟 41 万单，为“剁手党”们提供保障金额超224亿元。

没错，如果你够细心的话就会发现，2016年“双11”期间，除了司空见惯的运费险，还有更多从前闻所未闻的保险产品伴随着购物车里的宝贝们一起呈现在你眼前——买了服装鞋帽，有衣服褪色险、鞋子脱胶险；买了瓜果蔬菜，有生鲜腐烂险；买了彩妆和护肤品，有化妆品过敏险；买了母婴用品，有尿不湿过敏险……

这些保险产品一共有5类30多种，由蚂蚁保险平台联合包括中国人保、中国人寿、中国平安、太平洋保险、泰康保险等在内的9家保险公司共同推出，这5大类分别是：质量保障类、物流保障类、售后保障类、价格保障类和信用保障类，蚂蚁金服将其统称为“消费保险”。不难看出，这些险种都诞生于实际的消费过程中，也能够为消费提供保障。

但是，这些五花八门的险种也使得对各类消费保险产品进行风险定价成为一道难题。2013年，在蚂蚁推出“退货运费险”初期，与之合作的保险公司因为逆选择风险过高而亏损严重。

亏损的原因很直接。对于用户来说，既然花5毛钱就能由保险公司为退货运费埋单，那为什么不一件衣服大中小号都买，挑好合适的再退呢？这样一来，保险中的概率事件就变成了大多数必定发生的事件。

为了解决这个问题，蚂蚁联合保险公司做了两件事。一是尽快扩大“样本量”，从原来只由用户主动购买，增加到鼓励卖家为每一笔订单赠送退货运费险。在增加了保单量（降低风险概率）的同时，卖家惊讶地发现，他们的客服压力降低了20%，交易量短期内增加了

70％。二是通过大数据分析，开始千人千面的定价，针对不同退货记录、商品类目、性别等变量设定不同的价格。很快，保险公司扭亏为盈，用户可以选择提供免费退货运费险保障的店铺，卖家也因为该保险降低了人工成本、提升了销量，达到了“三赢”的效果。

和消费保险相似，许多其他险种也存在个性化定制和风险定价的空间。

以最为人们所熟知的账户安全险为例。在支付宝上，最低 0.88 元就可以保 100 万元，换算之后，费率是百万分之一。这个百万分之一就是蚂蚁金服通过行为数据加以动态精算得出的结果，当中需要考量两个维度：第一个维度是账户被盗的可能性；第二个维度是根据用户的消费量、绑定的银行卡以及消费标的，找出止损率，由此得出精算费率。

换句话说，这个百万分之一同样意味着你的支付宝被盗的可能性只有百万分之一。

我们再来看看蚂蚁金服与保险公司合作的“航空退票险”。和运费险一样，退票险上线之初也有一个尴尬的故事——赔付率一度高达 190％，保险公司面临巨大的亏损压力。最后，蚂蚁金服通过数据建模拯救了这款保险。

在设计定价模型时，首先要把购票者的年龄、消费习惯、历史退票记录、买机票的时间、起降地天气、不同机场管理水平等多种因子置入模型，计算每一张机票的退票概率，据此研发出一套“千人千面”的定价规则，退票概率高的，保费高，反之则低。而后通过数据监测，蚂蚁金服发现某些地理位置频繁出现连续的、非正常的退票行为，跟踪结果居然牵出一条以帮人退票为主业的造假产业链。在将这些造假网点列入黑名单后，航空退票险成功扭亏为盈，满足了保险公司的核保要求。

2017年5月25日，蚂蚁金服宣布，向保险行业开放第一个“车险分”，以蚂蚁金服在大数据、人工智能、数据建模等方面的技术，为保险公司更准确地识别客户风险、更合理地定价、更高效地服务消费者提供依据。

换言之，今后的车险定价将从以考虑车型、车龄、配置等“从车”为主，转向以考虑车主的婚姻状况、受教育程度、职业、消费习惯等“从人”为主。这一转变背后的现实依据是，蚂蚁金服保险数据科技实验室发现，广泛引入和挖掘“从人”信息，确实可以帮助识别车主潜在的风险水平。比如已婚已育人群的风险往往要比单身人士低；长期在两个地点之间往来的人群，风险往往比没有固定出行线路的人群要低；甚至人群的收货地址是否稳定都跟出险的概率呈现出相关性……

基于这些研究，蚂蚁金服将海量的“从人”信息通过人工智能等技术进行挖掘，对车主进行精准画像和风险分析，量化为300～700不等的车险标准分，分数越高，代表风险越低，这样既能为保险公司提供帮助，又能保障用户的隐私安全。

◎ 信息技术能给保险带来什么

这就是互联网保险，它或许不会替代传统大额寿险，但无疑可以改进理赔风险管控，促进产品的精细化与个性化。在其背后，场景、数据、运营和技术四大要素缺一不可。

（1）场景。就是在互联网生态中，挖掘契合保险的场景及关联价值。“保险＋互联网”场景，除了能够诞生大量新险种，往往还能衍生出不菲的关联价值，最典型的就是退货运费险。

（2）数据。可以用来支持保险公司的核保、定价、理赔、反欺诈等，前述退货运费险、账户安全险和航空退票险等例子，正是属于这一类型。众所周知，大数法则是保险业的立业之本，但限于技术能力，传统的大数法则只能建立在历史数据和抽样调查的基础上，用户信息较为静态，而且不同险种之间较为割裂，缺少完善的账户体系，因此存在较大缺陷和不足。互联网平台因为拥有对用户综合性和动态化的跟踪分析能力，不仅能够获取海量数据，而且维度更加丰富，实时性更强，准确度更高，所以能弥补保险公司的数据短板。

数据同样有助于消费者行为研究。消费者购物的时间特征、年龄性别特征、购买保险的体验等数据，对保险公司的价值毋庸置疑。比如，根据蚂蚁金服保险团队的数据分析，在购买健康险一事上，许多消费行为发生在半夜 12 点到凌晨 2 点之间，而车险则大部分都是在上班时间购买的。为什么会这样？是不是熬夜更让人想到健康问题？购买车险的时间花费相对较大，很多人不愿意占用自己日常的休闲时间，所以在上班的时候拿出来看看？通过对不同的行为模式进行分析，保险公司就可以在不同的时间段向客户推送不同的产品，投其所好。

（3）运营。就是基于对用户体验的理解，提供包括流量入口设置、显性化展示、自助理赔通道打造等在内的保险运营服务。如航空延误险，通过打通后台数据，无须用户提供任何证明，系统自动根据航班延误信息完成理赔流程，理赔款一分钟内即可到达用户账户。通过移动互联网和生物识别等技术，未来个人保险自助理赔程度亦有望得到大幅提升。

（4）技术。就是提供以金融云为代表的技术服务。过去保险以低频服务为主，购买周期长达一年一次甚至几年一次。在互联网和保险结合后，保险服务发生的频率将大大增加，如消费保险在2016年“双11”当天下午就产生了近5亿份保单。这样的处理压力对保险公司传统的核心系统而言是难以承受的，金融云则可以解决这样的难题。

上述四方面服务，就是蚂蚁金服在2015年9月启动的“互联网推进器计划”为保险业带来的改变。在这一过程中，保险业务在蚂蚁金服内部也逐渐发展为核心业务线之一。2015年9月，蚂蚁金服从财富事业群中独立出保险业务板块，正式成立保险事业部。近一年后，蚂蚁金服保险事业部升级为“保险事业群”，其用意在于布局平台保险。

蚂蚁金服，确切地说是阿里巴巴，发展保险业务最初的想法来源于“既然是‘万能’的淘宝，为什么不能卖保险”。随着互联网保险的实践与对互联网技术的理解，现在支付宝客户端上的“保险服务”已经不再是四年前的“淘宝保险平台”，它无意于也不可能仅做传统保险公司的销售渠道。

那么，蚂蚁金服在保险业中的角色到底是什么？蚂蚁金服副总裁、保险事业群总裁尹铭在2017年5月的一封内部邮件中，第一次梳理了他自加入蚂蚁之后的观念变迁历程——从希望帮保险公司卖保险，到研究保险买卖的两难，再到决定让蚂蚁金服保险平台今后只做一件事：专心做好技术。

尹铭在这封邮件中写道："2015 年 9 月，我加入蚂蚁金服。刚来的时候，包括我在内的保险行业很多人把互联网习惯性地当做一种销售渠道，感觉有这样的流量入口可以销量不愁、保费多多。然而，一段时间以后我们开始思考：虽然可以为保险公司卖出一些保单，但这些产品能不能让用户感知到他是否需要？同时，我们的销量相对于保险行业 3 万亿元的总收入，是那么的微不足道。而作为一家互联网科技公司，应该对行业做出什么样的贡献？有了这些思考，便是我们没有把自己再定位成一个销售渠道的原因。"

更进一步，尹铭称，蚂蚁金服保险事业群在保险业中的角色从未像今天这样清晰：蚂蚁不是为了卖保险，只会通过技术与保险公司互为生态。具体而言，一方面，蚂蚁要通过人工智能等技术，为行业做好保险教育，让全国的消费者对保险有最基本的认知；另一方面，通过数据建模等技术，助力保险公司推出触达生活方方面面、理赔体验便捷的产品和服务。

这番剖析同样可以看作是对蚂蚁金服保险服务"平台"思路的阐释。蚂蚁金服想要搭建的是一种融合式平台，用户挑选的依然是各式保险产品，但这些产品背后是互联网公司与保险公司的深度融合，是互联网技术对保险产业链的全流程优化。

眼下，这个平台已具雏形。在淘宝保险和支付宝两个阵地，2 000多款保险产品已经累计服务了超过 3.5 亿用户。打开支付宝

App 可以看到，“一人一价”的定价方式、“猜你喜欢”的产品推荐，都已经在蚂蚁金服的保险平台上有所体现，旅行类险种在平台上的账户数、保单量和保费都呈现出高速增长的态势。业内一般认为，旅行险种的高增长是平台型险种开始崛起的标志。

第二节 互联网推进器的进化之路

◎ 一脉相承的“平台”烙印

曾有专家将阿里巴巴列为电子商务企业，与全国数千家电子商务企业相提并论。当时，马云断然否认：“阿里巴巴不是电子商务企业，我们是帮别人做电子商务。”这句话用商业语言表述就是，阿里巴巴是一个“平台”。

何谓“平台”？有这样一个经典案例：微软最初被 IBM 引入个人电脑中时，只是 IBM 产品的一个补充。但通过在个人电脑上装载 Windows 系统，微软逐渐搭建起一个完整的平台——电脑软件都需要在 Windows 上运行，最终，微软成为电脑软件行业的平台组织者，其盈利能力远超 IBM。

而阿里巴巴的平台思维，早在 2004 年第一届网商大会时便已初见端倪。当时，马云发表了一番鼓舞人心的演说——蚂蚁兵团可以战胜大象。毫无疑问，阿里巴巴就是将无数网商聚合起来的平台。

但“聚合”只是 1.0 版的平台概念。有人曾经问扎克伯格，Facebook 最大的贡献是什么？他的回答是：connection（连接）。诚如斯言，一个有生命力的平台，需要的是有机的连接，连接平台、商家与消费者之间那些看不见的触点，从而促进交易的达成。

对于阿里巴巴来说，探索升级平台花了8年多的时间。2013年1月1日，阿里巴巴集团宣布转型，重塑平台、金融和数据三大业务。此后，向来敢为人先的马云在多个场合提出了人类将从IT时代迈向DT时代的观点，他说，与IT技术相比，DT时代的核心在于“利他”，阿里巴巴未来要思考的事情是如何帮助小企业获得更好的竞争力，阿里要做的是一个“赋能”平台。

2014年9月，阿里巴巴在美国上市，但这远非终点。阿里的DT征程才刚刚开始，彼时站在马云背后、一袭黑裙的彭蕾代表了阿里的另一个舞台——她所执掌的蚂蚁金服（当时称“阿里小微”），天生承袭了阿里巴巴的平台思想，将在未来打造一个开放的金融生态系统。

◎ 互联网推进器计划

“阿里巴巴是最大的电商平台，蚂蚁金服也希望做成一个金融平台。”2014年底，在加入蚂蚁金服成为首席战略官后不久，陈龙这样向外界描述自己所理解的蚂蚁金服。在陈龙构想的战略版图中，蚂蚁金服的金融平台至少要包括：渠道的平台，即可以帮各种金融机构卖产品；数据的平台，即以自有数据结合各种渠道数据，助力合作伙伴创新金融产品；技术的平台，即为其他金融机构提供技术支持和服务。

仅仅一年后，这个平台就搭建完成，蚂蚁将这一开放的计划命名为“互联网推进器计划”。前述的保险平台只是其中一部分，这一计划旨在推动平台、数据和技术方面的能力全面对外开放，技术输出开始从点到面，从个别业务上升为整体战略。根据此计划，蚂蚁金服将在 5 年内助力超过 1 000 家金融机构向新金融转型升级。

比如在平台端，蚂蚁金服继续开放支付宝平台，利用不断增加的应用场景，帮助超过 200 家银行的用户提升网络支付成功率和银行卡的活跃度；继续开放支付宝平台、招财宝平台、蚂蚁聚宝平台，为基金、保险等行业的销售降低门槛。

在数据端，开放数据共享平台“维他命”，支持银行、基金、保险等各类金融机构的研发、运营等业务。在这个平台上，基金公司可以进行大数据指数基金的开发，银行可以提升客户评估效率。

在互联网推进器计划发布后的一个月，蚂蚁金服推出“蚂蚁金融云”，将自己多年积累的云计算能力和技术组件将向金融机构全面开放，把互联网推进器计划又往前推进了一大步。金融云服务让金融机构尤其是国内广大的中小金融机构降低了运行成本和创新成本，提升了运行效率，其开放的风控模型可以帮助金融机构更好地对金融服务进行风险定价。

在蚂蚁金服的官网上，可以看到其执行互联网推进器计划的三条原则：

第一，从互利到深度融合。互联网技术为各行业的升级带来助力，但目前互联网机构与金融机构在业务上还是互利与竞合的关系，如果想要更好地服务用户，互联网机构需要更加用利他的心态去助力金融机构，而不是颠覆它们。

蚂蚁金服希望作为互联网推进器来帮助金融机构更好地服务于所

有的用户，这不仅包括业务上的双向合作，还包括技术、数据、风险管理的深入战略合作，以及一些资本层面的合作。

第二，从合作到开放共享。很多互联网公司试图建立所谓的闭环，将用户圈定在自己的体系内。蚂蚁金服不寻求建立所谓的业务“闭环”以及所谓的“护城河”，而是将所具备的能力开放共享，与金融机构共同探索全新业态。蚂蚁金服作为互联网推进器，将把自身的平台、数据和技术方面的能力全面对外开放。

第三，聚焦创新红利，为新经济、新业态服务。从适合投资拉动型经济的金融转向适合消费型经济的金融，新的金融趋势将带来大量的创新机会。

截至2016年11月，蚂蚁金服已与超过200家银行、超过90家基金公司、超过70家保险公司总共近400家金融机构建立了合作伙伴关系。

◎ 升级——从“金融云”到“蚂云”

“数字技术在互联网推进器计划中发挥了核心作用。”蚂蚁金服CEO井贤栋在不同场合不止一次地强调了这一点。

如果我们观察蚂蚁金服快速成长的轨迹，不难发现其背后既有宏观层面的原因——中国经济从投资拉动转向消费拉动、金融市场化改革的快速推进等，亦是科技驱动的结果——大数据、云计算、移动互联等科技的应用愈发成熟，正在提高金融各个领域和环节的效率和能力。

得益于互联网技术的应用、金融云架构的设计等因素，蚂蚁金服有了更大的成本优势和成长空间。而金融科技公司的战略定位、以技术驱动创新的核心能力以及未来技术输出的发展思路，亦为其在资本市场上的估值换来了更大的可能性。

在互联网推进器计划启动后不久，蚂蚁金服正式推出了面向金融行业的云计算服务——蚂蚁金融云，向金融行业开放自己多年积累的云计算能力和技术组件。官方宣称，作为互联网推进器计划的一部分，蚂蚁金融云将助力金融机构的 IT 架构实现升级，构建更加稳健安全、低成本、敏捷创新的金融级应用，使金融机构可以更好地服务客户。

今天，我们对余额宝背后的天弘基金已经不再陌生，但如果没有蚂蚁金服云计算能力的支持，或许天弘基金只会在公众视野中停留几个月，随即迅速消失，直至被遗忘。

2013 年夏天，余额宝推出仅半个月，天弘基金的用户数就超过了 250 万。但为天弘基金带来困扰的是，面对业务指数级的增长，公司后台系统的支撑能力开始捉襟见肘，原本几年的 IT 预算在数个月内就用完了。如果继续采用原有的 IT 系统，公司很快就会面临入不敷出的窘境。最终天弘选择将系统搬到金融云上来应对，由此成功降低了系统成本，还将清算时间由 8 小时缩短到了半小时，确保用户早起后能看见前一天的收益。

再举个转账的例子。加入云平台的金融机构单笔支付的系统成本从传统 IT 架构的几角降低至 1 分，单账户成本降低到传统体系的几十分之一，单笔贷款的成本也只需要不到 1 元。

事实上，蚂蚁金服自己对于云架构的摸索也有过教训。问题集中爆发在 2011 年的“双 11”，当时销量猛增，接入平台的银行系统因为 IOE 架构而暴露出问题，前台是着急的用户无法实现快速支付，后台是银行系统不断抢修。此后，支付宝决定将整体架构迈向第三代：转向云端。选型结束后，支撑交易的能力一下子从每秒几千笔增长到每秒 6 万笔，这一数据几乎相当于中国最大银行每秒并发量的 6 倍以上。到了 2016 年的“双 11”，这一纪录提升到每秒 12 万笔。

眼下，各种现象级产品不断出现，金融业务呈现出随时在线、小额频发等特点，传统 IT 架构成本高昂、并发能力弱、可扩展性差，这些是大部分金融机构的普遍痛点和难点。云计算提供的分布式计算服务除了能让金融机构摆脱传统 IT 架构的束缚外，还能给金融机构（尤其是缺乏财力和技术能力的中小金融机构）应对转变提供帮助。

就像今天无人不知马云一样，未来的某一天，在金融行业，或许也会无人不知“蚂云”。

在 2016 年 10 月举行的“杭州·云栖”大会上，蚂蚁金服首席技术官程立宣布启动“蚂云计划”：升级金融云战略，在未来为全球 5 万家金融机构提供服务。“蚂云计划”的“升级”体现在，通过连接蚂蚁金服的生态能量，阿里金融云将升级为集云计算、人工智能、安全、信用支付、金融生态于一体的强大金融云服务。程立表示，蚂蚁金服的金融技术和生态积累将给阿里金融云带来强力提升。蚂蚁金服的金融服务能力将与阿里云计算能力无缝融合，使阿里金融云能力全面升级，并加速向客户与合作伙伴开放。同时，借助蚂蚁金服全球化的技术实力，阿里金融云将具备强大的国际拓展能力。

谈及蚂蚁金融云和阿里云的关系，井贤栋介绍说，蚂蚁金融云是基于阿里云之上的。阿里云是底层基础，上层数据和平台的组建以及金融应用系统的构建主要由蚂蚁金融云来负责。蚂蚁金融云和阿里云共同推出云的解决方案，为金融机构提供量身定制的服务。

过去数年间，阿里金融云已经在“双 11”、余额宝、网商银行等支付与金融实践中完成了无数次的优化改进。比如，网商银行充分利用整合后的能力，在六个月的时间里即搭建出完整的银行核心系统，实现了基于大数据的互联网贷款，形成了完整的互联网银行服务能力。又如，移动产品能让用户 1 分钟生成客户端框架，3 天搭建简单的移动 App，一个月完成金融级 App 应用。这亦是阿里金融云降低创新成本和门槛、提升创新效率的体现。

技术的输出已经逐渐成为蚂蚁金服一项重要的业务，同时也是蚂蚁金服“连接”一切的重要“黏合剂”，更是蚂蚁金服未来保持高成长性的重要一环。

第三节　明确前行方向：专注做一家科技公司

关注小微、利他、普惠，师出同门的蚂蚁金服在价值观上表现出与阿里巴巴的一致性。

彭蕾喜欢讲“为世界带来微小而美好的改变”。井贤栋喜欢把三个哲学问题挂在嘴边：你是谁？你从哪儿来？你要到哪儿去？事实上，与支付、理财、保险、信贷等浮在水面上的一个个具体业务相比，像云计算、大数据、个人征信等水面以下的业务，更具有普惠价值。

这一价值体现在，“技术赋能金融”只是开端，“技术让金融更好地服务和推动商业和生活”才是真正的发展方向。中国实体经济对金融的渴求造就了技术、金融和生活的良性循环。

例如，蚁盾最早只服务于蚂蚁金服内部，为各个产品条线提供反欺诈、信息安全、风险评估等技术支持。如今，蚁盾也落地成为数据产品，被应用在电子商务、医院系统、数码消费等领域，帮助用户识别访问者的作弊、欺诈、攻击风险。

伴随着 P2P、众筹、O2O 等新兴业态的出现，以及网上挂号、网上购物等传统业态的互联网化，“羊毛党”“刷单”“黄牛”等互联网乱象也愈发猖獗。这些行为不仅不利于用户体验，更会阻碍这些商业模式的可持续发展。

以针对防刷单和黄牛的产品为例，它根据行为、身份和关系网络进行有效识别，基本可以打掉 90%的黄牛，大大降低了刷单率，当该产品应用在医院系统中时，就可以有效地防止黄牛挂号，从而改善挂号难。

这就是金融科技为我们带来的实实在在的益处。金融科技本身的发展只是第一阶段，它如何与场景融合，进而更好地服务于人们的生活才是更重要的第二阶段。在这一过程中，无限的场景拓展意味着单个企业的式微和平台联盟的崛起。看起来，搭建一个以技术为底层核心能力的开放平台，似乎成为蚂蚁金服最好的选择。

◎ 开放平台战略——支付宝钱包的“变脸”逻辑

2016 年 8 月 10 日，蚂蚁金服宣布了可能是其 2016 年最重要的一个消息——第一次在集团层面推出开放平台战略。

这是一个 to B 的举动，C 端用户直接感知并不深，更能引起用户兴趣的是第二天正式上线的新版支付宝 App。其实，这两者背后有因果联系，也揭示出蚂蚁的野心。

先从招致了猛烈吐槽的新版支付宝说起。与之前的版本相比，新版支付宝变化非常大，以前以网格形式排列的 icon（标签，比如电影票、手机充值、转账等）占据了主页上的大多数位置，新版则只保留了两列共 8 个 icon 位置，且允许用户自定义添加或删除。

更显著的改变在于首页下方瀑布流中出现的动态通知、推荐信息以及好友生活圈。总体上看，新版支付宝中功能标签在往后靠，生活服务和高频社交在被往前推。

背后意图再明显不过：支付宝改版并不想做朋友圈社交，它想做一个生活服务平台。但生活服务包罗万象，一只蚂蚁没有这么大的能力，所以要开放给 ISV（独立软件开发商），一起建生态。

以前，人们对支付宝的固有印象是把它当做一个支付工具。工具就代表它是一种低频服务，用得到时才会想起来。但这个印象正在慢慢改变。

媒体报道的数据显示，目前已经有三成上海市民通过支付宝完成水电煤缴费。给手机充话费的打开路径也发生了根本性改变，不再是上运营商网站，而是直接打开支付宝完成充值。从后台可以看到，晚上入睡前有很多人在看支付宝上的个人理财类明细。

支付宝当然看到了这个习惯的变化，它想将这个变化复制到尽可能多的生活场景中去，最好是线下场景。这样，支付宝就从一个工具变成了一个服务平台，用户的打开频率和使用黏性就会更高。

实际上，支付宝很多年前就提出了开放策略，这次最大的不同是，蚂蚁金服整个集团将旗下的支付、开店、营销、大数据、信用甚至人工智能等12项能力打包开放，为ISV提供标准化接口，像搭乐高积木一样把这个生活服务平台拼起来。

以上海一家法律IT服务商为例。2016年底，这家公司进驻支付宝—城市服务—法律服务入口，为用户提供法律在线咨询、找律师等服务。法律服务页面每天的浏览量超过10万次，主要咨询劳动纠纷、家庭婚姻、借贷纠纷等问题。后台已经有近1万名律师注册，大多是执业5年的年轻律师，平均每100个咨询能转换成5个诉讼。这些to C的服务都是完全免费的，这家法律服务商还在与钉钉、阿里邮箱谈合作，而在这里为各类公司提供法律服务（to B）就是收费的了。

如果单是支付宝这个产品做开放平台，可以想象的空间可能就到此为止了。但换做蚂蚁金服，这家法律服务商还获得了信用、人工智能、保险等平台能力。比如，法律保险的引入有可能让用户在打官司时节省律师费，在对注册律师进行资质审核时可以额外参考他的信用分数。又如，让人工智能客服来解答简单的、偏法律政策解读类的在线咨询问题……

可见，这个平台上的律师获得了支付宝4.5亿实名用户带来的大流量，这也是很多ISV看重的一点。像为按摩行业提供后台管理系统的华佗驾到、为美业提供商铺管理的博卡、为餐饮业做点菜插件的米客等，都可以通过这个开放平台获得更大量级的B端商户资源。

第三方ISV获得了流量、用户、平台能力等各种资源，平台获得了构建整个生态大厦的一砖一瓦，这背后的逻辑就被理顺了。蚂蚁金服的“胃口”是 3 年内至少助力 100 万开发者，服务 1 000 万中小商户和机构。而对开放平台的 KPI（关键业绩指标）考核不在于接入了多少开发者或者产生了多少 GMV（成交总额），而是看平台参与者服务了多少客户（B 端），以及生态伙伴们的满意度。

摆在蚂蚁面前的一个问题是，既然它想通过支付宝 App 这个前端入口做“让服务找人”的事，也就是智能化地动态推送用户需要的生活服务，那么精准化就是最大的考验。机器需要更懂每一个用户，知道他在什么时间段需要什么样的服务，比如信用卡还款和水电煤缴费要到期了，当用户在饭点儿通过口碑找餐馆时将他的很多好友点赞过的餐馆推荐给他，等等。这需要大数据的反复磨炼才能让机器变得更聪明。开放平台未来构建的这个生态所包含的服务类型越多，沉淀的数据量越大，对此越有帮助。

支付宝换脸，正在让人慢慢忘掉支付本身，改写人们获取服务的前后路径。随之而来的一个重大改变则是，蚂蚁金服内部宣布原支付事业群升级为支付宝事业群。尽管只有一字之差，却表明随着业务和战略定位的升级变化，支付宝从一个支付工具，发展成为贯穿用户各个生活场景的服务平台，支付早已不是支付宝的唯一核心业务。蚂蚁金服官方对于此番支付事业群组织结构升级的表态是：“将开放生态提升到了核心战略的地位。”

◎ 蚂蚁金服的新商业逻辑

在由互联网驱动的商业社会中，“开放”“共生”是关键词，同时也是蚂蚁金服要斥资 10 亿元启动“春雨计划”的原因。

2016年8月10日，蚂蚁金服宣布了一项10亿元的春雨计划。在这项计划中，蚂蚁金服将开放平台，借力线上线下资源，给予合作伙伴全方位的支持；同时还将真金白银提供给合作伙伴，作为“线下支付让利”措施以及支付激励计划。

两个月后，蚂蚁金服启动春雨计划二期，展现了更为开放的姿态——再投入1亿元，从营销基金、新商户激励、增量激励等方面给服务商以更多的支持。具体来说，春雨计划二期一改以往由蚂蚁金服开放平台统一配置运营活动的方式，将营销基金开放给服务商，由服务商根据自身需求灵活配置运营活动，比如餐饮类服务商可以在工作日面向都市白领消费者在商务区的餐饮店开展支付宝付款优惠活动，从而令运营活动更具针对性。

“蚂蚁金服和合作伙伴互为生态，是共生的关系，帮你们做好生意就是我们的生命线……在整个生态里，我们就是躺下身来做平台，通过开放我们的能力帮助我们的开发者、服务商提升大家在餐饮、快消、公共服务等各个场景里服务商家、服务机构的能力 。”樊治铭这样阐释蚂蚁金服的开放共生理念。

但是，在这种共生关系中，企业的边界在哪里？

这是陈龙在蚂蚁金服合作伙伴大会上提出的问题。有媒体在描述这一幕时称，在提出这个问题后，陈龙沉默了一个长达数十秒的时间——显然，这并不是一个容易回答的问题。

企业的边界是一个外延的问题，它的轮廓被契约、上下游关系、外包等诸多商业行为所勾勒。而随着以Uber、Airbnb为代表的分享经济的出现，这条原本清晰的界限正在变得模糊。

“工业时代的大规模标准化生产，越来越不能满足这个时代消费者随时随地、个性化、丰富化的需求。在这样一个时代，移动互联、大数据技术让共享开放模式成为可能，让平台上千千万万企业的小型化、即时可得、多样化服务的需求得到满足。这是共享开放模式的商业逻辑。”对于日益模糊的企业边界，陈龙给出的说法是“共享以及紧随而生的开放”。

蚂蚁金服开放平台负责人宋洁介绍，未来，蚂蚁金服开放平台开放的内容只会变多，不会变少，将始终坚持公平公正、透明有序、稳定靠谱的原则。樊治铭则对蚂蚁金服的开放做了四个层面的描述：从单一的支付能力到复合能力的全面开放、深度数据能力的开放、市场和商家的开放、中国市场与全球市场的开放。

◎技术才是蚂蚁的“护城河”

一向不屑于人云亦云、擅长自己造概念的马云，又为人们造出一个新词——TechFin。据公开资料，TechFin 这个提法最早应该是在 2016 年 10 月马云参加香港《南华早报》年会时第一次公开提出的，他说，蚂蚁不是 FinTech 公司，而是 TechFin 公司，是利用科技去重塑金融，而不是改善，但重塑亦不是破坏。

其实，有关“蚂蚁金服究竟是一家技术公司还是金融公司”的争论在蚂蚁内部从未停歇。尽管蚂蚁金服（包括支付宝时期）自始至终都是在用技术降低金融服务的成本、提高金融服务的效率，但关键的问题是：技术到底是用来服务金融的还是要去改变金融？

一个关于技术之定位的小故事是，在 2016 年初写给公司的一份报告中，蚂蚁金服副总裁、首席数据科学家漆远起的标题是《人工智能“助力”金融》，其中人工智能处于次要地位，而蚂蚁金服首席技术官程立则将标题改为《人工智能“驱动”金融》，将人工智能视为主导者。

2017 年 3 月 21 日，蚂蚁金服宣布向基金行业开放自运营平台“财富号”，用技术支撑基金公司在蚂蚁聚宝打造属于自己的品牌专区，帮助它们直接触达和服务用户。祖国明在这场发布会上表示，蚂蚁金服未来会只做 Tech（技术），支持金融机构去做好 Fin（金融）。至此，蚂蚁金服正式明确了其“TechFin”的定位。

“TechFin 表明蚂蚁金服本质上是一家技术公司，要用技术去驱动或赋能金融机构，这意味着第一要专注于技术，第二要更加开放地服务于金融机构的合作伙伴，同时用技术为先的方式来解决商业的问题。金融的方法更多的是包装和拆分，技术则是从根本上进行改变，两者有着本质上的不同。”程立这样解释 Techfin 的概念。

彭蕾也在今年 4 月举行的 2017 年哈佛中国论坛上对外阐释了蚂蚁金服为何把自己定义为 TechFin，而不是 FinTech。“从支付宝到蚂蚁金服的每一步发展，并非在追求用金融赚多少钱，而是在专心做一件事：用技术让金融变得更具包容性。”彭蕾说。

陈龙则从成本效率、重构体验和开放共享三方面解构 TechFin：首先，技术是立身之本；其次，技术要能够重构金融体验；最后，蚂蚁要专注于做技术，让金融机构做金融，一起合作、开放共享，共同为客户创造价值。

但对于外界而言，TechFin 与 FinTech 的区别似乎并不太容易理解，字面上的定义和描述始终有些抽象。或许，我们可以用案例“意会”TechFin的概念。

2017年5月25日，蚂蚁金服宣布向保险行业开放首个“车险分”，用蚂蚁金服在大数据、人工智能、数据建模等方面的技术，为保险公司更准确地识别客户风险、更合理地定价、更高效地服务消费者提供依据。5月26日，全球首家上云的相互制寿险机构——信美人寿相互保险社开业，依托蚂蚁金服输出的云计算、人工智能、大数据、分布式金融级交易架构、移动应用平台等技术，将开展保险定制化、个性定价、智能保险顾问等一系列探索。

历经三个多月的筹备，财富号于2017年6月14日正式开放。首批10家机构宣布进驻全新的金融开放平台财富号，通过共享蚂蚁金服开放的人工智能技术，打造属于自己的品牌专区，直接触达海量用户，并实现根据用户需求定制产品的初级形态，从而提升用户的金融服务体验。在当天的发布会现场，井贤栋表示，以后蚂蚁的技术成熟一个开放一个。

“其实大家最想知道的是蚂蚁金服以后要怎么走TechFin这条路，坦白说，我们也无法确切描述。”在韩歆毅看来，TechFin指明的是蚂蚁金服未来的方向，但具体的路径实施却依然在探索之中。“还是要看蚂蚁金服具体做了什么。可能几个月，也可能几年，到时候人们再回过头来看我们做的事情或许就会恍然大悟：原来这就是TechFin。”韩歆毅说。

从蚂蚁金服在2017年上半年的一系列动作中我们不难看出，蚂蚁为金融机构提供开放平台，不仅仅是为金融产品导流，更涉及技术和数据层面的能力支持。这样的能力甚至还输出到一些科技公司那里。据 36kr 报道，华为和小米的后台都接入了蚂蚁提供的防刷单和风控体系。支付宝和建行最新达成的二维码支付互认互扫也意味着，银行将有可能从支付宝这里触达更多的商户资源，而这些商户多数处在传统金融机构的触达圈之外。

樊治铭的最新表态完美解释了上述合作。他在接受媒体采访时称，金融科技发展至今仍没有解决的问题，第一个是用户端，投资者认知非常不足，缺少合适的真正的理财产品；第二个是机构端，比如基金公司虽然有很好的产品，但最重要的是它缺乏触达用户的能力，以前银行靠营业网点触达，现在互联网靠移动端触达。

有关 TechFin 的另一个问题是，在信息技术飞速发展的今天，开放数据和技术能力几乎是所有金融科技企业都宣称要做的事情——以财富号为例，在蚂蚁金服之前，京东金融于 2017 年 4 月率先上线了金融机构自运营平台“京东行家”，所做的事情与蚂蚁金服财富号基本上一模一样——如此看来，所谓 TechFin 又有何特别之处？

答案最终仍落脚于“技术”。深耕互联网金融领域十多年所积累的海量数据、40%的员工为技术类员工、1/4 管理层为技术出身、用技术手段解决用户痛点的技术性思维……这些都是蚂蚁金服将自己定位为技术公司的底气之所在。程立则将其总结为四点：第一，没有技术，就没有蚂蚁金服的未来；第二，在遇到问题时，蚂蚁金服是用技术思维去解决，而非用商业思维去解决；第三，在基础学科研究以及尚未有成型的商业模式的前沿技术研究上，蚂蚁金服愿意投入人力、财力和耐心；第四，技术人员和技术能力对蚂蚁金服战略制定的影响至关重要。

5月27号，人工智能领域的世界级泰斗迈克尔·欧文·乔丹（Michael I. Jordan）正式签约，受聘成为蚂蚁金服新成立的科学智囊团（Scientific Advisory Board）的主席。在当天举行的蚂蚁技术日大会上，井贤栋宣布蚂蚁金服正式成立科学智囊团，并将在全球范围内招揽机器学习、安全、计算基础设施、区块链、生物识别等领域的世界级学者加盟。

这不是蚂蚁金服与学术界的首次握手。

2017年初，加州大学伯克利分校计算机系成立RISE实验室，它的前身是AMP实验室，主导研发了当今大数据计算领域最前沿的开源系统。这个实验室的合作伙伴名单中，除了谷歌、微软、亚马逊，还有蚂蚁金服。

2016年10月，蚂蚁金服与清华交叉信息研究院成立实验室，在金融安全、区块链、人工智能、智能投顾等领域开展研究。实验室负责人为交叉信息研究院院长姚期智，他同时是图灵奖唯一华人获得者。

尽管中国移动互联网在世界范围内弯道超车已成为不争的事实，但中国和硅谷之间，一直隔着一片叫做“基础学科”的巍巍群山。究其缘由，是中国互联网公司的众多创新，大多还停留在应用层面或技术层面，而美国创新科技的研究，往往是从理论的根基出发，建立起一套完整的思维方式，这也是为什么美国，尤其是硅谷，在过去数十年一直引领创新的原因：他们有能力也有意愿从基础创新出发，与大学、研究机构保持密切联系，共同完成商业化。

科技界观察者指出，看到像蚂蚁金服这样的中国公司开始系统地布局基础学科研究，中国的硅谷梦才算是有了支点。

未来，当人类进入万物互联的时代，金融交易必将迎来爆炸式的增长。程立认为，信用的普及、风险的评估、身份的核实、用户的联结……这些都是构成未来金融的基石，其背后必然是技术的支撑和无数金融机构的共同发力。正是因为看到了这样的未来，蚂蚁金服才坚定了做 TechFin 的决心。

从功利视角来看，蚂蚁金服选择 TechFin 自有其道理。投资界有声音认为，资本市场给科技公司的市盈率向来高于金融机构，做出“TechFin”的表态，或许会在上市之前对蚂蚁金服的估值有一定的帮助。目前，蚂蚁金服估值已经超过 600 亿美元，对于一家金融公司来说，最多只有 3～5 倍的成长空间，但如果是做 Tech，企业的成长空间则远不止于此。“现在一提到公司的前途，不是说社交就是说高频，离开社交、高频，企业就没活路了吗？不一定吧。”在倪行军看来，至少对于蚂蚁金服来说，技术才是真正的护城河。

蚂蚁金服的技术之路目前也仅仅是“万里长征迈出了一小步”。抛开技术本身不谈，其与监管的博弈就是当下面临的最大挑战。横向来看，各国对金融科技的监管呈现出碎片化的割裂状态，缺乏全球统一的标准，无疑加大了其在全球范围内实现金融普惠梦想的难度；纵向来看，快速更新迭代的技术在解决金融行业痛点的同时，可能也会加速金融风险的传导，放大金融系统的脆弱性，对金融稳定性造成影响。在这种情况之下，企业如何有技巧地进行技术“试错”和“探路”，监管方如何平衡监管与创新，既需要智慧，更需要勇气与魄力。

后　记

2016年3月，一次偶然的机会，北大数字金融研究中心副主任、中国金融四十人论坛（CF40）秘书长王海明向蚂蚁金服总裁井贤栋提出，希望将蚂蚁金服作为一个行业研究案例并写作成书。

彼时的蚂蚁金服已经成长为国内最大的金融科技公司，支付宝、余额宝、芝麻信用作为明星产品更是为公众所熟知，其通过技术驱动、重塑金融的实践经验，无论对于国内、国际而言，都非常有价值。但与此同时，业界、媒体与普通大众对于蚂蚁金服公司的发展历程、定位、战略方向等并不熟悉，甚至存在不少误解，由此有必要通过独立第三方机构的深度访谈、研究，为公众还原一个蚂蚁金服的真实面孔，使业界能够深度理解其内在生长逻辑。

北京大学数字金融研究中心作为一家独立的研究机构，汇聚了业内丰富的资源与研究力量。作为中心发起方之一的CF40及其旗下的上海新金融研究院，在金融科技领域的研究一直走在国内前列，在业内享有盛誉。

尽管蚂蚁金服高管并不认为自身已经积累了成熟的业务模式和成功经验，也认为蚂蚁金服远没有到著书立传的时候，但出于对北京大学数字金融研究中心作为第三方独立研究机构的尊重与信任，欣然接受了中心提出的访谈与研究的请求。

经由北京大学数字金融研究中心论证、立项，本书写作小组筹备成立。在近一年的时间里，写作小组参阅了大量有关蚂蚁金服的内部与公开材料，对井贤栋、陈龙、倪行军、俞胜法、胡滔、韩歆毅、陈亮、祖国明、袁雷鸣在内的十余位蚂蚁金服高管、业务主管进行了深度访谈，并征求了有关业内人士的意见，最终形成了本书。

本书的四位执笔作者中，廉薇、边慧、曹鹏程来自 CF40 秘书处，苏向辉来自 CF40 在天津成立的北方新金融研究院。本书的写作分工如下：第一章第一、三、四节由边慧执笔，第二、五节由曹鹏程执笔；第二章由廉薇执笔；第三章由苏向辉执笔；第四、五章由廉薇执笔；第六章由边慧执笔；第七章由曹鹏程执笔；第八章由苏向辉执笔；第九章由边慧执笔。

在动笔写作本书的半年多时间中，蚂蚁金服经历了很大的发展变化，当中甚至包括战略上的重大调整。众所周知，“圈子”事件、“招财宝风波”等的爆发，带给蚂蚁金服一定的负面冲击。经过与金融合作伙伴、监管方的不断深入沟通，蚂蚁金服开始重新思考自身定位，并在 2017 年上半年逐渐明晰了发展方向，即专注做一家科技公司，借助平台的力量，赋能金融机构、重塑金融业务，让广大的草根消费者与小微企业能够获得更好的金融服务。

跟踪、研究与写作处于快速发展变化期的一家公司，难度可想而知。在此期间，写作团队不断讨论、调整写作框架与细节，以求本书能够反映蚂蚁金服的最新动态。

感谢北京大学数字金融研究中心主任黄益平、副主任王海明以及吕晓慧老师对写作团队给予的极大支持以及悉心指导，使得这本书最终能够顺利完成并出版。

感谢蚂蚁金服公关团队的潘晓凌、朱红军，他们为写作团队联络安排了所有访谈，提供了大量相关资料，并对本书提出了不少有益的建议。在本书写作的过程中，蚂蚁金服始终尊重写作团队以第三方独立立场作出思考和判断，并未对本书的写作施加干预和影响。

中欧国际商学院兼职教授王君、北京大学数字金融研究中心副主任黄卓、北京师范大学金融研究中心主任钟伟三位老师为本书的写作提供了宝贵的修改意见，在此对他们表示衷心的感谢。

最后，感谢中国人民大学出版社的策划编辑费小琳老师以及责任编辑杜俊红为本书出版所付出的辛苦工作，她们为这本书提出了诸多细致专业的编辑意见，为本书增色生辉。

本书是北京大学数字金融研究中心自 2015 年 10 月成立以来出版的第一本关于数字金融企业的书籍，因写作时间、经验与研究深度所限，书中不免疏漏与不足，恳请读者批评指正。未来，写作小组将依据蚂蚁金服新的发展情况，进行修订、再版。此外，中心还将陆续推出更多数字金融企业的图书，以飨读者，并供业界参考。

2017 年 6 月 15 日

图书在版编目（CIP）数据

蚂蚁金服：从支付宝到新金融生态圈/廉薇等编著．—北京：中国人民大学出版社，2017.7
ISBN 978-7-300-24573-7

Ⅰ.①蚂… Ⅱ.①廉… Ⅲ.①互联网络—应用—金融—研究—中国 Ⅳ.①F832.2

中国版本图书馆 CIP 数据核字（2017）第 139055 号

蚂蚁金服
从支付宝到新金融生态圈
廉 薇 边 慧 苏向辉 曹鹏程 编著
Mayijinfu

出版发行	中国人民大学出版社		
社　　址	北京中关村大街 31 号	**邮政编码**	100080
电　　话	010－62511242（总编室）		010－62511770（质管部）
	010－82501766（邮购部）		010－62514148（门市部）
	010－62515195（发行公司）		010－62515275（盗版举报）
网　　址	http://www.crup.com.cn		
	http://www.ttrnet.com（人大教研网）		
经　　销	新华书店		
印　　刷	涿州市星河印刷有限公司		
规　　格	170mm×230mm　16 开本	**版　　次**	2017 年 7 月第 1 版
印　　张	22.75	**印　　次**	2019 年 7 月第 6 次印刷
字　　数	237 000	**定　　价**	59.00 元